中国国际扶贫中心
IPRCC International Poverty Reduction Center in China

国际减贫与发展丛书
THE INTERNATIONAL POVERTY REDUCTION AND
DEVELOPMENT SERIES

中国残疾儿童
家庭经验研究

EXPERIENCES OF FAMILIES
WITH CHILDREN
WITH DISABILITIES IN CHINA

尚晓援◇著

社会科学文献出版社
SSAP
SOCIAL SCIENCES ACADEMIC PRESS (CHINA)

导　言

背　景

　　根据第二次全国残疾人抽样调查领导小组、国家统计局公布的调查数据，截至 2006 年 4 月 1 日，全国各类残疾人总数为 8296 万人，占全国总人口的 6.34%。另外，根据 2006 年全国残疾人抽样调查的结果推算，我国 0~17 岁的各类残疾儿童共计 504.3 万人，大约占残疾人总数的 6.08%（陈新民、陈亚安，2008）。

　　我国出生缺陷监测和残疾儿童调查显示，我国累计有近 3000 万个家庭曾生育过智障、身体结构缺陷等先天缺陷儿，约占全国家庭总数的 10%（杨文彦，2010）。而且，由于高龄生产、环境污染、职业伤害、孕期不良生活习惯和营养的缺乏等原因，新生儿中残疾儿童的出生率还在连年攀高。2007 年国家人口发展战略研究课题组公布的《国家人口发展战略研究报告》显示，全国每年有 20 万~30 万肉眼可见的先天畸形儿出生，加上出生后才显现出来的缺陷儿童，总数高达 80 万~120 万人，占每年 2000 万出生人口的 4%~6%。这相当于每 30 秒就有一个缺陷儿出生，而且间隔时间还在逐年缩短（杨文彦，2010）。

　　中国是联合国《儿童权利公约》和联合国《残疾人权利宣言》的签署国之一，中国政府为了保障残疾人权利，近十年分别制定了《残疾人事业"十五"发展纲要（2001~2005 年）》《残疾人事业"十一五"发展纲要（2006~2010 年）》和《残疾人事业"十二五"发展纲要（2011~2015 年）》。中国的残疾人事业正在以前所未有的速度发展。残疾人事业的前景是光明的，但残疾儿童不能等待，他们正处于生命发展历程中的关键时期，他们在生命保障、经济安全、医疗、康复、教育和社会参与等方面遇到的任何障碍和困难，都会对他们的一生造成不可逆转的影响。

我国对残疾儿童家庭的社会支持政策有限。残疾儿童主要依靠家庭为他们提供养育、保护、照料、发展和参与服务。近年来，国内外学术界对中国残疾儿童保护的关注增加，相关的文献也逐年增加，但主要集中在教育与康复医疗方面，社会福利和公共政策方面的研究数量仍然有限。总体而言，国内外对中国残疾儿童家庭经验的研究还非常欠缺。

二　医学模式、社会模式和常态模式

对残疾问题的研究，西方学术界主要有两大流派。第一个流派是从医学角度看待残疾，又称为医学模式。医学模式的理论框架从病理维度研究残疾问题，对无论是生理性的残疾还是精神性的残疾，强调的主要方面都是残疾的个人性和生物性特点。针对残疾问题提出的主要对策集中在医疗、康复和照料的范围内。这个框架对与残疾相关的很多社会问题都缺少分析力度。医学模式在20世纪70年代以前是主导的分析框架。第二个流派主要从社会和环境的角度看待残疾问题，长期以来，这种模式在英国是主导模式，又被称为社会模式。社会模式发展的背景和残疾人的政治参与运动有关。自20世纪80年代以后，在主要发达国家，残疾人运动有极大的发展。残疾人运动的主要特点是通过政治参与争取残疾人的平等权利，特别是在收入保障、就业、教育、无障碍设施和反歧视等方面，争取残疾人的社会权利。在这个背景下，社会残疾的理论得到了充分的发展，特别是在英国，成为研究残疾问题的主导的理论框架，并在相关的学界得到广泛应用。

社会残疾理论在分析残疾问题的时候，区分了"残疾"（Impairment）和"失能"（Disability）。残疾可以是由生理性或精神性的原因造成的，失能则被认为是由社会性的原因造成的。例如，在残疾儿童的研究中，社会残疾理论假定残疾儿童及其家庭所经历的困境不是其生理学意义上的残疾造成的，而主要来自社会性因素。例如，缺少对残疾儿童及其家庭的经济支持、保护、照料和发展性服务以及社会歧视的存在等。社会残疾模式的另外一个重要的二元划分，即社会分成残疾人社会和非残疾人社会，两者之间存在着对立、排斥、压迫等。在区分了残疾和失能，残疾人社会和非残疾人社会之后，最激进的社会残疾理论把政治诉求的重点放在通过社会改造和社会政策解决失能问题方面。对残疾问题，特别是从医学角度进行的预防、治疗、康复和社会参与障碍问题的分析，缺乏力度和有效性。因此，这个理论也受到批评和质疑。有些学者认为单纯的医学框架或者社会残疾框架，都不足以对残疾问题进行很好的说明，倾向于使用混合框架（Darling，1979，2003；Dowling & Dolan，2001；Ryan & Runswick-Cole，2008）。

虽然社会模式有偏颇之处，但是，它对深化残疾问题的研究，把研究视野从个人转向社会，从医学政策拓展到社会政策，有重要的贡献。对"残疾"和"失能"的区分，更是有助于把残疾问题纳入主流的社会政策研究。著名的残疾问题研究专家 Shakespeare（2006）提出，如果区分残疾和失能，那么，可以看到，人的本质就是有残疾的。所有的人在一生中都会经历不同程度的残疾。残疾也是一个动态的、变化的人生状态。如果和社会中其他有特殊利益诉求的群体——如性别群体、族裔群体等相比较，残疾人的特点是，残疾可能是一个动态的和变化的过程。在绝大多数情况下，性别和族裔都是伴随人们一生的特点，不会改变。残疾则不然，它并不必然地固定在某一个社会群体身上。随着生命的进程，有些残疾状态会消失，有些残疾状态会出现，如后天因疾病、事故和年老等导致的残疾。因此，残疾人的边界是流动的。随着老年化的进程，人们越来越清楚地认识到，每个人都有可能成为残疾人，至少是在每个人生命过程的某一个阶段，成为残疾人。这种认识，即人人都可能是残疾的，残疾是生命本质的一个部分，或者是人生某一个阶段中不可避免的现象，真正地解决了残疾人被边缘化的问题。这在残疾问题的研究上，是一个革命性的思路。但是，这个思路还没有理论化，尚未成为一个普遍的理论模式。

从 Shakespeare 提出的新的残疾问题研究的思路出发，本书提出了"常态化"的研究模式。"常态化"模式的基础是：既然残疾是人生的常态性现象，是人的生命过程的一个必然组成部分，残疾人社会和非残疾人社会的割裂其实是人为的，完全可以彻底消除。歧视残疾人，其实就是歧视自己。从常态化的角度看待残疾问题，可以有医学视角：有残补残，有病治病；可以有社会视角：对残疾人的特殊照顾，就是对每个公民的照顾，因为谁都可能经历残疾，只是程度不同而已；对残疾人的支持、医疗和康复服务等，都是维护基本人权的一个部分。因此，常态化理论和公民权利的理论，可以高度契合。

本书的主要研究目的是使用常态化的理论框架，从儿童权利的视角，着重从生命保障、经济安全、儿童教育、医疗康复和社会参与等几个方面，对残疾儿童家庭的状况和经验进行分析。对残疾儿童家庭生活，特别是他们的社会权利保障的现状进行考察和研究，并指出需要改进和加强的方面，以期引起全社会和决策者对残疾儿童家庭状况的关注。希望这项研究成果能够对政策制定和公民社会的行动产生影响，给更多的残疾儿童带来他们迫切需要的、各个方面的支持和服务。

本书采用了多项研究方法：文献分析、定量分析和定性分析。各节将分别作出说明。

本书的结构如下：导言部分介绍了本书的主要研究目的，研究残疾问题的理论框架、对象和方法。第一章通过对 2006 年第二次全国残疾人抽样调查的数据分析，对中国残疾儿童的基本状况进行了描述性的分析和综述。第二章根据文献资料，对中国的残疾儿童福利制度进行了描述和分析。从第三章到第八章，本书从残疾儿童权利的几个方面，如生命权保障、经济保障、发展权保障、参与权保障等，对残疾儿童家庭经验进行了分析。第九章特别分析了残疾儿童母亲承担的多重负担。第十章对残疾人的社会组织进行了分析。最后一部分是本书的结论。

目　录

第一章 中国残疾儿童家庭状况概述

本章使用 2006 年第二次全国残疾人抽样调查的数据，对中国残疾儿童状况进行分析和综述。分析内容包括残疾儿童的人口统计学的各种特点，残疾儿童的经济和社会地位、地区分布及对教育、医疗、康复和残疾人服务等方面的需要。

联合国《儿童权利公约》（1989）将儿童定义为"18 岁以下的任何人"，并认为每一位儿童既是一个独立的个人，又是家庭和社会的一份子，儿童享有一个人的全部权利。在中国，这一概念相当于"未成年人"的概念。残疾儿童是儿童群体中的困境群体，应该在确保其尊严、促进其自立的条件下，使其充分享有正常儿童的全部权利。从权利角度对中国残疾儿童的家庭经验进行分析，在国内外尚未有研究。正因如此，全面分析残疾儿童在基本权利方面的保障和实现情况，既有利于落实完善中国残疾人事业的发展纲要，又有利于促进中国残疾儿童福利事业的发展。

本章描述了残疾儿童群体的人口学特征和家庭状况，对中国儿童在教育、健康、家庭背景等方面的差异性给出了一个概要分析，为之后各章对儿童权利的研究提供了基本背景。

一 数据

本章使用的数据来自 2006 年的"第二次全国残疾人抽样调查"。2006 年中国残疾人抽样调查采取分层、多阶段、整群比例抽样方法，在 31 个省、自治区、直辖市抽取 734 个县（市、区），2980 个乡（镇、街道），共 5964 个调查小区，平均每个调查小区 420 人左右。全国共调查了 771797 户、2526145 人，调查的抽样比为 1.93‰。

根据调查汇总，被调查户中有残疾人的家庭共 142112 户，占全部被调查户的 18.4%。确定视力、听力、言语、肢体、智力、精神和多重残疾共 161479 人，占全部调查人口的 6.4%。其中，视力残疾 23840 人，占残疾总人口的 14.76%；听力残疾 38370 人，占残疾总人口 23.76%；言语残疾 2510 人，占残疾总人口的 1.55%；肢体残疾 48045 人，占残疾总人口的 29.75%；智力残疾 10844 人，占残疾总人口的 6.72%；精神残疾 11790 人，占残疾总人口的 7.3%；多重残疾 26080 人，占残疾总人口的 16.15%。

由于数据使用的权限，本章分析采用的是 2006 年"第二次全国残疾人抽样调查"10% 的样本数据。该数据的样本量共计 77240 户、252969 人，其中，18 岁以下儿童 61555 人，占样本数据的 24.3%；残疾儿童 1002 人，占儿童人数的 1.63%。

二 各省儿童人口的分布和残疾率

本数据调查的儿童在各省、直辖市的分布和残疾率见表 1-1，广东儿童样本量最大，西藏儿童样本量最小，但残疾率最高，上海儿童残疾率最低。

本数据调查的儿童在城乡和性别上的分布和残疾率见表 1-2。总体而言，农村儿童人数多于城市，占儿童人数的 72.68%；农村残疾儿童人数多于城市，占残疾儿童人数的 79.24%；农村儿童的残疾率为 1.77%，高于城市儿童的残疾率（1.24%）。

男性残疾儿童人数多于女性残疾儿童。男性残疾儿童共有 588 人，占残疾儿童的 58.68%，其中，农村男性残疾儿童 460 人，占农村残疾儿童的 57.93%；城市男性残疾儿童 128 人，占城市残疾儿童的 61.54%。各地区男性儿童的残疾率均高于女性儿童残疾率。农村男性儿童残疾率为 1.91%，女性为 1.61%；城市男性儿童残疾率为 1.43%，女性为 1.02%。

表 1-1 18 岁以下儿童在各省、自治区和直辖市的分布和残疾率

单位：人，%

省级行政区	总人数	残疾儿童		省级行政区	总人数	残疾儿童	
		人数	省内百分比			人数	省内百分比
北 京	1106	9	0.81	湖 北	2480	49	1.98
天 津	1226	14	1.14	湖 南	2468	36	1.46
河 北	2335	48	2.06	广 东	3743	64	1.71
山 西	1983	28	1.41	广 西	2345	39	1.66
内蒙古	1345	15	1.12	海 南	1264	22	1.74
辽 宁	1531	19	1.24	重 庆	1977	34	1.72
吉 林	1460	19	1.30	四 川	3236	57	1.76
黑龙江	1357	16	1.18	贵 州	2456	44	1.79
上 海	831	6	0.72	云 南	2437	45	1.85
江 苏	2185	30	1.37	西 藏	776	30	3.87
浙 江	1938	19	0.98	陕 西	1892	34	1.80
安 徽	2860	43	1.50	甘 肃	1771	33	1.86
福 建	1839	36	1.96	青 海	806	10	1.24
江 西	2560	40	1.56	宁 夏	1481	23	1.55
山 东	2752	41	1.49	新 疆	1506	47	3.12
河 南	3609	52	1.44	总 计	61555	1002	1.63

表 1-2 18 岁以下儿童在城乡和性别上的分布和残疾率

地区	性别		非残疾	残疾	总计
农村	男	人数(人)	23595	460	24055
		占比(%)	98.09	1.91	100
	女	人数(人)	20352	334	20686
		占比(%)	98.39	1.61	100
	总计	人数(人)	43947	794	44741
		占比(%)	98.23	1.77	100
城镇	男	人数(人)	8844	128	8972
		占比(%)	98.57	1.43	100
	女	人数(人)	7762	80	7842
		占比(%)	98.98	1.02	100
	总计	人数(人)	16606	208	16814
		占比(%)	98.76	1.24	100
总计	男	人数(人)	32439	588	33027
		占比(%)	98.22	1.78	100
	女	人数(人)	28114	414	28528
		占比(%)	98.55	1.45	100
	总计	人数(人)	60553	1002	61555
		占比(%)	98.37	1.63	100

三 中国残疾儿童的人口学特征

（一）残疾儿童的年龄、性别和城乡分布

"第二次全国残疾人抽样调查"10%的数据调查的儿童按不同年龄组在性别和城乡上的分布见表1-3。

表1-3 不同年龄组的儿童在性别和城乡上的残疾率

单位：%

年龄组	性别	非残疾			残疾		
		农村	城镇	总计	农村	城镇	总计
0~5	男	98.14	98.49	98.23	1.86	1.51	1.77
	女	98.34	98.86	98.48	1.66	1.14	1.52
	总计	98.23	98.66	98.34	1.77	1.34	1.66
6~14	男	98.08	98.70	98.25	1.92	1.30	1.75
	女	98.46	98.94	98.59	1.54	1.06	1.41
	总计	98.26	98.81	98.41	1.74	1.19	1.59
15~17	男	98.05	98.36	98.13	1.95	1.64	1.87
	女	98.26	99.21	98.52	1.74	0.79	1.48
	总计	98.15	98.76	98.31	1.85	1.24	1.69
总 计	男	98.09	98.57	98.22	1.91	1.43	1.78
	女	98.39	98.98	98.55	1.61	1.02	1.45
	总计	98.23	98.76	98.37	1.77	1.24	1.63

表1-3表明，不同年龄组儿童的残疾率是不同的，但各年龄组之间残疾率差异不显著。城乡和性别之间的残疾率存在显著的差异。

"第二次全国残疾人抽样调查"10%的数据调查的儿童中，18岁以下残疾儿童1002人，占儿童人数的1.63%，其中，视力残疾和听力残疾各51人，各占残疾儿童的5.09%；言语残疾80人，占残疾儿童的7.98%；肢体残疾185人，占残疾儿童的18.46%；智力残疾324人，占残疾儿童的32.34%；精神残疾30人，占残疾儿童的2.99%；多重残疾281人，占残疾儿童的28.04%（见表1-4）。

表1-4 各年龄组残疾儿童的残疾类型

年龄组		残疾							
		视力残疾	听力残疾	言语残疾	肢体残疾	智力残疾	精神残疾	多重残疾	总计
0~5	人数	12	4	27	23	122	6	79	273
	占比(%)	4.40	1.47	9.89	8.42	44.69	2.19	28.94	100
6~14	人数	24	35	42	98	146	12	140	497
	占比(%)	4.83	7.04	8.45	19.72	29.38	2.41	28.17	100
15~17	人数	15	12	11	64	56	12	62	232
	占比(%)	6.47	5.17	4.74	27.59	24.14	5.17	26.72	100
总计	人数	51	51	80	185	324	30	281	1002
	占比(%)	5.09	5.09	7.98	18.46	32.34	3.00	28.04	100

注：显著性：$P < 0.001$。

不同年龄组的残疾儿童在残疾类型上的分布各不相同。图1-1表明，总体而言，智力残疾的比例达到32.34%，是残疾儿童人数最多的残疾类型；其次是多重残疾，比例是28.04%；再次是肢体残疾，比例为18.46%。0~5岁年龄段儿童的残疾类型主要是智力残疾，占44.69%；6~14岁年龄段儿童的残疾类型主要也是智力残疾，占29.38%；15~17岁年龄段儿童的残疾类型主要是肢体残疾，占27.59%。

各年龄组儿童残疾类型的比例见图1-1。

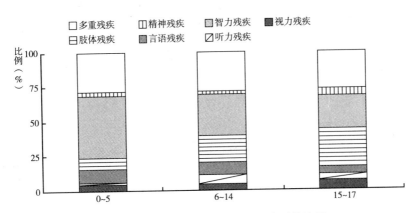

图1-1 各年龄组中儿童残疾类型的比例

数据显示，在儿童总人口中，残疾儿童比例很低，仅占儿童总人数的1.63%。这个数据明显低于中国每年出生的残疾儿童数量。

（二）残疾儿童的教育状况

受教育权是残疾人的一项基本权利，教育权的实现程度会影响残疾儿童的发展，进而会影响残疾儿童其他权利的实现。"第二次全国残疾人抽样调查"10%的数据调查的儿童中，0～5岁年龄段儿童有16494人，6岁及以上儿童有45061人。0～5岁年龄段残疾儿童有273人，占残疾儿童的27.25%；6岁及以上残疾学龄儿童有729人，占残疾儿童的72.75%。

表1-5描述了6岁及以上学龄儿童在性别和城乡两个维度上的受教育情况。经显著性检验，受教育情况在儿童残疾与否及城镇与农村之间有显著差异，但在性别之间没有显著差异。3.13%的城市学龄儿童没有接受过任何教育，3.39%的农村学龄儿童没有接受过教育，32.12%的残疾儿童没有接受过教育。

表1-5　6岁及以上学龄儿童的受教育情况

单位：%

	文盲或没有接受任何教育		小学		初中		高中（或职业学校）		大专或以上	
	农村	城镇	农村	城镇	农村	城镇	农村	城镇	农村	城镇
全体										
男	3.21	3.21	55.10	50.94	34.07	30.61	7.58	15.10	0.03	0.14
女	3.60	3.04	54.55	48.51	34.67	32.23	7.14	15.90	0.03	0.31
总计	3.39	3.13	54.85	49.81	34.35	31.37	7.38	15.47	0.03	0.22
非残疾										
男	2.72	2.76	55.13	51.04	34.40	30.88	7.72	15.19	0.04	0.14
女	3.05	2.71	54.64	48.47	35.03	32.45	7.24	16.06	0.03	0.31
总计	2.87	2.73	54.90	49.84	34.70	31.61	7.50	15.60	0.03	0.22
残疾										
男	28.27	35.48	53.87	44.09	16.96	11.83	0.89	8.60	—	—
女	37.45	36.84	49.38	52.63	12.35	10.53	0.82	—	—	—
总计	32.12	36.00	51.99	47.33	15.03	11.33	0.86	5.33	—	—

（三）　大龄残疾儿童的就业状况

"第二次全国残疾人抽样调查" 10% 的数据调查的儿童中，15 岁及以上的残疾儿童有 232 人，其中，有工作①的 33 人，占 14.22%；无工作的 199 人，占 85.78%（见表 1 - 6）。

表 1 - 6　15 岁及以上儿童的就业状况

单位：%

	工作			无工作		
	农村	城镇	总计	农村	城镇	总计
总计						
男	27.18	8.18	22.10	72.82	91.82	77.90
女	26.28	9.82	21.80	73.72	90.18	78.20
总计	26.76	8.96	22.00	73.24	91.04	78.00
非残疾						
男	27.32	8.21	22.22	72.68	91.79	77.78
女	26.53	9.90	21.94	73.47	90.10	78.06
总计	26.95	9.01	22.09	73.05	90.99	77.91
残疾						
男	20.00	6.25	16.79	80.00	93.75	83.21
女	12.35	0.00	10.53	87.65	100.00	89.47
总计	16.67	4.35	14.22	83.33	95.65	85.78

经显著性检验，总体而言，15 岁及以上儿童目前从事工作的情况在性别上没有显著差异，但在残疾与否及城镇与农村之间差异显著（$P < 0.001$），农村儿童的工作率为 26.76%，城市儿童的工作率为 8.96%，城乡儿童的总体工作率为 22%。目前残疾儿童从事工作情况在儿童是否残疾上存在显著差异（$P < 0.01$），非残疾儿童的工作率为 22.09%，残疾儿童的工作率为 14.22%，其中，无残疾的农村儿童的工作率达 26.95%，而残疾的农村儿童的工作率为 16.67%。

总之，表 1 - 6 显示，15 岁及以上农村儿童从事工作的比例高于城市儿童，非残疾儿童高于残疾儿童。

---

①　"有工作"指 2006 年 3 月 25 ~ 31 日内从事过 1 小时以上有收入的工作。

15 岁及以上儿童尚处于学龄期，仍在校上学是目前未工作的主要原因。表 1-7 显示，未工作儿童中有 92.12% 是在校学生。目前未工作的状态，在残疾与否上存在显著差异（P < 0.001），未工作的非残疾儿童在校比例为 93.11%，而只有 39.70% 的未工作残疾儿童是在校学生，还有 46.23% 的未工作残疾儿童丧失劳动能力。从性别和城乡分布上来看，未工作儿童的状况有显著差别（P < 0.001），但对未工作的残疾儿童而言差异并不显著。

表 1-7　15 岁及以上儿童目前未工作的状况

单位：%

城乡	性别	在校学生	料理家务	丧失劳动能力	毕业后未工作	因单位原因失去原工作	因本人原因失去原工作	其他	总计
总计									
农村	男	91.99	0.41	1.12	5.13	—	0.08	1.28	100
	女	90.46	2.68	1.16	4.51	—	0.06	1.13	100
	总计	91.28	1.47	1.14	4.84	—	0.07	1.21	100
城镇	男	93.04	0.28	0.67	4.34	0.11	0.22	1.34	100
	女	94.97	1.13	0.44	2.83	—	0.06	0.57	100
	总计	93.94	0.68	0.56	3.63	0.06	0.15	0.97	100
总计	男	92.32	0.37	0.98	4.88	0.03	0.12	1.29	100
	女	91.89	2.19	0.93	3.98	—	0.06	0.95	100
	总计	92.12	1.22	0.96	4.46	0.02	0.09	1.14	100
非残疾									
农村	男	93.12	0.36	0.18	5.14	—	0.05	1.15	100
	女	91.60	2.61	0.09	4.57	—	0.06	1.07	100
	总计	92.41	1.42	0.14	4.87	—	0.06	1.11	100
城镇	男	93.77	0.28	0.06	4.36	0.11	0.17	1.25	100
	女	95.56	1.02	—	2.86	—	0.06	0.51	100
	总计	94.61	0.63	0.03	3.65	0.06	0.12	0.90	100
总计	男	93.32	0.34	0.14	4.89	0.04	0.09	1.18	100
	女	92.86	2.10	0.06	4.03	—	0.06	0.89	100
	总计	93.11	1.17	0.10	4.49	0.02	0.08	1.04	100
残疾									
农村	男	40.48	2.38	44.05	4.76	—	1.19	7.14	100
	女	36.62	5.63	52.11	1.41	—	—	4.23	100
	总计	38.71	3.87	47.74	3.23	—	0.65	5.81	100
城镇	男	50.00	—	36.67	3.33	—	3.33	6.67	100
	女	28.57	14.29	50.00	—	—	—	7.14	100
	总计	43.18	4.55	40.91	2.27	—	2.27	6.82	100
总计	男	42.98	1.75	42.11	4.39	—	1.75	7.02	100
	女	35.29	7.06	51.76	1.18	—	—	4.71	100
	总计	39.70	4.02	46.23	3.02	—	1.01	6.03	100

表1-8描述了15岁及以上未工作残疾儿童的主要生活来源。15岁及以上未工作儿童的主要生活来源比较单一，99.44%的儿童都由家庭其他成员供养。

表1-8　15岁及以上未工作儿童的主要生活来源

单位：%

主要生活来源	领取基本生活费	家庭其他成员供养	财产性收入	保险收入	其他	总计
非残疾	0.33	99.44	0.09	0.01	0.12	100
残疾	0.50	99.50	0.00	0.00	0.00	100
总计	0.34	99.44	0.08	0.01	0.12	100

调查结果说明，家庭为大龄残疾儿童提供了主要的经济支持。

四　残疾儿童的家庭状况

（一）残疾儿童的家庭规模

家庭是为儿童提供抚养及照料的主要场所，尤其是残疾儿童更加依靠家庭。家庭人口数量和规模是残疾儿童能否获得抚养照料的重要前提（见表1-9）。

经显著性检验，总体而言，儿童家庭规模分布，城乡之间和年龄组之间存在显著的差异性（$P < 0.001$）。农村儿童的家庭规模以4人为主（34.74%），而城市儿童的家庭规模以3人为主（43.32%）。但残疾儿童家庭规模的分布，城乡之间和年龄组之间的差异不大，均以4人为主，农村有32.37%的残疾儿童的家庭登记人数为4人，城市有32.21%。各个年龄组儿童家庭登记人数大部分为3~5人，1~2人和6人以上所占比例较低。

儿童家庭规模分布，残疾儿童家庭和非残疾儿童家庭之间存在显著的差异性（P<0.001）。在城市，残疾儿童与非残疾儿童在家庭规模的分布上存在差异（P<0.001）；但在农村，残疾儿童与非残疾儿童在家庭规模的分布上的差异并不显著。0~5岁的残疾儿童和非残疾儿童在家庭规模的分布上

表 1 − 9　儿童所在家庭的登记总人数

单位：%，分年龄组

城乡	年龄组	儿童家庭登记总人数									总计
		1	2	3	4	5	6	7	8	9	
总计											
农村	0～5	0.04	1.93	19.94	29.69	23.14	15.28	6.24	3.35	0.40	100
	6～14	0.24	2.90	19.93	35.53	21.94	12.12	4.55	2.46	0.33	100
	15～17	0.36	3.31	21.21	39.04	19.97	9.90	3.97	2.02	0.21	100
	总计	0.21	2.73	20.22	34.74	21.82	12.48	4.88	2.60	0.32	100
城镇	0～5	—	1.61	41.36	24.33	19.10	8.39	3.09	1.94	0.18	100
	6～14	0.05	3.97	43.88	28.57	13.85	6.18	2.12	1.23	0.14	100
	15～17	0.32	6.62	44.30	29.99	11.24	4.63	1.83	1.02	0.05	100
	总计	0.10	3.95	43.32	27.79	14.63	6.41	2.31	1.37	0.13	100
非残疾											
农村	0～5	0.04	1.93	19.93	29.70	23.06	15.29	6.28	3.37	0.40	100
	6～14	0.23	2.89	19.99	35.61	21.86	12.08	4.53	2.45	0.33	100
	15～17	0.37	3.30	21.35	39.05	19.95	9.86	3.93	1.99	0.21	100
	总计	0.21	2.72	20.28	34.78	21.76	12.45	4.87	2.60	0.33	100
城镇	0～5	—	1.63	41.52	24.31	19.01	8.34	3.04	1.96	0.19	100
	6～14	0.05	3.96	44.07	28.50	13.82	6.16	2.09	1.20	0.14	100
	15～17	0.33	6.62	44.61	29.93	11.00	4.63	1.85	0.98	0.05	100
	总计	0.10	3.95	43.53	27.74	14.54	6.38	2.28	1.35	0.13	100
残疾											
农村	0～5	—	1.40	20.47	29.30	27.44	14.88	3.72	2.33	0.47	100
	6～14	0.25	3.31	16.54	31.04	25.95	13.99	5.85	2.80	0.25	100
	15～17	—	4.30	13.44	38.71	21.51	12.37	5.91	3.76	—	100
	总计	0.13	3.02	16.88	32.37	25.31	13.85	5.29	2.90	0.25	100
城镇	0～5	—	—	29.31	25.86	25.86	12.07	6.90	—	—	100
	6～14	—	4.81	27.88	34.62	16.35	7.69	4.81	3.85	—	100
	15～17	—	6.52	19.57	34.78	30.43	4.35	—	4.35	—	100
	总计	—	3.85	26.44	32.21	22.12	8.17	4.33	2.88	—	100

的差异不显著，6～14岁和15～17岁的残疾儿童和非残疾儿童在家庭规模的分布上的差异显著（$P < 0.01$）。

数据分析结果表明，有残疾儿童的家庭，家庭规模略大，特别是在城市中，有残疾儿童的家庭，很可能有一名以上的儿童。这里有计划生育政策允许的原因，也有家庭自己的意愿。

（二）残疾儿童家庭中的残疾人数

残疾儿童的家庭规模会影响儿童获得照料和支持的程度，同时，残疾儿童家庭中的残疾人数也会影响儿童的生活。

"第二次全国残疾人抽样调查" 10%的数据调查的儿童共 61555 人，所在家庭中无残疾人的有 51076 人，占 82.98%；家庭中有残疾人的有 10479 人，占 17.02%。残疾人家庭中的残疾儿童，属于需要特别支持的儿童。

表 1-10 表明，儿童家庭中的残疾人数在城乡之间的差异显著。在城市，儿童家中没有残疾人的占 87.72%，高于农村的 81.19%。农村儿童家有残疾人的比例大于城市儿童。16.3%的农村儿童家有 1 人残疾，2.24%的农村儿童家有 2 人残疾；10.65%的城镇儿童家有 1 人残疾，1.47%的城镇儿童家有 2 人残疾。

表 1-10　儿童所在家庭中的残疾人数

家庭残疾人数		0	1	2	3	4	总计
农村	人数	36327	7295	1004	101	14	44741
	%	81.19	16.30	2.24	0.23	0.03	100
城镇	人数	14749	1791	247	25	2	16814
	%	87.72	10.65	1.47	0.15	0.01	100
总计	人数	51076	9086	1251	126	16	61555
	%	82.98	14.76	2.03	0.20	0.03	100

注：显著性：$P < 0.001$。

表 1-11 描述了家有残疾人的儿童家庭中残疾人的数量。总体而言，86.71%的儿童家有 1 人残疾，11.94%的儿童家有 2 人残疾，1.20%的儿童家有 3 人残疾，0.15%的儿童家有 4 人残疾。

残疾儿童和非残疾儿童家庭中的残疾人数存在显著差异（$P < 0.001$）。家有残疾人的儿童家庭中，本身无残疾的儿童有 9477 人，其中，88.17%的家中有 1 人残疾，10.94%的家中有 2 人残疾；本身有残疾的儿童 1002 人，其中，家中只有该儿童 1 人残疾的占 72.85%，家中除该残疾儿童以外还有

另 1 人残疾的占 21.36%，另有 2 人残疾的占 4.89%。家庭中有多名残疾人的残疾儿童（26%），属于需要特别支持的儿童。

表 1-11　家有残疾人的儿童家庭中的残疾人数

家庭残疾人数		1	2	3	4	总计
非残疾	人数	8356	1037	77	7	9477
	%	88.17	10.94	0.81	0.07	100
残疾	人数	730	214	49	9	1002
	%	72.85	21.36	4.89	0.90	100
总计	人数	9086	1251	126	16	10479
	%	86.71	11.94	1.20	0.15	100

五　本章小结

第二次全国残疾人调查的数据分析结果表明，第一，残疾儿童占全部儿童的比重很低，但是，农村儿童的残疾率比城镇高得多；男性儿童的残疾率比女性儿童的残疾率高。中国出生缺陷数据［占每年出生人口的 4% ~6%（杨文彦，2010）］，说明残疾儿童幸存的可能性比正常儿童小得多。第二，有残疾儿童的家庭规模比没有残疾儿童的家庭规模略大，说明残疾儿童家庭的儿童抚养负担更重。第三，家庭中有多名残疾人的残疾儿童（26%），属于需要特别支持的儿童。第四，15 岁及以上未工作儿童的主要生活来源比较单一，99.44% 的儿童都由家庭其他成员供养。但是，其中多数非残疾儿童仍然在校学习。残疾儿童中则有 40% 既不在校读书，也没有工作，依靠家庭供养，说明家庭将长期承担抚养残疾儿童的重担。

第二章　中国残疾儿童福利制度

中国残疾儿童主要依靠家庭抚养和支持。家庭是中国残疾儿童福利制度的主要支柱。国家为残疾儿童及其家庭提供的福利非常有限。在过去30年的社会、经济和人口变迁的过程中，家庭（核心家庭和扩展家庭）支持残疾儿童的能力大大下降了。但是，中国没有发展起西方式的福利制度——收入保障、医疗康复和教育福利等对残疾儿童及其家庭提供足够的支持（CDPF，1990；Johnson et al.，1998；McLoughlin et al.，2005）。不过，自2010年以来，中国残疾人福利的发展非常迅速。在这样的社会福利背景下，为了了解残疾儿童家庭生存的环境政策，本章对中国有关残疾儿童家庭福利和残疾儿童保护的制度——法律、法规、政策和实践状况进行综述，并从残疾人和儿童权利的角度进行分析。

一　对残疾儿童及其家庭的福利供给

（一）残疾儿童福利制度的对象

1. 家庭中的残疾儿童

根据第二次中国残疾人调查的结果估算，我国残疾儿童的数量在500万左右。根据前面的分析，残疾儿童家庭的规模以4人为主，有残疾儿童的家庭涉及的人口在2000万左右。在这些残疾儿童中，只有极小的一部分，大约8万~10万人，由国有儿童福利机构监护，即由国家供养（民政部，

2011）；另外有更少量的由非政府的儿童福利机构养护；其他都在家庭中生活，由家庭成员负责养护。

2. 机构中的残疾儿童

在中国，因为各种原因，有些儿童被父母遗弃，失去了父母的照顾。10万名左右的儿童由政府负责监护，残疾儿童在这些儿童中占很大的比重，在某些儿童福利院，残疾儿童占被收养儿童总数的98%（民政部，2011；尚晓援，2008b）。

3. 残疾儿童家庭和照料者

残疾儿童福利服务的对象还应该包括残疾儿童家庭及他们的照料者。对家庭和照料者提供支持，也是对残疾儿童的支持。因为，养护残疾儿童，是一项需要付出非常多爱心和持续努力的工作。对这些家庭和照料者，国家和社会应该提供支持。

（二）残疾儿童福利制度的价值基础和基本特点

1. 价值原则

在中国，残疾儿童福利制度的价值基础是多维度的。指导残疾儿童福利制度的基本价值，主要是人道主义的价值（中国残联，2011）。人道主义的价值体现为对人的生命和尊严的尊重。儿童权利的理念已经开始被官方接受。但是，主导的价值观还是人道主义的价值。

在中国传统的价值观中，对生命和人类价值的尊重被描述为"仁者爱人"。在中国的传统哲学中，"仁者爱人"直接来自人的天性（"不忍人之心"），来自人与生俱来的、对于他者所负的绝对责任（伍晓明，2003）。孟子在讨论"不忍人之心"时，所举的例子就是儿童——落到水里的孩子。面对落水的儿童，大多数人都不忍心不援之以手。

在儿童福利领域，人道主义的价值其实只是价值底线。中国儿童福利的价值源头有两个方面：中国传统社会的价值追求和与马克思主义理论相互联系的意识形态决定的价值原则。

有的研究认为，中国传统儿童福利的基础是"儿童契约"的原则（Bao-Er，2006）。在中国传统社会，儿童被认为是家庭的私有财产，即儿童得到家庭的供养和保护，不是因为儿童本身的原因，而是因为儿童是代际交

换的一个必要环节：儿童被期望在长大成人以后，对家庭的供养和保护有所
回报（如"养儿防老"，对家族姓氏和血缘的延续作出贡献等）。

还有的研究者认为，中国儿童福利的基本原则，还来自建立在历史唯物
主义基础之上的马克思主义的儿童观、教育观，其中最重要的是关于人的生
产的理论和对儿童主体发展性的认识。儿童是未来社会物质生产的主力，教
育对于物质生产具有特别重要的意义。社会主义就是要造就千百万全面发展
的新一代的建设者。这种观点实际上不仅是社会宣传的主体认识，而且也是
社会民众育儿行为的指导思想（陆士桢，2007）。

虽然在实践中有多重演变，从上述的理论基础出发，残疾儿童福利制度
的价值基础，呈现复杂的状况。一方面，从人道主义的价值基础出发，残疾
儿童应该获得最低限度的保护、支持和供养。在国家和社会支持缺位的情况
下，家庭承担了对残疾儿童提供保护的主要责任。另一方面，对残疾儿童的
养育，也需要着眼于对其生产能力的培养和发展。从国家的角度看，集体价
值高于个人和家庭价值，为了实现人口与经济、社会、资源、环境的协调发
展，国家推行计划生育，这在过去的 30 年中，主要是指控制人口增长。国
家采取综合措施，控制人口数量，提高人口素质（《中华人民共和国人口与
计划生育法》，2001）。为了保障子一代对父母一代的供养能力，国家允许
生育了残疾儿童的父母，获得额外的生育配额，再生一个子女。

除了上述源头价值，中国也接受了儿童权利的价值。在理论上，儿童权
利是中国儿童福利的主要价值，但是，在实际的政策制定和执行中，这一点
并不是毫无疑问的。根据儿童权利，残疾儿童福利制度应当包括下述一些原
则。

第一，儿童优先的原则。中国政府秉执"儿童优先"的原则，并写进
了《中国儿童发展纲要》，要求国家在制定法律、发展计划、方针政策和资
源配置等方面要体现"儿童优先"。

第二，儿童最大利益的原则。根据联合国《儿童权利公约》，"涉及儿
童的一切行为，不论是由公立或私立社会福利机构，还是由法院、行政当局
或立法机构执行，均应以儿童的最大利益为一种首要考虑"。这就是儿童最
大利益的原则。这项原则逐渐被人们所接受。

第三，儿童权利的原则。在联合国《儿童权利公约》中阐明的儿童权

利有时被简略地概括为生存权、受保护权、参与权和发展权。

因此，中国残疾儿童福利制度的价值基础，呈现出比较复杂的状况，需要进一步讨论和厘清。本书后面关于残疾儿童生命权利的讨论，明显地反映出价值原则的多元化和冲突。

2. 主要特点

中国与残疾儿童有关的福利制度包括两个部分：针对家庭中的残疾儿童的福利制度和针对国家养护的残疾儿童的福利制度。

从整体上说，中国与残疾儿童有关的福利制度有以下特点。

第一，在过去的30多年中，国家实行了控制人口数量的政策，儿童被认为是家庭的责任，超过计划生育额度的生育被认为是给国家和社会造成了额外的负担。这体现在中国的计划生育政策方面。家庭养育儿童的数量只能在国家规定的限额之内，超出限额的生育，家庭必须支付"社会抚养费"，数额可能高达一年至数年的社会平均工资或家长的收入。

第二，家庭承担了保护残疾儿童的主导责任，包括经济支持、养护、康复、教育等各个方面。国家只对丧失父母照料的残疾儿童提供保护和养育服务。为了保障家庭对残疾儿童的养育能力，生育了残疾儿童的父母，可以得到额外的生育配额。

第二，在福利制度比较研究中，儿童福利分为独立制度和嵌入制度两种类型。独立制度指国家建立了独立的、专门针对儿童的福利制度。嵌入制度指国家虽然没有建立独立的儿童福利制度，但是，在国家整体的福利制度中，儿童也可以受益。中国的残疾儿童福利制度，主要是嵌入制度。

第三，城乡分割。作为社会福利制度的一个组成部分，中国残疾儿童保护体系，反映了中国社会福利制度的最重要的制度特征，即城乡二重性。国家对具有不同户口身份的儿童负有不同的福利责任。国家全额拨款的儿童福利机构一般只负责收养城市户口的儿童，在乡村地区，家庭和亲友在保护孤儿方面起到了举足轻重的作用（尚晓援，2006）。当残疾人福利随着经济发展拓展的时候，作为残疾儿童福利的主要提供者，地方政府只对当地户口的残疾儿童负责（尚晓援、虞婕等，2011）。

第四，除了领养之外，院舍内养护长期被认为是理想的养护方式。1997年前后，这种观念开始改变。目前，政府已经接受了家庭寄养的政策。很多残疾儿童在一般家庭中得到照顾，并由国家提供经费。国家全额拨款的儿童福利院制度有可能被改造为特殊教育资源中心，为寄养在家庭中的儿童和社区中的其他残疾儿童群体提供全面的支持和服务。

随着经济发展和国家在社会福利供给方面承担起更多的责任，中国普惠制的儿童福利项目在过去的十年中得到很大发展，如免费的义务教育和全民医保。有些普惠制的福利制度惠及残疾儿童。

（三）残疾儿童福利制度的基本项目和覆盖面

在讨论残疾儿童福利项目的时候，首先需要明确一个理论问题：残疾儿童福利是什么？

残疾儿童福利是一般性儿童福利制度的一个部分。儿童福利制度指为促进儿童福利状态，疗救社会病态的慈善活动或者政府行为。研究儿童福利制度，首先需要考虑儿童福利状态。最简单地讲，"儿童福利"可以定义为：当影响儿童正常生存和发展的社会问题得到控制，儿童的各种需要得到满足，儿童成长和发展的机会最大化时，儿童正常存在的一种情况或状态。

儿童福利作为一种制度，可以被理解为制度实体，也可以被理解为一种"制度化的集体责任"，即一个社会为达到一定的儿童福利目标所承担的集体责任。在现代国家大规模地承担起保障儿童福利的责任之后，儿童福利成为一种"制度化的政府责任"。但这种责任的内涵则需要根据不同国家和文化的背景阐释和定义。

如果从制度实体的角度看，残疾儿童福利包括各种旨在促进残疾儿童福利状态的福利项目。细分起来，可以概括为四大类：第一，针对儿童基本生活需要的社会保险和社会救助；第二，针对儿童依恋和保护需要的替代性养护，各种预防儿童受到虐待的保护措施等；第三，针对儿童发展需要的教育服务；第四，针对儿童健康需要的服务，如医疗保险和医疗救助，以及针对儿童心理发育的社会工作服务。其中，第一类和家庭福利密切相关，其他几类则是专门针对儿童的福利服务。从项目提供的形态来说，包括现金类项目和服务类项目。

目前业内有人致力于在理论上把儿童福利项目区分为"福利"和"救助"两大类，认为针对儿童的服务项目不应该是救助，应该是福利。从上述分析可见，儿童福利是可以涵盖所有的服务项目的大概念，"社会救助"则只是旨在解决贫困问题的具体的福利项目之一。用这两个概念来区分儿童福利项目的性质在理论上是没有意义的。其实，在本质上，需要区分和定义的是：残疾儿童得到的各种福利项目，是因为他们有权利获得帮助（不需要对具体的提供者感恩），还是因为他者（可以是国家、慈善团体或个人、亲属）的施舍（需要对具体的提供者感恩）。从理论上说，享受国家提供的各种儿童福利，包括生活救助，都是法律赋予儿童的权利。

1. 基本生活保障

社会保障包括社会保险和社会救助。它们的主要功能是为公民提供基本的收入保障。我国社会保障的主体是社会保险，针对收入保障的社会保险项目主要覆盖城市职工人群，不覆盖儿童。但是，遗属救助的制度包括孤儿。残疾儿童的基本生活保障，一般由社会救助制度承担。社会救助一般不专门针对儿童（孤儿津贴除外）。在少数地区，也有专门针对残疾儿童的基本生活救助项目。其他对残疾儿童的生活救助，主要体现在一般的社会救助项目中，在城市中，主要为最低生活保障制度；在农村中，主要为农村低保等制度。城市中的救助对象主要是贫困儿童，2010 年建立的孤儿生活保障制度，使全国的孤儿得到了基本生活保障。但是，残疾儿童的基本生活保障，主要还是由家庭负担，政府没有承担特殊的责任。

新制定的《中国残疾人事业"十二五"发展纲要》，提出了将残疾人普遍纳入覆盖城乡居民的社会保障体系并予以重点保障和特殊扶助，落实并完善针对残疾人特殊困难和需求的生活补贴、护理补贴、社会保险补贴、生活救助等专项社会保障政策措施（中国残疾人联合会，2011）。这些社会福利的发展目标的落实尚需时间。同时，也应注意到，这些措施也不是专门针对残疾儿童的措施，但是，残疾儿童可能会受益。

2. 儿童的医疗保险和救助

2012 年 8 月，卫生部宣布，以职工基本医疗保险、城镇居民基本医疗保险、新型农村合作医疗为主体，以城乡医疗救助制度为基本，以商业健康保险及其他多种形式医疗保险为补充的中国特色医保制度体系初步形成。职工医保、城镇居民医保和新农合参保人数扩大到 13 亿人，三项基本医保参保率从 2000 年的 15% 左右提高到 2012 年的 95%（中国经济网，2012）。中国目前针对儿童的医疗保险项目，包括城镇居民基本医疗保险，部分地区的儿童大病医疗保险和农村的新型农村合作医疗制度。

新型农村合作医疗，简称"新农合"，是指由政府组织、引导、支持，农民自愿参加，个人、集体和政府多方筹资，以大病统筹为主的农民医疗互助共济制度。采取个人缴费、集体扶持和政府资助的方式筹集资金。2003年起在全国部分县（市）试点，2010年逐步实现基本覆盖全国农村居民。

2002年10月，《中共中央、国务院关于进一步加强农村卫生工作的决定》明确指出：要"逐步建立以大病统筹为主的新型农村合作医疗制度"，"到2010年，新型农村合作医疗制度要基本覆盖农村居民"，"从2003年起，中央财政对中西部地区除市区以外的参加新型农村合作医疗的农民每年按人均10元安排合作医疗补助资金，地方财政对参加新型农村合作医疗的农民补助每年不低于人均10元"，"农民为参加合作医疗、抵御疾病风险而履行缴费义务不能视为增加农民负担"。

新制定的《中国残疾人事业"十二五"发展纲要》，提出了在一般城乡居民医疗保险基础上，为残疾人提供特殊待遇的目标：逐步降低或取消医疗救助的起付线，合理设置封顶线。在将重度精神病患者经常服药费用纳入新农合、城镇居民基本医疗保险基金支付范围的基础上，对仍有困难的给予救助（中国残疾人联合会，2011）。

目前的医疗保险项目，都有封顶线的设置，少数患有大病和重度残疾的儿童，不能得到充分的保护。儿童的大病医疗支出，仍然主要由家庭承担。当儿童本身残疾，或可能致残的重病超出了家庭可以负担的范围之后，往往得不到及时的治疗和康复。很多残疾儿童的父母由于无力负担沉重的治疗和康复费用，被迫遗弃自己的孩子（尚晓援，2011）。少数城市发展了针对在校学生的大病医疗保险，在为患重病的儿童提供医疗救助方面发挥了重要的作用。这在中国不完全属于社会保险的范围，形式上是商业保险。

通过各种慈善形式对患病和残疾的儿童提供医疗帮助，在很多场合，已经成为这些儿童得到治疗和康复的唯一渠道。因此，在全国普及儿童大病医疗保险，是挽救很多儿童生命的当务之急。中国儿童少年基金会建立了儿童保险专项基金，通过慈善捐助，为儿童提供大病医疗保险是建立新的制度安排的一种努力。

3. 残疾儿童的养育和照料政策

在中国，对儿童的养育和照料主要是家庭的责任。残疾儿童也不例外。国家只有在家庭和扩展家庭完全失效的情况下，才能承担起养育儿童和照料儿童的责任。在国家监护下的儿童，主要通过家庭寄养和机构内照料的方式得到养护安排。与此同时，国家鼓励非血缘家庭以收养的形式对儿童提供永久性的保护。

目前，还有越来越多的非政府组织对困境儿童提供养育和照料服务。

对失怙残疾儿童的替代性养护：被遗弃的残疾儿童作为一个特殊的弱势群体，需要养护服务。这些儿童主要由国有儿童福利院承担监护责任。国家对由国家监护的儿童除了负有保障其基本生活的责任之外，还负有提供替代性养护的责任。从养护方式看，国家对自己监护的儿童，除了领养之外，主要以提供机构内照料为主，同时也引入了家庭寄养、小家庭养育等模式。多种形式的国家安排的寄养和机构内养护，成为我国对失怙残疾儿童提供替代性养护的主要方式。

替代性养护现状：根据 2005 年的数据，从养护形式来看，全国共有6.9 万名孤儿由国家监护，占全国孤儿总数的 12.0%（这些儿童中 40% 左右生活在儿童福利机构和敬老院内）；生活在民间慈善机构的孤儿仅占4.9%；而绝大部分的孤儿，即 34.9 万名，是由其亲属来抚养的，亲属供养占到了全国孤儿总数的 61.1%；寄养在非亲属家庭的以及依靠其他供养方式的孤儿分别占全国孤儿总数的 8.7% 和 13.3%（尚晓援、程建鹏，2006），如图 2 - 1 所示。

儿童福利院制度：中国目前的儿童福利事业，是在 1949 年以后逐步建立和发展起来的。新中国成立前，除了地方政府所办的孤儿院之外，还有大量的孤儿院是由个人、教堂或慈善组织兴办的。新中国成立之后，大量的非政府组织和慈善组织被取缔，它们所兴办的孤儿院一部分被关闭了，另一部分则由政府接管，经过改组成为国家儿童福利院（民政部提供的资料）。在 19 世纪 90 年代以前，儿童福利院收养的儿童人多数不是残疾儿童。自 21 世纪以来，大多数国有儿童福利院收养的儿童，都以被遗弃的残疾儿童和大病儿童为主。

4. 残疾儿童的教育福利

中国建立了普惠制的义务教育制度。儿童的教育主要由国家提供，国家

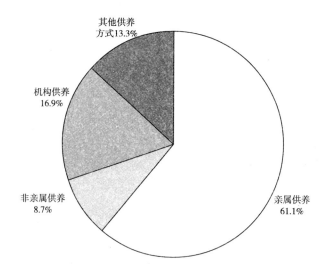

图 2 – 1 我国替代性养护的主要方式

为所有的儿童提供免费的九年义务制教育。家庭在儿童教育上也是主要的提供者之一。家庭的作用主要表现在对一般教育提供补充投入和对优质教育资源的投入等，还表现在对非义务教育阶段教育的投入。

大量的残疾少年儿童不能享受普惠制的教育福利。残疾少年儿童教育是基础教育的重要组成部分。残疾少年儿童教育主要有三种形式：第一种主要是为盲聋哑等残疾少年儿童举办的特殊教育学校，这是新中国成立以后发展起来的；第二种是在普通学校办的特殊教育班；第三种是残疾少年儿童随普通班就读。主体是第三种形式。到 2002 年底，在普通学校特教班和随班就读的残疾学生已占义务教育阶段全部在校残疾学生的 63%，随班就读是在残疾少年儿童中普及义务教育的主要形式。这种对残疾少年儿童教育的"双轨"体制是在中国的国情下，在西方全纳制思想影响下产生的制度安排。

1994 年，中国残联与教育部共同颁布《关于开展残疾儿童少年随班就读工作的试行办法》（教基〔1994〕6 号），要求各地积极开展落实随班就读工作。

中国从 2006 年开始，在全国范围内分批实现了九年制的免费义务教育。《义务教育法》用法律形式确定了在中国逐渐形成的以随班就读为主体、特教学校为骨干的残疾儿童教育体制。对残疾儿童接受教育的权利做了如下规定：

学校章第十九条规定："普通学校应当接收具有接受普通教育能力的残疾适龄儿童、少年随班就读，并为其学习、康复提供帮助。"

第七章"法律责任"中第五十七条规定："学校有下列情形之一的，由县级人民政府教育行政部门责令限期改正；情节严重的，对直接负责的主管人员和其他直接责任人员依法给予处分：（一）拒绝接收具有接受普通教育能力的残疾适龄儿童、少年随班就读的。"

在 2008 年和 2009 年发布的政策中，残疾儿童的教育问题被重申。这个既具有发展中国家特点，又体现包容性的教育方式，被重新强调。相关政策提出了提高适龄视力、听力、智力残疾儿童少年（以下简称三类残疾儿童少年）入学率等政策目标。

《关于进一步加快特殊教育事业发展的意见》提出了残疾儿童教育具体的政策目标："继续提高残疾儿童少年义务教育普及水平。城市和经济发达地区，适龄视力、听力、智力残疾儿童少年入学率要基本达到当地普通儿童少年水平；已经'普九'的中西部农村地区，其三类残疾儿童少年入学率要逐年提高；未'普九'地区要将残疾儿童少年义务教育作为普及九年义务教育的重要内容，三类残疾儿童少年入学率达到 70% 左右。积极创造条件，以多种形式对重度肢体残疾、重度智力残疾、孤独症、脑瘫和多重残疾儿童少年等实施义务教育，保障儿童福利机构适龄残疾儿童少年接受义务教育"；提出了三类残疾儿童少年入学率具体要达到的目标，这是残疾儿童教育政策方面的一个突破性进展。

在看到随班就读政策的积极作用的同时，对这一政策的局限性和需要改进的方面，应该有清醒的认识。首先，随班就读对学校工作提出了新的要求：教师一方面要对随班就读的学生进行与普通教育一致的、达到基本要求的教育，另一方面又要针对特殊学生，提供特殊教育的教育方案和服务，以实现康复、补偿，使残疾儿童的潜能和人格得到充分发展。如果没有额外的资源，没有经过专门的特殊教育培训，教师就很难在其繁重的教育工作中，对随班就读的残疾儿童提供满足他们特殊需要的教育。

其次，随班就读的政策，并不是指所有的残疾儿童都可以进入普通学校接受教育。只有"具有接受普通教育能力的残疾适龄儿童、少年"才可以进入普通学校随班就读。"具有接受普通教育能力的残疾适龄儿童、少年"是指视力、听力、轻度智力残疾的儿童少年，这被称为"三类残疾儿童少年"。各地政府有具体规定，如上海市规定了 8 类特殊儿童为随班就读对象：低视力、重听、轻度智力障碍、肢体残疾、学习障碍、言语和语言障碍、情绪和行为障碍、病孩；这些对象包括未入学的适龄特殊儿童、经过一段时间的特殊教育后具备随班就读条件的残疾儿童、已经进入中小学的各类轻度残疾儿童和学习有困难的儿童。

在中国，从正式的制度看，三类残疾儿童少年不受歧视，有权在公立学校学习；学校不能拒绝接受户口在当地的残疾儿童入学。国家还通过免除杂费、课本费和给予生活补贴等方法给残疾儿童提供一定的优惠政策。但是，还有一些重度智力残疾儿童、脑瘫儿童、自闭症儿童等，处于就学无门的状态。这是中国儿童福利制度的另外一个重要的制度缺口。

除了随班就读，中国在 2009 年年底拥有特殊教育学校 1672 所，特殊教育班级 15737 个（含普通学校的特教班），年毕业人数 57423 人，招生人数 64018 人（教育部，2009）。

除了中央的各种规定，近些年，各地开始试行各种形式的特殊教育。如 2010 年 5 月，天津市教育部门决定为 200 名重度适龄残疾儿童少年提供"送教服务"；从 2010 年开始，福建省为义务教育阶段适龄重度残疾儿童少年开展"送教上门"服务，送教服务全部实行免费教育。不足的是，由于家庭贫困、身体残疾、缺乏父母照料等原因，导致许多学龄儿童仍然未能享受正常的教育，或因缺乏上学的设施、条件、动力而辍学。

残疾儿童教育福利的未来发展：《中国残疾人事业"十二五"发展纲要》提出了中国未来残疾人教育的新目标和相关的政策措施（中国残联，2011）。针对残疾儿童教育的目标和措施包括：

——完善残疾人教育体系，健全保障机制，提高残疾人受教育水平。

——适龄残疾儿童少年普遍接受义务教育，提高残疾儿童少年义务教育质量。

——发展残疾儿童学前康复教育；大力发展残疾人职业教育，加快发展残疾人高中阶段教育和高等教育。

政策措施方面，贯彻落实《残疾人教育条例》《国家中长期教育改革和发展规划纲要（2010～2020）》和《国务院办公厅转发教育部等部门关于进一步加快特殊教育事业发展意见的通知》（国办发〔2009〕41号），建立完善从学前教育到高等教育的残疾人教育体系，健全特殊教育保障机制，将特殊教育纳入国家教育督导制度和政府教育评价体系，保障残疾人受教育的权利。

将残疾人义务教育纳入基本公共服务体系。继续完善以特殊教育学校为骨干、随班就读和特教班为主体的残疾儿童少年义务教育体系，加快普及并提高适龄残疾儿童少年义务教育水平。采取社区教育、送教上门、跨区域招生、建立专门学校等形式对适龄重度肢体残疾、重度智力残疾、孤独症、脑瘫和多重残疾儿童少年实施义务教育。动员和组织农牧区适龄残疾儿童少年接受义务教育，推进区域内残疾儿童少年义务教育均衡发展。建立完善残疾儿童少年随班就读支持保障体系，依托有条件的教育机构设立特殊教育资源中心，辐射带动特殊教育学校和普通学校，提高随班就读质量。支持儿童福利机构特教班建设。

建立多部门联动的0～6岁残疾儿童筛查、报告、转介、早期康复教育、家长培训和师资培养的工作机制，鼓励和支持幼儿园、特教学校、残疾儿童康复和福利机构等实施残疾儿童学前康复教育。实施"阳光助学计划"，资助残疾儿童接受普惠性学前康复教育。逐步提高残疾儿童学前康复教育普及程度。重视0～3岁残疾儿童康复教育。帮助0～6岁残疾儿童家长及保育人员接受科学的康复教育指导。鼓励、扶持和规范社会力量兴办残疾儿童学前康复教育机构。

普通高中、中等职业学校要创造条件招收残疾学生。鼓励和扶持特教学校开设高中部（班），支持特教高中、残疾人中等职业学校建设，改善办学条件。扩大残疾人中等职业学校招生规模，拓宽专业设置，改革培养模式，加快残疾人技能型人才培养。帮助农村残疾人和残疾人家庭子女接受职业教育。残疾人教育机构、职业培训机构、托养机构、残疾人扶贫基地等要承担扫除残疾人青壮年文盲的任务和职责，探索残疾人青壮年文盲扫盲工作机制和模式。

普通高校要创造条件扩大招收残疾学生规模，为残疾学生学习、生活提供便利。要尊重少数民族的风俗习惯，为少数民族残疾学生创造良好的学习、生活环境。继续办好南京特殊教育职业技术学院、长春大学特殊教育学院、北京联合大学特殊教育学院、天津理工大学聋人工学院、滨州医学院特殊教育学院等高等特殊教育学院（专业），适当扩大招生规模，拓宽专业设置，完善办学机制，提高办学层次和质量。通过自学考试、远程教育等方式帮助更多的残疾人接受高等教育。完善盲、聋、重度肢体残疾等特殊考生招生、考试办法。聋人参加各类外语考试免试听力。

加大特殊教育教师培训力度，提升特殊教育师资能力。高等师范院校普遍开设特殊教育课程，鼓励和支持高等师范院校和综合性院校举办特殊教育专业，加快特殊教育教师培养。根据国家规定落实并逐步提高特教津贴。在优秀教师表彰中提高特殊教育教师比例。推进中西部地区特殊教育学校建设。国家制定特殊教育学校基本办学标准，地方政府制定学生人均公用经费标准和教职工编制标准。改善特殊教育学校办学条件，深化课程改革，完善教材建设，加强教学研究，不断提高特殊教育教学质量和水平，全面提高残疾学生思想道德、科学文化、身心健康素质和社会适应能力。

全面实施残疾学生免费义务教育。在对义务教育阶段残疾学生实施"两免一补"的基础上，针对残疾学生的特殊需要，进一步提高补助水平。逐步实施残疾学生高中阶段免费教育。普通高校全日制本专科在校生中家庭经济困难的残疾学生及残疾人家庭子女优先享受国家助学金。动员社会力量广泛开展各种形式的扶残助学活动。

以上政策目标的提出，是一个非常好的开始。未来实现这些政策目标和措施，需中国政府和社会作出重大的努力。

5. 对残疾儿童提供的特殊服务

残疾人服务指的是在教育和医疗服务之外，针对残疾儿童及其照料者设计的特殊类型的服务。这类服务在中国比较少，所以人们对其内容不够熟悉。以澳大利亚为例，这类服务可能包括：住房及住房无障碍改造服务、照料者津贴和照料者假期、社区支持、社区无障碍服务、社区信息服务、替代性交流服务等。

特殊类型的残疾人服务是儿童成长的重要内容。我国在教育和医疗之外，专门针对残疾人的服务还很少，缺少全覆盖的残疾儿童服务项目。目前存在的服务主要有：第一，由国家举办的、为国家监护的儿童提供的服务和康复服务，如在儿童福利院中为孤残儿童提供的特殊服务；第二，残疾儿童康复服务；第三，政府和非政府组织以项目形式提供的特殊服务；第四，由非政府儿童福利组织提供的特殊服务。

第一，为国家监护的儿童提供的服务。对国家监护的残疾孤儿，国家采取了多种政策，保障他们的发展权，如公民收养、家庭寄养和举办社会福利设施集中养育。中国的儿童社会福利机构为孤儿、弃婴提供了良好的收养、医疗、康复和教育服务，直至他们长大成人。为保证儿童社会福利机构的服务质量，民政部颁布实施了一系列强制性行业标准和部门规章。

——2001 年，民政部颁布实施了国家强制性标准《儿童社会福利机构基本规范》，规范社会福利机构为孤残儿童提供的服务。

——2003 年，民政部出台了《家庭寄养管理暂行办法》，明确了家庭寄养工作的目标、管理要求和服务标准，被寄养儿童的权利，寄养家庭的条件和义务，家庭寄养服务机构的工作内容以及民政部门在家庭寄养工作中的责任等，有力地促进了社会福利机构家庭寄养工作健康有序地发展。

——2006 年 3 月，民政部、国家发改委、财政部等 15 个中央和国家机关联合发布了《关于加强孤儿救助工作的意见》，对孤儿的生活、教育、康复、医疗、住房、就业等提出了 9 个方面的优惠政策。

——2010 年 10 月，国务院常务会议审议通过了《关于加强孤儿保障工作的意见》，提出了建立孤儿基本生活保障制度，提高孤儿医疗康复保障水平等措施。

为保证福利机构中收养的孤残儿童的教育权利，《国务院办公厅转发民政部等部门关于加快实现社会福利社会化的意见的通知》（国办发〔2000〕19 号）规定：对社会福利机构中收养的（包括社会福利机构在社区和居民家庭中分散寄养的）就读于小学、初中的孤儿，要按有关规定免收杂费、书本费；对被高中（职业高中）、技校、中专、高等学校录取的孤儿，要免收学费、住宿费。

第二，残疾儿童康复服务。全国有康复服务中心（站点）3371 个，几十万残疾儿童得到了不同形式的康复服务（王雪梅，2005）。这些服务机构，有国家举办的，也有民间举办的。

为帮助全国社会福利机构中的残疾孤儿解除疾患的折磨，增强生活自理、自立的能力，实现回归家庭、回归社会的愿望，民政部从 2004 年开始，用 3 年左右的时间，筹集了 6 亿元资金，开展了"残疾孤儿手术康复明天计划"，每年为 1 万名左右的残疾孤儿实施手术康复。为做好这项工作，民政部成立了"残疾孤儿手术康复明天计划"领导小组，每年从民政部本级彩票公益金中拿出 1 亿元用于手术康复，加上省里筹措的 1 亿元，每年有 2 亿元用于此项计划。

第三，中国政府及社会团体针对残疾儿童的服务设施和计划。中残联开展了多方面的康复服务活动，如实施了 0～6 岁自闭症儿童的抢救性康复；开设了聋儿听力语言训练、脑瘫儿童康复训练和智力残疾儿童康复训练等重点康复工程；帮助广大残疾儿童改善身心功能，增强其生活自理和社会参与能力。

在教育方面，开展助学活动，实施了资助贫困残疾儿童就学的"扶残助学项目"、"彩票公益金助学项目"、"扶残助学春雨行动"和资助盲童就学的"中西部盲童入学项目"等计划。

在权益保护方面，实施了"扶残维权行动"，该行动由中国残联与中国残疾人福利基金会合作开展，对需要法律帮助的涉残案件给予办案经费补贴，以维护包括残疾儿童在内的广大残疾人的合法权益。

在社会助残方面，广泛开展"志愿者助残""红领巾助残"等助残活动，各界人士广泛参与，为包括残疾儿童在内的许多残疾人提供各种服务和帮助。

这些分散的项目，不能为残疾儿童提供全覆盖的、经常性的服务，不能满足中国 500 万残疾儿童的需要。因此，需要国家的进一步投入，需要实现服务的制度化和专业化。

第四，由非政府儿童福利组织提供的特殊服务。这类服务规模较小，数量很大，比较分散，但是能够贴近残疾儿童家庭，提供有效帮助。此处不再赘述。

6. 针对残疾儿童的社会慈善行动

在中国，公民社会帮助残疾儿童及其家庭的社会慈善行动越来越多。最有影响的当为"深圳壹基金公益基金会"。该基金会把儿童救助作为三个主要的关注领域之一，并建立了"海洋天堂"等直接救助残疾儿童的专门项目。在该基金的资助下，全国首届自闭症儿童家庭和援助机构大会于 2011 年 12 月召开，来自全国各地的自闭症儿童家长通过会议交流信息，提出自己的政策诉求。此外，还有儿童乐益会（中国）等组织，针对残疾儿童开展各项活动，促进残疾儿童融入社会。

（四）残疾儿童福利的行政管理机构

残疾儿童福利是中国儿童福利制度的一个重要组成部分。为了切实保护儿童权益，中国的立法、司法及相关部门以及社会团体都建立了相应的机制，以监督、实施和促进保护儿童事业的健康发展。残疾儿童福利是中国整个儿童福利的一个重要部分。

作为中国最高国家权力机关的全国人民代表大会，其内务司法委员会负责妇女儿童权益保障的立法和执法监督检查，委员会内设立了妇女、儿童专门小组，配有专职人员。中国人民政治协商会议设有社会与法制委员会，其职责之一是监督和促进国家有关妇女、青年、儿童等方面的法律、法规的实施，并就这方面的问题和情况向国家的立法、行政部门提出建议。

我国儿童福利的最高行政协调机构是国务院妇女儿童工作委员会，该委员会由有关的政府职能部门和社会团体的负责人组成，由政府一名国务委员担任主任。国务院妇女儿童工作委员会常设机构设在全国妇联。国务院妇女儿童工作委员会的前身——国务院妇女儿童工作协调委员会于 1990 年 2 月 22 日正式成立，取代了原由全国妇联牵头的全国儿童少年工作协调委员会，成为国务院负责妇女儿童工作的协调议事机构。1993 年 8 月 4 日，国务院妇女儿童工作协调委员会更名为国务院妇女儿童工作委员会，简称国务院妇儿工委。其基本职能是：协调和推动政府有关部门做好维护妇女儿童权益工作；协调和推动政府有关部门制定和实施妇女和儿童发展纲要；协调和推动政府有关部门为开展妇女儿童工作和发展妇女儿童事业提供必要的人力、财力、物力；指导、督促和检查各省、自治区、直辖市人民政府妇女儿童工作委员会的工作。

国务院妇儿工委自成立以来，坚持男女平等、儿童优先的原则，致力于我国妇女儿童的生存、保护和发展。国务院妇儿工委协助国务院制定和颁布

《中国妇女发展纲要（1995～2000 年）》《九十年代中国儿童发展规划纲要》《中国妇女发展纲要（2001～2010 年）》《中国儿童发展纲要（2001～2010 年）》《中国儿童发展纲要（2011～2020 年）》；协调推动政府有关部门强化职能，制定措施，实施妇女儿童纲要，整体推进妇女儿童事业；推动政府有关部门认真履行联合国《消除对妇女一切形式歧视公约》《儿童权利公约》等保护妇女儿童权益的国际公约；建立健全妇女儿童纲要的监测评估机制，制定监测评估体系，开展国家级监测评估。

国务院妇儿工委的工作重点是组织培训，加强政府领导执行纲要的能力建设；发挥议事协调作用，协助有关部门解决妇女儿童发展中的突出问题，依法保护妇女儿童合法权益。残疾儿童也是妇儿工委工作对象的一个部分。

国务院妇女儿童工作委员会包括 32 个成员单位，这些成员单位在儿童福利方面都有重要的作用。因此，国务院妇女儿童工作委员会在政府组织内的地位很高，可以从高层次推动残疾儿童福利制度的建设。但是，它只是一个综合协调机构，不是职能部门。中国需要在政府内建立专司儿童福利的职能部门。

中国残疾人联合会（简称中国残联）是残疾儿童福利事业管理的一个重要机构。中国残联是国家法律确认、国务院批准的由残疾人及其亲友和残疾人工作者组成的人民团体，是全国各类残疾人的统一组织。中国残联的宗旨是：弘扬人道主义思想，发展残疾人事业，促进残疾人平等、充分参与社会生活，共享社会物质文化成果。从职能上看，中国残联具有代表、服务、管理三种职能：代表残疾人共同利益，维护残疾人合法权益；团结教育残疾人，为残疾人服务；履行法律赋予的职责，承担政府委托的任务，管理和发展残疾人事业（中国残联，2011）。中国残联在中国残疾儿童福利发展方面起到了重要的作用。

其他主要提供儿童福利的政府部门包括人力资源和社会保障部、民政部、司法部、卫生部、教育部、住房和城乡建设部、公安部等，分别负责为儿童提供收养、保护、医疗、教育和安居等方面的福利。在中国，共青团、妇联、全国未成年人保护委员会等群众性团体和组织，在残疾儿童福利的提供和组织方面也发挥着重要的作用。因为儿童福利包括方方面面，几乎所有的政府部门都在某一个方面与残疾儿童福利有关。中国政府对妇女儿童工作委员会成员单位在儿童福利方面的职能规定，见本章附录一。表2-1中只列出了几个最重要的部门。

表2-1 和残疾儿童福利有关的政府组织和社会组织

政府组织	与残疾儿童福利有关的主要功能
国家发改委	将儿童事业发展纳入国民经济和社会发展中长期规划和年度计划；在拟订并组织实施规划、制定政策中，注重协调经济社会发展与儿童事业发展的关系，维护妇女儿童权益；加强妇女儿童事业建设，促进妇女儿童事业的持续发展
财政部	根据残疾人和儿童事业发展的需要和国家财力，提供必要的经费，并监督检查经费的使用情况
人力资源和社会保障部 • 就业促进司 • 劳动关系司 • 医疗保险司 • 工伤保险司	社会保险和医疗保险的有关的政策； 拟订公平就业、就业援助和特殊群体就业政策； 拟订消除非法使用童工政策和女工、未成年工的特殊劳动保护政策； 制定定点医疗机构、药店、康复机构、残疾辅助器具安装机构的资格标准
民政部 • 社会福利和慈善促进司 • 社会救助司 • 社会事务司 • 民间组织管理局 • 基层政权和社区建设司 • 儿童福利和收养中心	负责属于社会救助对象的残疾儿童的权益保护和生活救助的管理工作；做好孤儿、弃婴的收养、治疗、康复、教育工作和对流浪与特殊困难的残疾儿童的救助保护工作；保证残疾儿童生活的社区的建设；负责给残疾儿童提供服务的非政府组织的注册管理
卫生部 • 政策法规司 • 妇幼保健与社区卫生司 • 农村卫生管理司 • 卫生监督局	认真贯彻实施《中华人民共和国母婴保健法》等卫生法律、法规，落实《中国妇女发展纲要》和《中国儿童发展纲要》有关卫生指标；普及妇幼保健、生殖健康以及疾病预防等卫生科学知识；改善妇幼保健服务设施和条件，提高服务能力；依法进行妇幼保健、生殖健康服务和管理，降低孕产妇死亡率和婴幼儿死亡率；实施儿童残疾的早期甄别、治疗和康复等；牵头组织预防和减少出生缺陷与先天残疾工作； 承担综合管理农村基本卫生保健和新型农村合作医疗工作，拟订有关政策、规划并组织实施；指导全国农村卫生服务体系建设和乡村医生相关管理工作；监督指导农村卫生政策的落实
教育部 • 基础教育司	普及义务教育，保障适龄儿童入学，控制适龄儿童辍学，促进适龄儿童入学；积极发展学前教育，逐步扩大学前儿童接受教育的比例；积极发展特殊教育和特殊教育的师资培训，不断扩大残疾儿童入学比例

续表

政府组织	与残疾儿童福利有关的主要功能
司法部	加强有关保护妇女儿童权益的法律、法规的宣传;做好未成年罪犯和教养人员的教育改造工作;建立法律援助体系,为保护残疾儿童合法权益提供法律服务
国家人口和计划生育委员会	保护妇女实行计划生育的权利;保护育龄妇女的身心健康;维护生女孩的母亲和婴儿的合法权益等;制定和执行有关优生优育的各种政策
住房和城乡建设部	在拟订城乡规划、住房保障和市政公用事业的政策法规以及工程建设标准规范工作中,注意保障残疾儿童权益,创造适宜的居住环境
公安部 ●打击拐卖妇女儿童犯罪办公室	依法保护残疾儿童的人身安全不受侵犯,禁止胁迫残疾儿童流浪乞讨;打击侵害残疾儿童人身权益等违法犯罪活动;牵头协调开展反对拐卖妇女儿童犯罪工作
社会组织	与残疾儿童福利有关的主要功能
中国残疾人联合会	国务院残疾人工作协调委员会,是全国性残疾人事业团体。中国残联由残疾人及其亲友和残疾人工作者组成,具有代表、服务、管理三种职能:代表残疾人共同利益,维护残疾人合法权益;团结教育残疾人,为残疾人服务;履行法律赋予的职责,承担政府委托的任务,管理和发展残疾人事业
中华全国妇女联合会 ●国务院妇女儿童工作委员会办公室 ●儿童工作部 ●权益部	依法维护妇女儿童合法权益;参与推动保护妇女儿童法律、法规及政策的制定和完善;促进妇女儿童事业的发展等
中国关心下一代工作委员会	关心未成年人健康成长,积极参与、推动《中国儿童发展纲要》的实施和儿童合法权益保护工作;关心少年儿童特别是弱势群体的学习与生活,有计划地适当组织关爱活动;针对少年儿童成长中遇到的各类问题,组织开展调查研究并积极向有关部门反映情况,提出建议
全国未成年人保护委员会	中华全国律师协会所创办的专业委员会,负责宣传国家保护未成年人的法律、法规;监督国家有关保护未成年人的法律、法规的实施;协调有关部门对未成年人的教育保护工作;接受对侵犯未成年人合法权益行为的投诉、举报,并交由有关部门查处,为受害者提供或者寻求法律帮助;对因国家机关和国家机关工作人员违法、失职行为致使未成年人合法权益受到严重损害的,有权建议有关机关对责任人员给予行政处分,直至依法追究刑事责任;研究保护未成年人工作中的重大事项,并可向主管机关和部门提出意见和建议等。内设中国青少年维权中心
中国共青团	领导中国少年先锋队的工作,教育引导少年儿童提高思想道德和综合素质;服务少年儿童学习、生活、健康、安全、娱乐等多方面需求;依法维护少年儿童的合法权益,促进少年儿童的健康成长

（五） 残疾儿童福利制度的法律法规和部门规定

《儿童权利公约》提出世界上每一个儿童都应平等地享有生存权、保护权、发展权和参与权。1990 年 8 月 29 日，中国驻联合国大使李道豫代表中国政府在联合国《儿童权利公约》上签字，中国成为《儿童权利公约》的第 105 个签约国。1992 年 4 月 1 日，《儿童权利公约》正式对中国生效。这意味着中国政府应承担并履行《儿童权利公约》规定的保障儿童的基本人权的各项协议。在此基础上，中国政府制定了国别方案：《九十年代中国儿童发展规划纲要》《中国儿童发展纲要（2001～2010 年）》《中国儿童发展纲要（2011～2020 年）》，其中提出了实现中国对儿童生存、保护和发展的各项目标。上述文件是中国履行《儿童权利公约》和实现对世界儿童问题首脑会议庄严承诺的有力措施和切实保障。

中国是《残疾人权利公约》（*Convention of the Rights of Persons with Disabilities*）的签约国。《残疾人权利公约》也是残疾儿童权利保障的重要法律文件。有研究表明，签约以后，中国的残疾人事业有了快速的发展。但是，在很多方面，尚不能满足公约的要求（Petersen，2010）。

中国从国情出发，参照世界各国立法，特别是有关保护儿童权益的法律和国际文件，制定了以《中华人民共和国宪法》为核心，包括《刑法》《民法通则》《婚姻法》《教育法》《义务教育法》《残疾人保障法》《未成年人保护法》《妇女权益保障法》《母婴保健法》《传染病防治法》和《收养法》等在内的一系列有关残疾儿童生存、保护和发展的法律，以及大量相应的法规和政策措施，如《残疾人教育条例》，形成了一个保护残疾儿童权益的法律体系。《中华人民共和国宪法》明确规定："国家培养青年、少年、儿童在品德、智力、体质等方面全面发展"，"儿童受国家的保护"，"禁止虐待儿童"。根据中国宪法，中国的有关法律对儿童的生命权、生存与发展、基本健康和保健、家庭环境和替代性照料、教育、休闲和文化活动以及残疾儿童的特殊保护等均有全面系统的规定，并规定对虐待、遗弃、故意杀害儿童以及偷盗、拐卖、绑架、出卖、收买儿童等犯罪行为，予以严厉惩处。在中国的宪法、法律和有关行政法规中，还对保护儿童权益的政府职能、社会参与、工作原则以及相应的法律责任有比较完整的规范，从中可以清楚地看出中国为保护儿童权益制定的法律框架和社会保障机制是行之有效的，这也构成了儿童福利制度的法制基础。

中国目前的《未成年人保护法》在法理和制度层面都有待进一步完善。例如，有的国外学者认为，中国儿童保护法律的哲学基础在于，对儿童保护的承诺的基础不是儿童权利，而是儿童契约：其特点是承诺的交换，即要求儿童在未来对另一方履行一定的责任，以换取另一方在目前对他们提供安全和福利的保障（Bao-Er，2006）。国内有些学者，以权利和义务的互相转化为主题，提出了类似的观点（佟丽华，2001）。这与欧美国家建立在现代儿童观基础上的儿童福利与保护制度体系，还是有一定差距的。实地调查发现，中国在保护儿童不受暴力虐待、忽视和遗弃方面，尚缺少基本的制度要素。

此外还有与儿童福利相关的政府部门规章，如《社会福利机构管理暂行办法》《儿童社会福利机构基本规范》《关于进一步发展孤残儿童福利事业的通知》《关于加快社会福利社会化的意见》等。与残疾儿童福利相关的法律、法规和制度简图见本章附录二。

（六）非政府组织

在残疾儿童服务方面，非政府组织发挥着重要的作用。

国家对残疾儿童的照料和支持，区分为残疾孤儿（国家养护）和一般残疾儿童（家庭养护）两类。国家养护的残疾孤儿，由国家全额支付生活津贴并由国家提供养护服务和医疗康复服务。同时，国有儿童福利院还有机会得到非政府儿童福利组织的多样化支持。但是，在被遗弃的残疾儿童养护方面，非政府组织的作用受到严格限制。儿童福利院都是由政府全额拨款和派人经营的。除了 SOS 组织以外，非政府的儿童福利机构即使已经存在，也不是完全合法的（Shang，X. & Wu，2005）。

一般由家庭养护的残疾儿童，获得的各方面的支持都非常有限。很多需要康复和特殊教育的残疾儿童家长，通过建立各种类型的康复服务和特殊教育机构，以满足儿童需要。有调查表明，60%的自闭症儿童康复机构是家长发起和建立的（尚晓援、虞婕等，2011）。很多脑瘫儿童的家长也建立了康复机构，以满足儿童的需求。这些机构，往往得不到政府实质性的支持。很多甚至不能合法注册登记（尚晓援、虞婕等，2011）。在针对非政府儿童福利服务机构的政策方面，中国正处于政策突破的关键时期。

二 残疾儿童家庭对服务的需要和使用

（一）残疾儿童的社会保障

社会保障是国家对符合条件的家庭实施救助与保障的重要政策，这是家庭和个人抵御风险的一道安全屏障。在"第二次全国残疾人抽样调查"中，残疾人的社会保障也是重要的调查内容。残疾人享受的各项福利，都要以持有残疾证为前提。调查中，包括残疾证的持有情况、社会保险的参与以及低保金和救助金的领取情况。下面将按照城乡、性别和残疾情况来分析残疾儿童社会保障的享有情况。

1. 残疾儿童残疾证的持有率

持有残疾证是残疾人的一项基本权利，有了残疾证，残疾人才可以享有很多针对残疾人的优惠政策和服务。但是目前我国残疾儿童残疾证的持有率很低，只有13.87%的残疾儿童持有残疾证（见表2-2）。

表 2-2　残疾儿童残疾证的持有率

单位：%

	0~5岁			6~14岁			15~17岁			总计		
	农村	城镇	总计	农村	城镇	总计	农村	城镇	总计	农村	城镇	总计
男	2.42	5.71	3.14	9.96	24.59	13.01	20.95	37.50	24.82	10.43	22.66	13.10
女	3.30	4.35	3.51	16.05	16.28	16.10	24.69	35.71	26.32	14.67	16.25	14.98
总计	2.79	5.17	3.30	12.47	21.15	14.29	22.58	36.96	25.43	12.22	20.19	13.87

残疾证的持有率在城乡之间差异显著（$P < 0.005$），城市残疾儿童残疾证的持有率为20.19%，而农村残疾儿童残疾证的持有率只有12.22%。残疾证的持有率在年龄组间也存在显著的差异性（$P < 0.001$），持证率随年龄增长而增加，0~5岁残疾儿童的持证率为3.30%，6~14岁残疾儿童的持证率为14.29%，15~17岁残疾儿童的持证率为25.43%。女性残疾儿童残疾证的持有率略高于男性残疾儿童，但在性别之间差异并不显著。

2. 16 岁以上残疾儿童参加社会保险的情况

"第二次全国残疾人抽样调查" 10% 的数据调查的儿童中，残疾儿童有 1002 人，其中，16 岁及以上残疾儿童 151 人，占 15.07%，均未参加养老、失业、工伤保险。

16 岁及以上残疾儿童中有 40 人（16 岁 22 人，17 岁 18 人）参加了医疗保险，医疗保险参保率为 26.49%。表 2-3 表明，各种残疾类型的 16 岁及以上的残疾儿童半数以上都未参加医疗保险，不同残疾类型的医保参保率差异不大。

表 2-3　16 岁及以上残疾儿童医疗保险参与率

单位：%

	视力残疾	听力残疾	语言残疾	肢体残疾	智力残疾	精神残疾	多重残疾	总计
未参加	57.14	62.50	100	73.33	74.29	87.50	72.09	73.51
参加	42.86	37.50	0	26.67	25.71	12.50	27.91	26.49
总计	100	100	100	100	100	100	100	100

城乡之间和性别之间医疗保险的参与率，在 1% 的水平上差异性都不显著。这说明中国城乡基本医疗保险的差异已经大大缩小。

3. 残疾儿童领取低保金、救济金情况

"第二次全国残疾人抽样调查" 10% 的数据调查的 1002 名残疾儿童中，有 31 人领取低保金，占 3.09%；56 人领取救济金，占 5.59%。

从表 2-4 中可以看出，残疾儿童领取低保金和救济金的比例都是非常低的，不论是绝对贫困家庭（人均收入低于 683 元，2005 年），还是低收入家庭（人均收入为 683～944 元，2005 年）。本调查数据中的城市残疾儿童家庭，不论是绝对贫困家庭还是低收入家庭，均没有领取低保金或救济金。总体来看，城市的低保金和救济金的领取率高于农村，城市男性是低保金领取率最高的群体，为 7.81%；城市女性领取救济金的比例最高，为 7.5%。

所在家庭处于三个经济水平的残疾儿童，在低保金和救济金的领取上，均不存在显著的差异性。绝对贫困家庭的残疾儿童有 4.46% 领取低保金，低收入家庭的残疾儿童有 4.49% 领取低保金，不贫困家庭的残疾儿童有 2.75% 领取低保金。绝对贫困家庭的残疾儿童有 5.36% 领取救济金，低收入家庭的残疾儿童有 3.37% 领取救济金，不贫困家庭的残疾儿童有 5.87% 领取救济金。

表 2 - 4　残疾儿童低保金、救济金领取率

单位：%

各类家庭	性别	低保金领取率			救济金领取率		
		农村	城镇	总计	农村	城镇	总计
总计	男	2.39	7.81	3.57	4.78	6.25	5.10
	女	2.40	2.50	2.42	5.99	7.50	6.28
	总计	2.39	5.77	3.09	5.29	6.73	5.59
绝对贫困家庭	男	4.76	—	4.29	4.76	—	4.29
	女	5.00	—	4.76	7.50	—	7.14
	总计	4.85	—	4.46	5.83	—	5.36
低收入家庭	男	6.12	—	5.88	4.08	—	3.92
	女	2.70	—	2.63	2.70	—	2.63
	总计	4.65	—	4.49	3.49	—	3.37
不贫困家庭	男	1.44	8.40	3.21	4.89	6.72	5.35
	女	1.95	2.60	2.10	6.23	7.79	6.59
	总计	1.65	6.12	2.75	5.45	7.14	5.87

（二）残疾儿童曾接受的服务以及服务需求

1. 残疾儿童曾接受的服务或扶持

"第二次全国残疾人抽样调查" 10% 的数据调查的 1002 名残疾儿童中，有 375 人曾经接受过服务或扶持，占 37.43%；有 627 人未接受过任何服务或扶持，占 62.57% 。

2. 残疾儿童的服务需求

虽然多数残疾儿童未接受过任何服务或扶持，但是这些没有接受过任何服务的残疾儿童群体并不是不需要服务或扶持，而是在很大程度上依赖于服务的可获得性。

本书第五章讨论了不同残疾类型的残疾儿童的主要服务需求（见表 5 - 4、表 5 - 5）。总体而言，残疾儿童最主要的三项服务需求是：医疗服务与救助，贫困残疾人救助与扶持和康复训练与服务。有 69.66% 的残疾儿童需要医疗服务与救助，55.09% 的残疾儿童需要贫困残疾人救助与扶持，48%

的残疾儿童需要康复训练与服务。

各类残疾儿童对服务的需求既有共同之处，又有与残疾类型相应的特殊需求。所有类型的残疾对医疗服务与救助的需求都是最高的。此外，听力、视力和肢体残疾的儿童对辅助器具的需求明显高于其他残疾类型的儿童。因此，对不同残疾类型的儿童提供差别化的服务或扶持，更有利于最大化服务扶持的效果，也有利于更好地促进残疾儿童的身心发展。

三 本章小结

中国对残疾儿童及其家庭的福利服务制度正处在发展的过程中。残疾儿童及其家庭得到的政府的福利服务和经济支持非常有限。这反映在本书其他章节讨论的家庭经验当中。有残疾儿童的家庭，往往经济贫困，负担较重，儿童对医疗、康复和教育的需求难以得到满足。残疾人福利已经被列入国家发展规划。在未来十年，随着国家经济的发展以及整个社会对残疾人事业认识的提高，残疾儿童福利应当有重大改善。

附录一
国务院妇女儿童工作委员会各成员单位职责
（2008 年 12 月 30 日）

中宣部：协调和指导地方宣传机构、新闻媒体，通过大众化的信息手段，宣传男女平等基本国策和儿童优先原则，宣传《中国妇女发展纲要》和《中国儿童发展纲要》，创造有利于妇女儿童发展的舆论环境；引导各种媒体传播有益于妇女发展和儿童成长的社会、文化信息。

外交部：积极向国际社会宣传我国在妇女儿童领域取得的成就，协助相关部门参与妇女儿童事务国际交流与合作。

国家发改委：将妇女儿童事业发展纳入国民经济和社会发展中长期规划和年度计划；在拟订并组织实施规划、制定政策中，注重协调经济社会发展与妇女儿童事业发展的关系，维护妇女儿童权益；加强妇女儿童事业建设，促进妇女儿童事业的持续发展。

教育部：保障所有儿童受教育的权利；在各级各类学校招生及中等以上学校毕业生就业中坚持男女平等原则；提高家庭教育水平，发展特殊教育、成人继续教育、职业教育、实用技术培训，提高妇女的教育水平；尊重女教师，关心和保障女教职工的合法权益。

科技部：组织开展有关妇女儿童身心健康等方面的科学技术研究及其成果的推广应用工作；关心和保障女科技工作者的合法权益，为发挥妇女在科技发展中的作用创造条件。

国家民委：宣传、推动少数民族和民族地区贯彻执行国家有关妇女儿童的法律、法规；组织研究少数民族妇女儿童保护等问题并提出有关政策措施；配合有关部门维护和保障少数民族妇女儿童的合法权益。

公安部：打击侵害妇女儿童人身权益和卖淫嫖娼等违法犯罪活动；牵头协调开展反对拐卖妇女儿童犯罪工作。

民政部：负责属于社会救助对象的妇女儿童的权益保护和生活救助的管理工作；做好孤儿、弃婴的收养、治疗、康复、教育工作以及流浪儿童与有特殊困难的残疾儿童的救助保护工作；做好"三无对象"（无法定抚养人、无劳动能力、无生活来源）和孤老妇女的供养工作。

司法部：加强有关保护妇女儿童权益的法律、法规宣传；做好女性罪犯和劳动教养人员及未成年罪犯、未成年劳动教养人员、未成年强制隔离戒毒人员和未成年政府收容教养人员的教育改造、教育矫治工作；建立健全法律援助体系，为维护妇女儿童合法权益提供法律援助。

财政部：根据妇女儿童事业发展的需要和国家财力，提供必要的经费，并监督检查经费的使用情况。

人力资源社会保障部：促进各类妇女人才的成长和合理配置；在公务员考试录用、专业技术职务评聘、高校毕业生就业中，保障男女平等原则的落实；保障女性在就业、培训、劳动报酬以及技工学校招生等方面与男性平等的权利；保障女职工劳动保护法规、政策的落实；禁止使用童工；组织下岗失业女职工的职业技术培训，扩大妇女就业领域；逐步建立和完善生育保险制度。

环境保护部：通过开展绿色家庭、绿色学校等绿色创建活动及其他活动，加强对环保知识、法律法规、环境道德等的宣传，提高广大妇女儿童的环保意识；支持和鼓励妇女儿童参加各种环境保护的宣传教育和其他有关部门的活动，提高妇女参与环境保护及决策的程度，充分发挥妇女在环境保护中的作用。

住房和城乡建设部：在拟订城乡规划、住房保障和市政公用事业的政策法规以及工程建设标准规范的工作中，注意保障妇女儿童权益，创造适宜的居住环境。

水利部：指导农村饮水安全工作，保障农村居民饮水安全；加强水资源的节约、保护和合理配置，指导乡镇供水，保障城乡供水安全，不断改善村镇居民饮用水条件。

农业部：做好农村妇女的农业技术培训工作，努力提高农村妇女的劳动技能；支持和鼓励妇女兴办和参加生态农业建设、农村可再生能源综合开发利用建设等事业，充分发挥农村妇女在发展农业和农村经济中的作用。

商务部：积极争取国际援助，支持妇女儿童工作；积极争取联合国和其他国际组织及双边捐助国对我国妇女儿童事业的发展，特别是对实施《中国妇女发展纲要》《中国儿童发展纲要》的项目支持，为扩大有关国际合作和国际交往创造条件。

文化部：丰富妇女儿童文化生活，推进妇女儿童文化艺术事业的发展；宣传妇女在两个文明建设中的作用、业绩和贡献，展现当代女性风貌。

卫生部：认真贯彻实施《中华人民共和国母婴保健法》等卫生法律、法规，落实《中国妇女发展纲要》和《中国儿童发展纲要》有关卫生指标；普及妇幼保健、生殖健康以及疾病预防等卫生科学知识；改善妇幼保健服务设施和条件，提高服务能力；依法进行妇幼保健、生殖健康服务和管理，降低孕产妇死亡率和婴幼儿死亡率；减少出生缺陷发生，提高出生人口素质。

国家人口计生委：保护妇女实行计划生育的权利；组织开展人口和计划生育宣传教育，倡导婚育新风，普及有关法律法规以及优生优育、避孕节育、生殖健康的科学知识；开展计划生育和生殖健康优质服务，保护育龄妇女身心健康；开展关爱女孩行动和救助贫困母亲的活动，营造有利于女孩及生育女孩母亲的良好生存环境；继续加强和完善基层计划生育网络建设，努力稳定低生育水平，提高出生人口素质。

国家工商总局：依法保护妇女从事经济活动的平等权利；依法监督流通领域商品（包括服务）质量，查处假冒伪劣等各类侵害消费者，尤其是妇女儿童合法权益的违法行为；依法对广告进行监督管理，保护妇女儿童作为消费者的合法权益。

国家质检总局：推动妇女儿童用品和食品的质量、安全规范的立法工作，制定国家标准、行政规章、安全技术规范和强制性标准；对涉及有关妇女儿童的标准化工作实施统一管理，建立健全严格的市场准入、检验检测和监督检查制度；打击假冒伪劣产品，提供有关质量监督、检验检疫方面的信息指导和咨询服务，保护妇女儿童权益。

国家广电总局：宣传党和国家关于妇女儿童发展的法律法规、方针政策和目标任务；宣传妇女儿童工作以及广大妇女在改革开放和现代化建设中作出的贡献；为妇女儿童提供优秀的广播影视作品，禁止广播影视中对妇女、儿童形象的污辱性宣传。

新闻出版总署：做好宣传自尊、自信、自立、自强的女性和德、智、体全面发展的少年儿童的图书、报刊、音像电子读物的出版工作，为提高妇女素质和促进少年儿童的健康成长出版更多优秀读物；制止歧视妇女形象的图书、报刊和音像电子读物出版，查禁淫秽色情及危害未成年人身心健康的出版物。

国家体委：贯彻落实《全民健身计划纲要》和《学生体质健康标准》，广泛开展适合妇女儿童的全民健身运动，增强妇女儿童体质。

国家统计局：负责《中国妇女发展纲要》《中国儿童发展纲要》的统计监测工作，建立妇女儿童状况监测体系，加强妇女儿童发展综合统计工作，收集有关妇女儿童的统计数据；建立和完善妇女儿童数据库，为妇女儿童事业发展和政府决策提供统计咨询服务。

国家林业局：加强林业知识的宣传，提高广大妇女儿童的绿化和生态文明意识；支持和鼓励妇女参加义务植树、造林绿化、林业生态建设（包括"三八绿色工程"）等活动，提供林业科技、政策和信息服务。

法制办：积极推动保护妇女儿童权益，促进妇女儿童发展的法律法规的出台；在起草、审查法律和行政法规草案中，注意保护妇女儿童权益，促进妇女儿童事业的发展。

全国总工会：贯彻男女平等的基本国策，参与有关政策法规的研究制定，依法维护女职工的合法权益和特殊利益；努力提高女职工队伍的整体素质，团结动员女职工为全面建设小康社会建功立业。

共青团中央：加强对中国少年先锋队工作的领导，健全少先队各级工作机构，加强少先队辅导员队伍建设；教育引导少年儿童提高思想道德和综合素质；满足少年儿童学习、生活、健康、安全、娱乐等多方面需求；依法维护少年儿童的合法权益，促进少年儿童的健康成长。

全国妇联：推动妇女积极参与全面建设小康社会事业，推动妇女参与社会主义经济建设、政治建设、文化建设和社会建设，促进妇女为经济社会发展作贡献；促进妇女全面提高自身素质，实现自身的进步与发展；参与贯彻实施《中国妇女发展纲要》和《中国儿童发展纲要》；依法维护妇女儿童的合法权益；承担国务院妇女儿童工作委员会办公室的工作；促进国内外妇女之间的交往与合作；推动优化儿童健康成长的社会环境；促进妇女儿童事业的发展。

中国残联：依法维护残疾妇女和儿童的合法权益；参与和推动保护残疾妇女和儿童的法律、法规的制定和完善；促进和提高残疾妇女儿童的康复、教育和发展水平。

中国科协：推动妇女儿童智力开发；组织妇女儿童科普教育活动和城乡妇女实用技术培训；促进妇女儿童科技文化素质的提高和女科技工作者的健康成长。

中国关心下一代工作委员会：关心未成年人健康成长，积极参与和推动《中国儿童发展纲要》的实施和儿童合法权益保护工作；配合有关部门加强青少年思想道德建设，净化青少年成长环境；发挥"五老"（老战士、老干部、老教师、老模范、老专家）优势，以多种形式对青少年进行思想品德、理想信念、社会主义价值观和人生观教育；关心少年儿童，特别是弱势群体的学习与生活，有计划地适当组织关爱活动；针对少年儿童成长中遇到的各类问题，组织开展调查研究并积极向有关部门反映情况，提出建议。

附录二

与残疾儿童福利有关的法律和部门规章

一般性法律和规定

标　　题	中华人民共和国婚姻法
实施年份	2001 年 4 月 28 日,2001 年修正,2011 年 8 月 12 日最高人民法院发布婚姻法最新司法解释

概　　要

该法是婚姻家庭关系的基本准则。实行婚姻自由、一夫一妻、男女平等的婚姻制度。保护妇女、儿童和老人的合法权益。该法第三章中规定,父母对子女有抚养教育的义务;子女对父母有赡养扶助的义务;父母有保护和教育未成年子女的权利和义务;在未成年子女对国家、集体或他人造成损害时,父母有承担民事责任的义务;等等

标　　题	中华人民共和国残疾人保障法
实施年份	1991 年 5 月 15 日,2008 年 4 月 24 日修订通过,自 2008 年 7 月 1 日起施行

概　　要

该法是为了维护残疾人的合法权益,发展残疾人事业,保障残疾人平等地充分参与社会生活,共享社会物质文化成果。其法律条文涉及保障残疾儿童、少年受义务教育的权利;普通小学、初级中等学校,必须招收能适应其学习生活的残疾儿童、少年入学;普通幼儿教育机构应当接收能适应其生活的残疾幼儿;残疾幼儿教育机构、普通幼儿教育机构附设的残疾儿童班、特殊教育学校的学前班、残疾儿童福利机构、残疾儿童家庭,对残疾儿童实施学前教育

标　　题	中华人民共和国未成年人保护法
实施年份	1992 年 1 月 1 日,2006 年 12 月 29 日修订通过,自 2007 年 6 月 1 日起实施

概　　要

该法是为了保护未成人的身心健康,保障未成年人的合法权益,促进未成年人在品德、智力、体质等方面全面发展。国家、社会、学校、家庭应教育和帮助未成年人运用法律手段,维护自己的合法权益

标　　题	中华人民共和国人口与计划生育法
实施年份	2002 年 9 月 1 日

概　　要

该法是为了实现人口与经济、社会、资源、环境的协调发展,推行计划生育,维护公民的合法权益,促进家庭幸福、民族繁荣与社会进步。控制人口数量,加强母婴保健,提高人口素质。其法律条文涉及禁止歧视、虐待生育女婴的妇女和不育的妇女。国家建立、健全基本养老保险、基本医疗保险、生育保险和社会福利等社会保障制度,促进计划生育

续表

标　题	中华人民共和国预防未成年人犯罪法
实施年份	1999 年 11 月 1 日

概　要

该法是为了保障未成年人身心健康,培养未成年人良好品行,有效地预防未成年人犯罪,立足于教育和保护,从小抓起,对未成年人的不良行为及时进行预防和矫治。包括预防未成年人犯罪的教育;对未成年人不良行为的预防;对未成年人严重不良行为的矫治;未成年人对犯罪的自我防范;对未成年人重新犯罪的预防;法律责任;等等

标　题	中华人民共和国收养法
实施年份	自 1992 年 4 月 1 日起施行,1998 年修正,1999 年 4 月 1 日施行

概　要

该法是为了保护合法的收养关系,维护收养关系当事人的权利。该法对收养关系的成立、收养的效力、收养关系的解除以及法律责任作出了明确的规定

标　题	中国儿童发展纲要(2011～2020 年)
实施年份	2011 年 5 月 22 日

概　要

坚持"儿童优先"原则,保障儿童生存、发展、受保护和参与的权利,提高儿童整体素质,促进儿童身心健康发展。儿童健康的主要指标达到发展中国家的先进水平;儿童教育在基本普及九年义务教育的基础上,大中城市和经济发达地区有步骤地普及高中阶段教育;逐步完善保护儿童的法律法规体系,依法保障儿童权益;优化儿童成长环境,使困境儿童受到特殊保护

标　题	国务院残疾人工作委员会《中国残疾人事业"十二五"发展纲要(2011～2020 年)》
实施年份	2011 年 5 月 16 日

概　要

为加快推进残疾人社会保障体系和服务体系建设,进一步改善残疾人状况,促进残疾人平等参与社会生活、共享改革发展成果

标　题	国务院办公厅转发中国残联等部门和单位《关于加快推进残疾人社会保障体系和服务体系建设指导意见》的通知
实施年份	2010 年 3 月

概　要

健全残疾人社会保障制度,加强残疾人服务体系建设,缩小残疾人生活状况与社会平均水平的差距,实现残疾人事业与经济社会协调发展

标　题	中共中央、国务院《关于促进残疾人事业发展的意见》
实施年份	2008 年 3 月

概　要

认识促进残疾人事业发展的重要意义,促进残疾人事业发展,维护残疾人合法权益,改善残疾人状况,明确促进残疾人事业发展的总体要求;着眼于解决残疾人最关心、最直接、最现实的利益问题

续表

标　　题	国务院办公厅关于加强孤儿保障工作的意见
实施年份	2010 年

概　　要

该意见对孤儿基本生活保障、教育、医疗、大龄安置和就业等作了具体的规定;强调要采取多种形式妥善安置孤儿,保障孤儿基本生活和合法权益,残疾孤儿包括在内

标　　题	民政部、国家发改委、财政部等 15 个中央和国家机关联合发布《关于加强孤儿救助工作》的意见
实施年份	2006 年 4 月 14 日

概　　要

该意见是新中国成立以来对孤儿生活救助和服务保障的第一个综合性的福利性的制度安排,强调要采取多种形式妥善安置孤儿,保障孤儿基本生活和合法权益;明确界定了新形势下儿童福利保障的对象

医疗康复政策

标　　题	中国残联康复部《贫困孤独症儿童抢救性康复项目实施办法》
实施日期	2009 ~ 2011 年

概　　要

每年为 1200 名贫困孤独症儿童提供康复训练服务

标　　题	中国残联《关于转发江苏省、浙江省将部分医疗康复项目纳入基本医疗保障范围政策措施的通知》
实施日期	2011 年

概　　要

将运动疗法、偏瘫肢体综合训练、脑瘫肢体综合训练、截瘫肢体综合训练、作业疗法、认知知觉功能障碍训练、言语训练、吞咽功能障碍训练、日常生活能力评定等 9 项医疗康复项目纳入城乡基本医疗保障范围,并对相关工作作出部署

标　　题	卫生部办公厅关于印发《儿童孤独症诊疗康复指南》的通知
实施日期	2010 年

概　　要

为及时发现、规范诊断儿童孤独症,为其治疗和康复赢得时间,卫生部委托中华医学会制定了《儿童孤独症诊疗康复指南》,以使医务人员掌握科学、规范的诊断方法和康复治疗原则,并能指导相关康复机构、学校和家庭对患儿进行正确干预,改善患儿预后状况,促进患儿康复

标　　题	中国残疾人联合会关于转发《关于将部分医疗康复项目纳入基本医疗保障范围的通知》的通知
实施日期	2010 年

概　要	把以治疗性康复为目的的运动疗法等9项医疗康复项目纳入基本医疗保障范围,自2011年1月1日起分别由城镇职工基本医疗保险、城镇居民基本医疗保险(以下简称城镇医保)、新型农村合作医疗(以下简称新农合)基金按规定比例给予支付。各省(区、市)已经纳入相应基本医疗保障支付范围的其他医疗康复项目应当继续保留,有条件的地区可根据基金承受能力,按照保障基本需求的原则,适当增加纳入基本医疗保障范围的医疗康复项目,增加的项目应当从《全国医疗服务价格项目规范》中选择。随着经济社会的发展,各省(区、市)应当积极推进残疾人康复事业,逐步增加纳入基本医疗保障范围的医疗康复项目

标　题	中国残联《精神病防治康复"十一五"实施方案》
实施日期	2007年

概　要	在覆盖8亿人口的县(市、区),对480万重症精神病患者开展社会化、综合性、开放式精神病防治康复工作;为10万名贫困患者提供医疗救助;在31个试点城市开展孤独症儿童康复训练,建立示范性康复设施,培训为孤独症儿童进行筛查、诊断、康复训练的专业技术人员

标　题	中华人民共和国卫生部、中国残疾人联合会《关于印发〈中国提高出生人口素质、减少出生缺陷和残疾行动计划(2002~2010)〉的通知》
实施日期	2002年

概　要	根据《中华人民共和国母婴保健法》及其实施办法,从根本上解决我国出生缺陷和先天残疾高发的状况,实行"中国提高出生人口素质、减少出生缺陷和残疾行动计划(2002~2010)"

标　题	中华人民共和国母婴保健法
实施日期	1995年6月1日

概　要	该法是为保障母亲和婴儿健康,提高出生人口素质,发展母婴保健事业提供的必要条件和物质帮助,使母亲和婴儿获得医疗保健服务。国家对边远贫困地区的母婴保健事业给予扶持,等等

教育政策

标　题	国务院办公厅转发教育部等部门《关于进一步加快特殊教育事业发展意见》的通知
实施年份	2009年5月7日

概　要	为了全面提高残疾儿童少年义务教育普及水平,不断完善残疾人教育体系,本通知提出了加快残疾儿童教育具体的政策目标和办法

标　　题	中华人民共和国义务教育法
实施日期	2006 年 9 月 1 日

概　　要

该法是为了保障适龄儿童、少年接受义务教育的权利，保证义务教育的实施，提高全民族素质。将义务教育全面纳入财政保障，并对学生、学校、教师、教育教学、经费保障以及法律责任作出了明确的规定，以法律形式保障义务教育经费投入

标　　题	中华人民共和国民办教育促进法
实施年份	2003 年 9 月 1 日

概　　要

该法是根据宪法和教育法制定的，目的是为了实施科教兴国战略，促进民办教育事业的健康发展，维护民办学校和受教育者的合法权益；规定了民办学校设立的条件、学校的组织与活动、教师与受教育者、学校资产与财务管理、管理与监督、扶持与奖励、变更与终止以及法律责任等具体内容

标　　题	中华人民共和国民办教育促进法实施条例
实施年份	2004 年 4 月 1 日

概　　要

为实施科教兴国战略，促进民办教育事业的健康发展，维护民办学校和受教育者的合法权益，根据《宪法》和《教育法》制定该条例

标　　题	中华人民共和国残疾人教育条例
实施年份	1994 年 8 月 23 日

概　　要

实行普及与提高相结合、以普及为重点的方针，从学前教育、义务教育、职业教育、普通高级中等以上教育及成人教育等方面对残疾人教育作出规定

标　　题	原国家教育委员会《关于开展残疾儿童少年随班就读工作的试行办法》
实施年份	1994 年

概　　要

对开展残疾儿童少年随班就读工作的必要性和具体方法作出规定

第三章　残疾儿童生命权的保障

　　本章从残疾儿童的生命权利和儿童保护制度的角度，对涉及三类残疾儿童少年生命权利的个案进行了分析。主要的发现是：第一，出生以后，残疾儿童的生命权利不被认可。家长作出的关于放弃残疾儿童生命的决定，可能带有非残疾人对残疾人生活的无知或深刻的偏见。第二，中国残疾儿童的生命保护尚未成为公共政策问题。父母和家庭承担几乎全部成本，并作出相应的决定。第三，在决策过程中，专业人士没有决定性的发言权。放弃治疗的决定在医疗技术上不一定是不可避免的，这个过程中可能会付出非必要的生命代价。本章试图从儿童生命权利保护的角度，对残疾儿童生命权保护的问题进行深入的分析和讨论。目的是引起社会和学术界对残疾儿童生命权利保护问题的重视，并期望政府在这个领域制定更加明确的政策，以减少不必要的生命损失。

　　2006年第二次全国残疾人调查结果显示，中国的各类残疾儿童共计500万。这个数字比此前人们根据1986年第一次全国残疾人调查结果和人口增长数据估计的全国有800万~900万残疾儿童的数字低很多。残疾儿童总数大大减少，主要原因是医疗条件的改善、产前检查和孕产期服务完善等。但是，残疾儿童在出生以后，被家长遗弃（包括放弃治疗任其死亡），或家长没有为残疾儿童进行出生登记，以此造成登记残疾率下降，是否也是一个因素呢？我们不得而知。同时，每年有数以万计的残疾儿童被家长遗弃，由国有儿童福利机构收养（民政部，2011）。没有被国家儿童福利机构收养，因被遗弃而死亡的残疾儿童数字不详。

因此，研究残疾儿童生命权保护的问题，影响数以百万计的残疾儿童的生命和他们家庭的幸福。目前，有学者对儿童遗弃问题进行过研究，但是，专门针对残疾儿童遗弃问题所做的研究很有限。中国残疾儿童生命权和受保护权的现状，是一个尚未得到学术界和社会政策研究充分重视的问题。

在本章中，我们试图通过对几个残疾儿童个案的考察，从儿童生命权利保护的角度，对遗弃残疾儿童的问题进行深入分析，以填补这个空白。

研究残疾儿童的生命权利保护，首先必须对这个问题的范围进行界定。Watson 和 Griffiths 等（2009）曾经从历史和现状讨论过残疾人生命权利保护的范围，其中涉及残疾儿童生命权的保护，包括：第一，被承认的权利；第二，出生的权利；第三，出生后不因为残疾而被剥夺生命的权利；第四，出生以后，得到适当的照料和支持，以长大成人的权利；第五，在安全和生命不受威胁的环境下生活的权利。在这几个方面中，我国的法律和实践都接受和鼓励孕期保健和检查（Petersen，2010；王贵松，2011），如果发现新生儿可能残疾，亲属和医院都会鼓励孕妇终止妊娠，以减少出生缺陷的几率。因此，出生权的问题不在本章分析的范围之内。本章的分析集中在第三项和第四项权利保护方面。

在中国，关于残疾儿童生命权利有争议的个案，屡屡出现。如下面两个个案：

2010 年 4 月 24 日下午，湖北荆门幼师刘琴带着女儿高慧子到商场购物。母女俩乘电梯下楼时孩子不慎跌倒，手掌被电梯绞断。经抢救，医生告诉刘琴，孩子伤势过重，手掌无法接好，可能面临着终身残疾。面对残酷的现实，刘琴在手机中留下遗书，亲手刺死 3 岁的女儿后自杀未遂。近日刘琴被提起公诉，她认为自己杀死女儿是帮女儿减轻痛苦……这则新闻被报道以后，有上万人留言，很多人对刘琴表示同情。

2011 年 11 月 8 日上午 10 时，在深圳市第二人民医院妇产科，医生罗军因救活了一名可能患有脑瘫的新生儿，遭到这个新生儿的父亲的痛打。孩子的父亲大骂医生为"没有医德的狗屁医生"，还抱怨说，"我要和一个傻瓜过一辈子了……我说过不要孩子了，为什么还要给救回来"！记者在报道中说，这位父亲之所以这样做，主要是因为处于一种对未知命运的极度恐惧。

母亲因为孩子残疾而杀人，父亲因为医生对残疾孩子施救成功而殴打医生，反映的都是同一种现象：残疾儿童给父母带来的不是快乐和惊喜，而是恐惧。父母不想对残疾儿童的生命权利进行保障。为什么呢？对这种现象，本章将做深入分析。

本章集中分析了三个家庭的个案，介绍了这些家长在发现自己的孩子是（或可能是）残疾时，作出的有关残疾儿童生命的决定的过程，以及围绕这个决定发生的公开辩论。本章假定残疾儿童出生以后，应该享有无条件的生命权，分析则集中在儿童保护的几个重要的制度方面：第一，残疾儿童是否享有被认可的生命权？第二，在什么样的条件下，父母选择了放弃残疾儿童的生命？第三，在作出夺去残疾儿童生命的决定时，是否有正式的决策过程？在这个过程中，国家是否干预？是否有专业人士的参与？谁有发言权和决定权？

本章选取了三个残疾儿童家庭，他们的简单情况如表 3-1 所示。

表 3-1　残疾儿童的个案

姓名	性别	出生年份和地点	存在问题	医嘱	家长情况	结果	资料来源
妞妞	女	1990,北京	双眼多发性视网膜母细胞瘤	手术治疗，预后：双目失明，30 岁以前有 50% 的复发可能	高等教育	放弃治疗。19 个月时死亡	周国平,2006
小星	男	1995,福建某地农村,后进城	二级多重残疾，包括智力、言语、视力残疾和唇腭裂	不清	母亲是乡村代课老师，宾馆服务员；父亲是农民，后进城打工	积极治疗，得到小学三年级程度的教育	实地调查资料（调查员：北京师范大学卢玮静）
小希望	女	2010,天津	患先天性肛门闭锁，多重内脏问题	可治疗，手术复杂，需要终生使用人造肛门	父母都受过高等教育	结果不详	互联网资料，实地调查

资料来源：《持续关注无肛宝宝》，http：//laiba. tianya. cn/laiba/CommMsgs？cmm = 876&tid = 271767220833 4590140, 6/7/2010；段九如：《天津无肛女婴被放弃治疗续家长赴京带其出院》，http：//news. enorth. com. cn/system/2010/02/13/004497533. shtml, 6/7/2010；周国平：《妞妞：一个父亲的札记》，广西师范大学出版社，2000。

本章选择这三个个案，不针对个案当事人的行为，目的是对这些个案反映的文化及思想倾向和儿童保护制度进行分析，以便发现残疾儿童生命保护中的问题，为政策制定提供实证依据。

选择这些个案的原因不同。选择妞妞的原因是：著名哲学家周国平在其以第一人称所著的书——《妞妞：一个父亲的札记》中，非常详细地记载了妞妞从出生到死亡的全过程。新生儿妞妞被诊断为双眼多发性视网膜母细胞瘤，根据医嘱，通过手术和治疗，有可能维持生命，但是，术后妞妞会不可避免地失明；同时，妞妞在30岁之前，患癌症的概率很高。妞妞的父母放弃了对女儿的治疗和对她生命的挽救，使她在一岁多的时候不治而亡。在这个过程中，父母因为担心女儿残疾而放弃治疗的过程、动机、思考和事后的悔恨，都被详细地写进了该书（周国平，2000），并做了深入的剖析。对我们的研究来说，是不可多得的个案分析资料。

第二个个案是残疾儿童小星得到保护，成功地长大成人。小星的父亲及其亲属，特别是奶奶，在得知小星残疾时，决定遗弃、不予救治。母亲顶住了所有压力，独自承担起抚育、治疗和教育孩子的重任，小星得以保全生命，长大成人。

第三个个案是2010年初发生在天津的。一名新生的残疾儿童的命运引起了全国性的讨论。这名新生儿的真实姓名不得而知（父母可能还未给她取名）。在互联网上，她被命名为"小希望"。她出生以后，因为严重的身体残疾，全家征求了医生的建议，决定不予救治，并将她送进临终关怀医院，以便她安静地离开人世。一些志愿者得知此事以后，从医院"偷"走了孩子，将其送进其他医院，试图挽救小希望的生命。这个努力因为小希望的家长坚决反对，不肯把监护权转移给涉事的慈善组织而终止。当时，因为情况紧急，孩子的生命危在旦夕。"儿童希望"的一名领导来找笔者，想了解一下有关儿童保护法律方面的规定。笔者为此事咨询了最高人民法院的法官。结论是：在现有的法律体系内，如果父母坚决反对，别人无法对孩子进行强制性的救治。选择这个个案的主要原因是：第一，个案的过程比较清楚，典型地反映了残疾儿童生命权受不到保护的现状；第二，它在互联网上激起了强烈的反响，引发了大量的讨论，反映了社会上对残疾人生命和权利的各种看法，可以成为引起社会对残疾儿童生命权保护的原则、方法和程序的更深入的思考和讨论的契机。

方法的局限性：本章的讨论基于随机选取的三个个案，对中国残疾儿童生命权问题的现状，没有统计学意义上的代表性。这三个个案的时间跨度也比较大。在这个时期内，虽然社会经济发生了很大变化，但是，对于残疾人生存权利的问题，学术界和社会政策界缺乏深入的研究和讨论。对一些重要问题的认识没有发生重大变化。所涉及的问题仍然有现实意义。

一　残疾儿童：被否定的生命

绝大多数儿童的生命权与生俱来。出生以后，父母、家庭和其他社会成员，都尽力保障他们的生命安全。但是，残疾儿童（或者患有可能致残疾病的儿童）一出生，就面临着生与死的问题。家庭和社会，都认为他们的出生是一个悲剧。父母，甚至是整个家族，都在考虑是否允许他们存活。

从生命保障的角度看，三个个案有很多共同之处：①涉及的儿童在出生之后，都遇到了不同程度的健康问题，如姐姐的癌症、小希望的先天性肛门闭锁和小星的唇腭裂问题。②按照当时的医疗条件，适当的救治都可以挽救他们的生命。但是，预后都有某种程度的残疾。③当父母发现出生不久的婴儿有可能致残之后，都曾经与放弃儿童的生命联系起来考虑对策，即是挽救他们的生命，还是任由他们不治而亡，或者遗弃。④父母都不是被迫遗弃儿童（如有的家长无力筹措治疗费用，被迫把孩子遗弃给国有儿童福利院，希望孩子能得到国家救治），他们或多或少都是自愿地作出遗弃或保留的决定的。

个案一中，姐姐的父母并没有遗弃她，但是决定不给她治疗，让她自然死亡。在姐姐存活的一年半的时间里，父母对她精心照料，使她得到了最大限度的父母之爱。这和父母作出放弃治疗的决定形成了非常强烈的对比。

个案二中，小星的奶奶和父亲决定遗弃小星，"小星一出生就是兔唇，身体也特别虚弱，时常住院，小星大概 1 岁多时我们发现他不仅身体有问题，智力上也有严重的缺陷。孩子的奶奶一开始就坚决不要这个孩子，不准备给这个孩子任何抚养治疗上的帮助"。只是由于母亲的坚持，小星没有被遗弃，治好了唇腭裂，还受到了小学教育。

个案三中，小希望的家长花费了 5 年时间才得到这个孩子，故非常慎重地对待放弃治疗的问题。经过与医生的讨论，全家 30 多人集会，一起决定放弃治疗。为了对孩子负责，专门为她找了临终关怀医院，希望她能够没有痛苦地离开人世。

在这三个个案中，是放弃还是挽救儿童的生命，取决于家长的决定。家长都按照自己的想法，对儿童作出了他们认为是最适当的安排。其中，妞妞和小希望的生命被放弃了，小星的生命被挽救下来了。

主要的发现：在中国，每年有数以万计的残疾儿童在出生之后，没有与生俱来的生存权利，而是面临着类似的质疑：生还是死？抚育还是遗弃？在国有儿童福利机构，可以看到，被父母遗弃的儿童有各种各样的健康问题。很多问题只需要很小的手术就可以治愈，如唇腭裂等；也有完全不是问题的"问题"，如手上多长了一根手指，或者脸上有一块色斑等。与其他遗弃儿童的家长相比，作者分析中涉及的三个儿童的家长，都对自己的孩子非常负责。因此，他们对这个问题的思考，才更真实地反映文化和制度的深层次的问题。

二　家长在什么情况下决定放弃残疾的孩子

放弃孩子的生命，对家长来说不是一件容易的事情。在作出这样的决定时，家长想的是什么？社会上其他人又是怎样看的？个案资料的分析发现，有几个主题反复出现在问题讨论的过程中，左右着家长的决定。第一个主题是：残疾等于终生的痛苦（因此，问题是：残疾的生命是否等同于痛苦的生命，是否具有独立的价值）；第二个主题是：残疾的成本以及抚养残疾儿童的成本对家庭未来的经济影响。

（一）残疾儿童的最大利益：被遗弃或死亡是最好的选择吗

在这三个案例中，妞妞和小希望的家庭决定放弃救治孩子的原因都是：即使保存了儿童的生命，她们也会成为残疾人。由于这两个家庭的经济状况不错，治疗费用没有在儿童的生死决定方面成为最重要的因素，我们可以在较纯粹的意义上分析家长放弃儿童生命的动机。特别是小希望，她的父母经过五年时间的努力，才得以怀孕生育，其间的辛苦可想而知。因此，如果不是出于对女儿最深刻的关爱，很难作出放弃女儿生命的决定。

在个案中，小星的家庭经济条件最差。小星的母亲，是一名乡村代课教师，不像妞妞和小希望的父母那样，受过很好的教育。所以，面对残疾儿童，她没有太多的考虑（如怎样做对孩子的一生有利），仅仅是遵从了一个母亲的天性：她很爱孩子，认为孩子既然出生了，毕竟是亲生的孩子，怎么忍心不管呢？所以，在丈夫全家都决定遗弃小星的时候，她坚决捍卫了孩子的生命权。

1. 残疾是否等于终生的痛苦

从案例反映的情况看，妞妞和小希望的家长都深爱自己的孩子，希望为孩子的一生作出最好的安排。不过，他们相信一个假定：残疾就是一生的痛苦（小希望的父亲说：不是没钱治，是怕她一生受苦）。因此，爱孩子，就是让她不要经历这种痛苦的生命。这个判断隐含的价值观非常清楚：残疾人的生命没有价值，作为残疾人，生不如死。既然自己的孩子必然要成为残疾人，那就为她（他）作出比残疾更好的选择——死亡。

这个重要的价值判断，决定了每年数以十万计的对残疾儿童生命的判断，即残疾人的生命没有价值。这个价值判断，在妞妞和小希望的案例中，被受过很好教育的家长们毫无怀疑地接受了，并用在作出可能是他们一生中最重要的决定——亲生女儿的生死上。这样的结果只能说明：这个（成人社会和非残疾人社会的）关于残疾人生命的价值判断，是多么根深蒂固和深入人心。人们可以简单地根据这个假定，违反自己与生俱来的天性：父母对子女的天伦之爱，作出置自己的孩子于死地的决定。

如果我们脱离成人社会和非残疾人社会的偏见，这个命题的真伪其实不难辨别。妞妞的父母把妞妞养到一岁半，通过和残疾儿童的亲密交流，父亲的观点已经改变：

> 那时（在作出放弃妞妞生命决定的时候）我确实不懂，一个残疾的生命仍然可以如此美丽，如此丰盈。只是后来，妞妞已经成了一个小盲人，但她却以她的失明使我睁开了眼睛，看到了我以往的浅薄和自负，也看到了一个纵然有缺陷但依然美好生动的残疾人世界。妞妞本来可以成为这个世界中出色的一员，是我把她挡在了这个世界的门外，挡在了一切世界的门外……（周国平，2000）

虽然妞妞的父母有照顾残疾儿童的经验，看到了这个价值判断的荒谬，但是，在中国社会，这个偏见仍然根深蒂固。很多父母还在根据这个判断，来决定自己孩子的生和死。这反映在互联网对小希望事件的讨论上。

例如，一名网友指责那些准备救治小希望的志愿者们，他的理由是：

> 爱心妈妈们，你们是不是非要为了一个尊重生命的口号，来拯救一个将要痛苦一生的生命？是不是只有她活着（痛苦地活着，撕心裂肺地活着，时间是一辈子，同时家人跟着撕心裂肺），你们才满足？你们才觉得你们捍卫了生命？（猫扑，2010）

这样理直气壮地根据一个假设（残疾儿童如果活着，会一辈子痛苦）来责备为拯救孩子生命进行努力的人，说明责备者对自己的道德正义性毫不怀疑。深究起来，这名责备者的根据是什么呢？无非是医生对儿童残疾的预后判断。这个预后不是价值判断，不涉及痛苦或幸福，只涉及孩子残疾与否。但是，这名网友，还有社会上的很多人，包括孩子的父母，都简单地、自动地把"残疾"，这个医生对事实真伪的判断，等同于"痛苦"了。同时，又把"痛苦"的生命，自动地等同于没有价值，即"生不如死"的生命了。既然如此，这个孩子被医生判断为预后残疾，就等于今后只能有痛苦的生命，痛苦的生命没有价值，生不如死。所以，为她好，就是让她死。

这样的推论说明非残疾人社会的偏见多么强大有力。人们可以这样随便地根据一个虚幻的价值判断，来决定一个弱小生命的生死，并对自己的决定的道德正义性充满信心，没有丝毫的反思和怀疑。

2. 残疾人的生活为什么"痛苦"

为什么会有很多人自动地把"残疾人的生命"和"痛苦的生命"毫不犹豫地当成同义词来使用？家长（和执类似观念的人）这样的考虑是否有事实做根据？答案是既否定又肯定的。否定的方面是：残疾人的生命并不自动地充满痛苦。残疾人和其他人一样，生命中既有阳光和欢乐，也有悲伤和痛苦。这没有什么不同。可惜的是，社会中还有大量的人，看不到这个纵然有缺陷，但依然美好生动的残疾人世界，没有机会从残疾儿童那里学到这个最简单的道理。

　　肯定的一面是：残疾人在生活中，会遇到比其他人更多的困难，包括被歧视和被排斥。例如，在小星的成长过程中，母亲必须不停地与歧视和羞辱她与小星的人作斗争。作为非残疾人的家长和网友们，看到了残疾人受到的歧视和排斥，并对此充满恐惧。因此，这个现象（观念中把"作为残疾人的生命"和"痛苦的生命"等同起来）折射的是中国社会对残疾人的排斥。这种排斥使残疾人在社会生活中会遇到非常多的困难和问题，这些会给他们的身心带来打击和痛苦，也使非残疾人对残疾人的生活充满恐惧。因此，非残疾人对残疾人生命"生不如死"的判断，折射出社会对残疾人的不公和歧视现象。

　　下面这段妞妞父母之间的对话，真实地反映了非残疾人对自己的孩子未来要成为残疾人并生活下去的恐惧：

　　　　"成了个小瞎子，就不是她了。"
　　　　"这会儿我已经听见别的孩子在骂她小瞎子了。看她遭人欺负，我受不了。"
　　　　"太惨了，给强奸了都不知道是谁干的，我看过一个电影就是这样。"
　　　　"没法想这么多。不瞎也有给强奸的。"（周国平，2000）

　　在这段对话中，生命中的偶然事件，如被人辱骂为"小瞎子"，或者遭到强奸，都被家长的想象夸大成决定残疾人生死的事件，并因此来肯定他们的决定：让妞妞不治而亡。

　　参加了是否应该挽救"小希望"生命的讨论的几位网友，对残疾人生活的想象更加具体：

　　　　"要是那个孩子（小希望）长大了，还是一身毛病，结婚没人要，工作找不到，受尽痛苦，她就会恨那些当初救她的人了。如果让你二十几岁风华正茂的时候也是这鬼样子，你愿意吗？是我，我情愿在我还不懂事的时候就死了算了。"
　　　　"就算能治疗。也不可能跟正常人一样。就算能和正常人一样，也会贫穷大半生。"（猫扑，2010）

残疾人被歧视、残疾人家庭中的贫困率高都是事实。但是，怎样提出和面对这个问题，可以有不同的方式和角度。解决这个问题的出路到底是什么，是让残疾人都不存在，还是改变社会，为残疾人创造一个更加宽容的社会环境？这是两种完全不同的思路。不仅是妞妞和小希望的父母，还有大量的参加讨论的网友，都错误地提出了问题。他们认为在儿童残疾的情况下，最好是选择第一种办法，即让残疾的生命消失，以此来减少残疾人可能面对的痛苦、困难和排斥。因此，就有了这样荒谬的结论：为了孩子好，就让她死去。

（二）生命的成本

本章讨论的个案中，妞妞和小希望的家境都较好，金钱在决定残疾儿童生死的问题上，没有起决定性的作用。但是，对很多残疾儿童家庭来说，在决定儿童生死的时候，对残疾成本的考虑，可能起着决定性的作用。很多家长因为残疾的成本太高，无力负担，而放弃通过治疗挽救儿童的生命，或者直接将残疾儿童遗弃。

讨论残疾的成本，至少需要回答下述两个问题：第一，残疾的成本包括什么？第二，残疾的费用由谁负担？当家长无力负担时，谁为残疾儿童的生命付钱？

第一，残疾的成本是什么？首先，治疗的成本。在这几个个案中，要挽救儿童的生命，首先必须为儿童提供必要的救治。在小希望的案例中，保守的估计是治疗的最低成本为50万元。其次，接续成本。治疗的成本不是全部成本。为了拯救小希望的生命，"儿童希望"组织承诺承担全部治疗费用，但孩子的父亲还是不同意治疗。父亲是否考虑了今后的成本问题，我们不得而知。但是，在网上的讨论中，其他讨论者反复提到初期治疗之后的后续费用，即小希望活下来以后，这个家庭可能会面对的、更大的经济负担和贫困。

在小星的个案中，我们看到，其他的成本包括：残疾儿童后续的康复和治疗费用，残疾儿童需要的额外照料和教育费用，家长照料残疾儿童的机会成本（如工作机会减少等）。这些成本根据儿童的状况和家长对儿童康复的投入水平有很大不同。

第二，在知道了残疾的成本是什么之后，最重要的问题是：残疾的成本由谁支付？在这三个案例中，我们看到，首先，家庭负责支付儿童残疾的成本。周国平没有提到姐姐的治疗成本由谁支付的问题（有些雇主可以支付职工子女的大部分医疗费）。小希望的治疗成本，在理论上，是由她的父母负责支付。因此，为了挽救小希望的生命，争取小希望的父亲同意手术，"儿童希望"组织决定为小希望支付治疗费用（这个提议被家长拒绝）。其次，在家庭中，有可能是主张保留残疾儿童生命的人（一般是母亲），支付残疾儿童的成本。如在小星的个案中，因为小星的母亲拒绝了丈夫家族要她遗弃残疾小星的要求，丈夫的家族就断绝了给她的经济支持。小星康复和治疗的费用，都依靠她作为一名乡村代课教师或宾馆服务员的微薄收入来筹措。从小希望和小星的案例中可以看到，成本负担的原则是：谁决定留下孩子的生命，谁负担孩子的成本。

　　小星的奶奶见小星的母亲坚决要带小星去治疗，便不再给小星的母亲提供经济来源，并偏袒孩子的大伯，把山分给大伯。所以孩子在四岁前，都是在母亲娘家和医院度过的。小星的母亲靠她微薄的收入及她两个弟弟的支持，和小星的父亲带着小星先后去做了唇裂及腭裂的修复手术。那时小星的父亲的兄弟姐妹不但没有给他们任何帮助，还逼他们夫妻还清结婚时欠下的债务。

在小希望的个案中，虽然"儿童希望"组织承诺承担全部手术费用，但是，从网友的讨论中可以看出，如果小希望能够存活下来，后续的治疗费用和其他与残疾有关的成本，还要由家庭承担。

　　"现在强行救活……这个家庭怎么办？这个孩子的身体以后还会花很多钱，家里承受不了。"

　　"如果你们真有爱心……就要有个完善的计划，别把孩子送医院去动个手术就扔下不管，这样孩子以后怎么办？家里没钱治病，拖着孩子，他们家庭的日子怎么办？"（猫扑，2010）

由上可知，残疾儿童的养育成本包括医疗救治的成本和后续的医疗成本、康复成本、额外的生活成本以及家长可能支付的其他成本。后续成本可能比医疗救治的成本高得多，而且都由家长承担。甚至在家庭内部，谁主张保留孩子的生命，谁就最可能负担残疾儿童需要支出的成本。

三 决定残疾儿童生死的决策过程

在作出决定残疾儿童生死的决定时，是否有正式的决策过程？在这个过程中，国家是否干预？是否有专业人士的参与？谁有发言权和决定权？本章关注在决定儿童生死命运的时候，由谁来作决定。

（一） 儿童没有声音

首先，当事人是儿童本身。三个案例中，虽然事情涉及残疾儿童的生与死，但是，没有人能够听到这些儿童的声音。他们是无声的。家长试图倾听孩子的声音，他们听到的可能是孩子的心声，也可能是家长自己的心声和他们对残疾人生活的想象中的恐惧的声音。因此，他们听到的是互相矛盾的声音。

如妞妞的父母的对话：

"人家都说，父母能给孩子的也就是一个健康的身体了。我们连这也做不到，她长大了会埋怨我们的。"

"如果她现在懂事，她也不会原谅我们放弃她的生命。"（周国平，2000）

除了父母，在小希望的个案中，由于小希望的亲属在互联网上寻求帮助，我们破例地听到了公民社会的各种声音，这些声音虽然内容迥异，但都试图为小希望发出声音。与妞妞的父母听到的互相矛盾的声音一样，公民社会表达的意见也是互相矛盾的。

有一位网友想象了孩子长大以后对父母的质疑：

"如果孩子经过多次痛苦的治疗和手术，虽然能够保全性命，依然要带着终身的残疾，需要别人照顾，长大后无法正常工作、结婚、生育，或者在就业、婚姻市场上饱受歧视和挫折。到那个时候，如果面对孩子'为什么要把我生下来，不让我死去，让我经受这么多痛苦'的责问，孩子的父母、亲人又要如何自处？"

另外网友以己度人，表示："是我，我情愿在我还不懂事的时候就死了算了。"

还有的人说："那个孩子不会感激救了她的人的。"（猫扑，2010）

但是，这些真的是孩子长大以后的心声吗？还有一个儿童，用她自己的声音，对小希望的父亲，说出了对生命权利的诉求：

"我想要说，我也是个孩子……我知道，作为一个爸爸，你想到的是孩子的以后。但是你并没有想过，如果你现在不给她生存的机会，那么还会有以后么？其实，她并不想离开啊……即使她要面对的是以后人生的痛苦……其实她多么想叫一声爸爸和妈妈啊，多想和别的孩子一样，在幼儿园里听老师讲课，可以得到爸爸的呵护……她多想多想……可是你都不能给她一个生存的机会么？"（天涯来吧奶粉，2010）

在决策过程中，小星也没有声音，但是，母亲坚定地捍卫了他生存的权利。

调查时，身患多重残疾的小星，已经 15 岁了。虽然最开始辛苦一些，但母亲终于还是设法筹到了钱，治好了他的唇腭裂。在他的生命中，虽然受到歧视和排斥，但是也有快乐和关爱。调查员这样记录着：

"他喜欢去幼儿园，在那里他可以看着很多孩子玩游戏，即使他从来也不能参与其中，也觉得有趣。""妹妹的到来给小星的生活增添了很多乐趣。""小星最依赖和喜爱的便是母亲。"

"小星还特别懂事和谦让。母亲如果需要给两个孩子买过年的新衣，他都会让母亲先给妹妹买，有什么好吃的，也是先给妹妹吃。

小星对老师特别有礼貌，远远地看到老师，他就会和老师打招呼。如果家里来了客人，只要是对小星没有恶意，小星便很热情地给客人搬凳子。"

小星也受到歧视，他会尽量避开歧视他的人。所以，调查员这样写道："他以一种逃避的方式来抗争社会对他的歧视。他的世界这两种色彩非常的鲜明，他小心翼翼地守护着为数不多的关爱。"

在这些个案中，可以听到父母为儿童的代言。在小希望的个案中，我们也幸运地听到了公民社会为儿童的代言和各种不同的声音。这些声音是如此的互相矛盾。在决定儿童生命的决策中，儿童的最高利益怎样得到保护？这样互相矛盾的诉求如何反映在决策的过程中？除了父母之外，我们的社会是否也需要父母之外的力量，有权在决定生死的时候，为儿童代言？

（二）家族的声音

在小希望和小星的个案中，可以看到整个家族的争论。作出放弃儿童生命的决定，有这样几种情况：①父母共同作出决定。妞妞的父母在得到医生的诊断和治疗方案之后，决定不留这个孩子，共同作出了决定。②家族共同作出决定（小希望和小星的个案）。放弃小希望的生命的决定是家族中三十多人讨论之后共同作出的，只有母亲不知情，遗弃小星的决定是父亲的家族作出的。③母亲的发言权。在三个个案中，妞妞的母亲是完全知情的。在小希望的个案中，母亲开始对放弃治疗并不知情，后来才知情，并表示希望和孩子一起退出公众视野（覃贻花，2010）。小星的母亲则坚决捍卫了小星的生命权。从这些情况可知，虽然家族强大有力，对决策结果有重要的影响，但是，不能代替父母作出决定。

（三）父母的声音

在这些个案中，父母有决定权。这个权利和父母要承担所有费用的义务一致。虽然家族的其他人可以提供建议，但是，最终的决定还要父母作出。在小星的个案中，因为母亲坚持，其他人无法遗弃小星。在小希望的个案中，非家庭成员卷入，建议为小希望做手术，并承担全部费用，但是，由于父亲拒绝临时性转移监护权，其他人对此也无能为力。因此，父母有决定儿童生死的绝对权利，其他人不容置喙。其他人的参与，被视为"越权"。

为什么父母有决定儿童生死的绝对权利？除了法律赋予父母的权利（和相应的义务与责任）之外，一个重要的原因是：父母是残疾儿童养护和治疗成本的最终承担者。在妞妞和小希望的个案中，我们都无法看到谁最终承担了残疾儿童的养护成本和治疗成本。只有在小星的个案中，我们才可以看到，当母亲拒绝了家族遗弃孩子的决定之后，必须独自承担起所有的经济和照料责任。

（四）志愿者的行动

在这三个案例中，小希望的案例有一些特殊。当志愿者听说孩子已经进入临终关怀状态时，在极度担心孩子生命安全的情况下，采取违法行为，把孩子从天津的临终关怀医院里抢出来，送到北京救治。"儿童希望"组织还提出为孩子进行手术，负担全部医疗费等建议，希望父亲允许监护权临时转移给"儿童希望"组织。这些都被小希望的父亲拒绝了，志愿者只能把孩子交还法定监护人。因此，志愿者在这样的情况下可以发言，但没有决定权。

（五）专业人士的作用

可以设想，在每年出生的几十万个有出生缺陷的儿童中，有些生命是可以救治的，有些则处于临界状态，救治非常困难或治疗成本极高。我们不能判断妞妞和小希望的个案是否属于这种临界状态。但是，如果处于这种临界状态，无论谁来支付成本，都需要作出决定。从家庭和儿童的利益着想，这样的决定，是专业人士作出更好，还是非专业的亲属作出更好呢？

在这些个案中，除了小星（他的残疾不影响生命），医生都提出了建议，但是都不起决定作用。医生仅仅把可能的后果和治疗方案告诉家长，对是否放弃残疾儿童的生命的决定，专业人士没有发言。在网友对小希望的个案进行讨论的过程中，辩论的各方都在引用医生的意见，证明自己的观点。可以看出，今后，如果国家承担起残疾儿童的治疗成本，专业人员的意见将成为决定因素。

（六）公共权力的沉默

在决策过程中，最引人注意的一点是公共权力的沉默。事关一个新生婴儿的生死存亡，公共权力完全失语，只能说明，残疾儿童的生命保护，无论是在中国还是在"私人领域"，公共权力都没有介入。但是，随着此类讨论的增加和国家在儿童健康方面投入的增加，公共权力在残疾儿童生命保护方面的干预也会相应增加。

（七）决策过程

这三个个案对残疾儿童的生死作出决定的过程有类似之处：是非正式的；缺少专业人员的参与；孩子的父母和其他家属根据他们自己的偏好、家庭的经济承受力等非专业因素来作决定。第一步，发现问题；第二步，求助医生，得到医生的建议，但是，医生的建议一般只涉及如何治疗和可能的预后，不涉及遗弃问题；第三步，作出治疗或放弃的决定。对父母来说，作出这个决定是非常困难的。在缺少专业人士帮助的情况下，父母往往会求助于亲属。

这样的决策过程，存在几个问题：第一，无法保证决策是否能确保儿童的利益优先。第二，遗弃的决定不一定是在需要一定医疗技术的基础上作出的。父母和亲属的偏好、家庭的经济状况等，都可能影响家长对儿童生命保障的决定。第三，由于父母和亲属自己作出了决定，他们必须承担这个决定的后果。当孩子去世之后，父母除了哀伤，也可能会后悔。这样的心理压力是非常沉重的。妞妞死后，她的父亲对自己痛悔交加的心理，有非常好的描述。

四　本章小结

在本章中，我们通过三个个案，对遗弃残疾儿童的现象进行了分析，本章最主要的发现如下。

第一，残疾儿童出生以后，虽然法律保护残疾儿童的生命权利，但是，在社会舆论中，他们的生命权利不一定被认可。在是否放弃残疾儿童的生命方面，家长作出的决定可能带有非残疾人对残疾人生活的无知，甚至是深刻的偏见。第二，在中国，残疾儿童的生命保护还是一个私人领域的问题，尚未成为公共政策问题。父母和家庭承担几乎全部成本。第三，在这个过程中，专业人士没有决定性的发言权。放弃治疗或救治的决定在医疗技术上不一定是不可避免的，父母和亲属必须根据自己有限的资源和经验作出是否放弃救治重病和残疾儿童的决定。因此，家长和家族的偏好、家庭的经济状况等，都可能影响最后的决定。在这个过程中，可能会付出放弃残疾儿童生命的代价。

从常态化理论的角度看，残疾儿童生命保护的问题，与每一个人都息息相关。如果我们的社会允许残疾儿童的生命被剥夺，就意味着每一个社会成员，当其面临生命过程中不可避免的残疾阶段时，他或她的生命权利可能得不到保障。

第四章 残疾与贫困

经济保障是儿童权利的一个重要方面。本章分析的中心是残疾儿童家庭的经济保障情况，首先，本章采用定量的方法分析了残疾儿童家庭的贫困状况及经济保障的缺失对残疾儿童及其家庭的影响。分析维度包括收入贫困率和对住房拥有情况的分析，儿童残疾对家庭收入的影响以及与残疾有关的支出对家庭经济的影响。在分析中，本章通过对非残疾儿童的家庭贫困率的比较分析，发现有残疾儿童的家庭比没有残疾儿童的家庭贫困率高得多。其次，考察了残疾儿童家庭获得社会保障的情况。发现社会保障的制度安排不能有效地缓解残疾儿童家庭的贫困状态。最后，本章利用质性研究的方法，分析了残疾和贫困对残疾儿童及其家庭的双重影响；从能力发展的角度（Sen，1993）分析了贫困是如何影响残疾儿童能力的发展的。

一 残疾和贫困

这一节重点分析了残疾儿童家庭的贫困率。主要的发现是：有残疾儿童的家庭的贫困率比没有残疾儿童的家庭的贫困率高得多；有多个残疾儿童的家庭，贫困率最高。

（一）概念界定

1. 残疾儿童及其家庭

根据联合国《儿童权利公约》，本章的儿童是指 18 周岁以下的任何人。

残疾儿童家庭：家庭中有至少一名成员为残疾儿童。

2. 残疾的范围

残疾是指经医疗鉴定，患有视力残疾、听力残疾、言语残疾、肢体残疾、智力残疾、精神残疾中一种（单一残疾）或几种（多重残疾）的任何人。每种残疾都从一到四分为四个等级，等级越小，残疾程度越高。多重残疾的等级取各种残疾等级的最小值。

3. 贫困率的定义

本节讨论的是收入贫困率。收入贫困指儿童家庭收入低于当地的低保线或者贫困线。

（二）研究方法（模型及数据）

1. 前提假设

（1）假设家庭中有残疾儿童会影响到家庭的收入。在相同的条件下，有残疾儿童的家庭比无残疾儿童的家庭的收入水平低，且家庭中残疾儿童的人数越多，收入水平越低。这是由于儿童残疾会产生家长的额外的机会成本支出，导致家长缺少足够时间或精力进行产生收入的活动。

（2）家庭的收入水平下降到一定的程度（低于当地低保线），该家庭即生活贫困。

2. 家庭全年总收入

家庭收入包括家庭中同吃同住人口的上年度全部收入。

3. 选择残疾变量

在回归分析中使用家庭中残疾儿童的人数作为残疾变量，0 表示没有残疾儿童，1 代表家庭中有一个残疾儿童，2 代表家庭中有两个残疾儿童，3 代表家庭中有三个或三个以上残疾儿童。

4. 选择其他解释变量

解释变量的选择，主要取决于这些变量与收入和贫困线之间的关系的重要性，如城乡户口、家庭中的残疾儿童数量等。本章选择了以下解释变量。

城乡变量。根据残疾儿童所在家庭的居住地，将家庭分为城市家庭或农村家庭。城乡的样本数量和所占比重见表 4－1。

表4-1　儿童家庭类型及样本量

家庭类型	样本量（人）	比例（%）
城　　市	84915	33.57
农　　村	168054	66.43

儿童年龄的划分。本次调查对象为城乡18周岁以下的儿童，由于不同年龄的儿童消费支出有所不同，随着年龄的增长，儿童教育支出的费用，残疾的等级可能会发生变化，这些都会加大家庭的支出压力。因此，本部分将儿童按年龄划分为3类，在本次调查中，各年龄段的儿童的数量和所占比重见表4-2。

表4-2　儿童年龄分类

年龄组	样本量（人）	比例（%）
0~5	14347	24.55
6~14	30346	51.93
15~17	13738	23.52
总　计	58431	100

（三）数据

本章数据来源与第二章相同，详见第二章第二节。

从表4-3中可以看出，家中有无残疾儿童会对家庭的生活水平和平均年收入产生重要影响。当某家庭中有一个或一个以上残疾儿童时，该家庭年收入会远远低于家庭平均收入水平。随着残疾儿童的人数增多，处于低生活水平的家庭的比例越来越大，而处于高生活水平的家庭的比例则急剧下降。可见残疾儿童人数是影响家庭生活水平的一个重要因素。有残疾儿童的家庭若要保持生活水平不变需要支付额外成本。

1. 模型估计

（1）Ordered Logit 模型估计

由于模型的因变量是序数变量的形式，即"低生活水平"、"中等生活水平"和"高生活水平"，因此采用 Ordered Logit 模型估计生活水平与收入等

表4-3 儿童的家庭平均年收入情况

残疾儿童所在家庭 样本量及比例(%)	生活水平				家庭收入 (千元)
	低	中	高	合计	
总 体	19451	26002	12978	58431	13.18
	33.29	44.50	22.21	100.00	
无残疾儿童	15184	21717	11572	48473	13.60
	31.32	44.80	23.87	100.00	
有一个残疾儿童	3570	3788	1269	8627	11.35
	41.38	43.91	14.71	100.00	
有两个残疾儿童	605	460	132	1197	10.11
	50.54	38.43	11.03	100.00	
有三个或三个以上残疾儿童	92	37	5	134	7.27
	68.66	27.61	3.73	100.00	

变量之间的关系。由于目标是获得"最佳均衡",模型中的解释变量如果不具有统计上的重要性将被删掉。估计整个模型之后,我们开始进行一系列的逻辑序列变量删除检验,以此得到最优的等式。

(2)最优模型估计

采用最大似然序数逻辑估计,表4-4显示了最优模型的估计结果。模型的观察值为58092个。卡方值为24907.34,Prob > chi2 = 0.0000,模型整体显著,模拟的$R^2 = 0.2253$,说明模型中的自变量较好地解释了因变量的变化。收入的回归系数$\beta_1 = 0.105$,与0有显著区别,表示当其他条件不变时,收入每增加1000元,家庭生活水平增加的机会比率是0.105。收入系数为正,表明收入与家庭生活水平存在正相关关系。残疾儿童人数的估计系数分别是-0.229、-0.577、-1.281,符号均为负,表明残疾儿童人数与家庭生活水平呈负相关关系,家中残疾儿童人数越多,家庭生活水平越低,这验证了表4-3中描述统计的结果。

居住地变量中,城乡Rural的系数是1.571,其值是正数,且与0有显著区别,表示当其他条件不变时,城市家庭比农村家庭的生活水平高。而地区变量中,相对于华东地区,华北和东北地区的系数是正数,而中南、西南、西北的系数是负数,这表明华北地区和东北地区的残疾儿童家庭的生活水平比华东地区的高,而其他地区的残疾儿童家庭的生活水平比华东地区低。

年龄变量中，相对于 0 ~ 5 岁的组，另两组的系数均为负数，且年龄越大的组系数绝对值越大。这说明随着儿童年龄的增长，家庭的额外支出增多，生活水平更低。

表 4 - 4　Ordered Logit 回归的最优模型

变量名	代码	回归系数	标准误差	显著性
收入	Income	0.114	0.001	0.000
城乡	Rural	1.571	0.022	0.000
性别	Sex	- 0.025	0.017	0.148
教育程度				
中学或中专	_Iedu_1	0.271	0.029	0.000
大专或本科及以上	_Iedu_2	0.586	0.612	0.338
年龄分组				
6 ~ 14 岁	_Iagegroup_2	- 0.290	0.021	0.000
15 ~ 17 岁	_Iagegroup_3	- 0.562	0.036	0.000
家庭中残疾儿童数				
一人	_Idisnum_1	- 0.229	0.024	0.000
两人	_Idisnum_2	- 0.577	0.062	0.000
三人或三人以上	_Idisnum_3	- 1.281	0.203	0.000
地区变量				
华北	_Iregion_1	0.731	0.030	0.000
东北	_Iregion_2	0.486	0.036	0.000
中南	_Iregion_3	- 0.446	0.024	0.000
西南	_Iregion_4	- 0.742	0.027	0.000
西北	_Iregion_5	- 0.371	0.030	0.000
Cut1	—	—	—	—
Cut2	—	—	—	—

结论：家庭中残疾儿童越多，残疾儿童的年龄越大，家庭的生活水平就越低，同时，农村的残疾儿童家庭的生活水平更可能低于城市。

（四）残疾儿童家庭的收入贫困状况

由于 2006 年 "第二次全国残疾人抽样调查" 调查的是 2005 年的家庭全部收入状况，根据 2005 年的贫困标准，农村绝对贫困线是 683 元，农村相对贫困线是 944 元（王萍萍，2006）。数据描述统计的结果如表 4 - 5 所示。从表4－5中可以看出在农村，家庭中残疾儿童的人数越多，处于绝对贫困的比例就越大，而处于非贫困的比例就越小。有残疾儿童家庭的非贫困比例低于全部家庭的平均水平。

表4－5　农村家庭贫困状况

样本量和贫困发生率(%) 家庭中残疾儿童人数	绝对贫困	相对贫困	非贫困	总计
无	2372	2096	30078	34546
	6.87	6.07	87.07	100.00
一人	826	650	5456	6932
	11.92	9.38	78.71	100.00
两人	173	110	675	958
	18.06	11.48	70.46	100.00
三人或三人以上	36	14	59	109
	33.03	12.84	54.13	100.00
总　　计	3407	2870	36268	42545
	8.01	6.75	85.25	100.00

目前我国没有城镇居民贫困线的官方数据，但是有很多学者对我国的城镇贫困线进行过估计。例如，陈建东等的估计结果是2005年全国城镇平均贫困线为1860元（陈建东、廖常勇、邹高禄，2009）。另一类学者常采用的方法是使用相对贫困线，即人均可支配收入的1/3或2/3这个标准。人均可支配收入指的是城镇居民人均可支配收入的中位数。国家统计局的统计数据显示，2005年城镇居民中等收入水平的家庭的人均可支配收入为9190.05元。本章采用这个数据作为城镇居民人均可支配收入的中位数。按照1/3的标准，可得城镇居民相对贫困线是3063元。对数据描述统计的结果如表4－6所示。根据表4－6可以得到与农村家庭贫困变化状况相似的结果。由于绝对贫困线与相对贫困线的提高，所以城镇家庭贫困现象比农村家庭贫困现象严重，但这并不一定意味着城镇家庭的生活水平比农村家庭的生活水平差。

从表4－5和表4－6可以看出，无论是在城镇还是在农村，只要家庭中有残疾儿童，贫困发生率都会高于平均值。这进一步证实了前面提出的假设。

表 4 - 6　城市家庭贫困状况

样本量和贫困发生率(%) 家庭中残疾儿童人数	绝对贫困	相对贫困	非贫困	总计
无	1856 13.33	2625 18.85	9446 67.82	13927 100
一人	453 26.73	446 26.31	796 46.96	1695 100
两人	108 45.19	44 18.41	87 36.4	239 100
三人或三人以上	13 52.00	8 32.00	4 16.00	25 100
总　　计	2430 15.3	3123 19.66	10333 65.04	15886 100

（五）残疾儿童家庭贫困的原因

残疾儿童所在家庭贫困的原因是多方面的。残疾会给家庭带来额外的成本。额外成本包括三个方面：一是由于残疾而产生的直接成本，如医疗费或使用辅助器械而增加的开支。二是因为残疾可能产生的日常生活成本，如住房、交通、通信等，残疾儿童可能要支付更昂贵的费用才能完成这些活动。三是残疾产生的机会成本。残疾儿童常常会因为身体不便而比正常儿童失去更多机会，如教育、就业等。缺少教育会影响残疾儿童在求职时的竞争力，而就业困难则直接导致其家庭增收困难。残疾儿童的家长因为要照料残疾儿童，可能会减少其就业机会和就业时间，从而减少家庭收入。

二　残疾儿童家庭的住房保障

住房是重要的生活资料，住房能够得到保障是残疾儿童福祉能够得到保障的重要方面。住房保障也是经济保障的一个重要方面。调查结果显示，残疾儿童家庭的住房自有率很高，这是体制的原因，但在城乡房屋市场迅速商品化的情况下，这种情况是否还可延续，尚待观察。

表 4 - 7 描述了儿童家庭的房屋来源，其中，自有房屋的比例最高；农

村儿童家庭自有房屋的比例为 96.54%，高于城镇的 78.52%；城镇儿童家庭租住房屋的比例为 18.51%，高于农村的 2.08%。房屋来源在城乡上的显著差异（$P<0.001$）与中国城乡之间的制度性差异有关。在同一个区域内，有残疾儿童的家庭的住房拥有率要稍微低于无残疾儿童的家庭的住房拥有率，但是这种差异并不显著。

在房屋的来源上，经显著性检验，残疾儿童家庭和非残疾儿童家庭之间差异不大。有残疾儿童家庭中 91.92% 的家庭居住的是自己的房子，无残疾儿童家庭自有房屋的比例是 91.61%。

表 4-7　儿童家庭的房屋来源

单位：%

	自有	租赁	借用	其他	总计
总计					
农村	96.54	2.08	1.17	0.21	100
城镇	78.52	18.51	2.02	0.95	100
总计	91.62	6.57	1.40	0.42	100
无残疾儿童家庭					
农村	96.55	2.08	1.16	0.21	100
城镇	78.53	18.52	2.01	0.95	100
总计	91.61	6.59	1.39	0.41	100
有残疾儿童家庭					
农村	95.59	2.27	1.76	0.38	100
城镇	77.88	18.27	2.40	1.44	100
总计	91.92	5.59	1.90	0.60	100

三　社会保障对残疾儿童家庭经济保障的影响

社会保障是国家对符合条件的家庭实施救助与保障的重要政策，这是家庭和个人抵御风险的一道安全屏障。在"第二次全国残疾人抽样调查"中，残疾人的社会保障也是重要的调查内容，涉及残疾证的持有情况、社会保险的参与情况以及低保金和救助金的领取情况。下面将按照城乡、性别和残疾情况来分析残疾儿童社会保障的享有情况。

（一）残疾证的持有率

持有残疾证是残疾人的一项基本权利，有了残疾证，残疾人才可以享有很多针对残疾人的优惠政策和服务。但是目前我国残疾儿童残疾证的持有率很低，只有13.87%的残疾儿童持有残疾证。在城乡之间差异显著（$P <$ 0.005），城市残疾儿童中有20.19%的残疾儿童持有残疾证，而农村残疾儿童中只有12.22%的残疾儿童持有残疾证。残疾证的持有率在年龄组间也存在显著的差异性（$P < 0.001$），持证率随年龄增长而增加，0~5岁残疾儿童的持证率为3.3%，6~14岁残疾儿童的持证率为14.29%，15~17岁残疾儿童的持证率为25.43%。

低残疾证持有率说明中国对残疾儿童家庭的支持力度有限。在有限的支持中，残疾儿童家庭的知晓率又很低。城乡差别说明乡村残疾人得到社会保障的支持最有限。

除了知晓率的问题之外，残疾儿童家庭担心领残疾证以后，会使儿童受到歧视，这也是不领残疾证的一个原因。如下面的个案。

残疾儿童金波受帮助的情况和家里的困难

孩子没有领取残疾证。殷阿姨说："我们不要这个东西，领了残疾证的话，儿子一辈子都是残疾人了，怕他有自卑心理。不领的话就觉得和正常人一样。我想告诉儿子要自立自强，坚强生活。自己的这点伤痛不算什么。再说，政府的这点帮助也帮不了我们多大的忙，现在生活慢慢好起来了，我们自己做，可以解决经济上的问题了。"（殷闪闪调查，大冶市）

（二）残疾儿童参加社会保险和领取社会救助的情况

在很多国家，社会保障制度往往可以有效地缓解贫困。中国的社会保障制度的主体是社会保险，其次是社会救助。根据第三章的分析，残疾儿童社会保险的参保率非常低，医疗保险的参保率高于其他保险类型。

残疾儿童参加医疗保险的比重低，表明这些儿童家庭抵抗疾病的风险非常有限。一旦这些没有医疗保障的儿童生病或需要治疗时，家庭必须承担全部经济风险。

不仅如此，残疾儿童领取低保金和救济金的比例都是非常低的，不论是绝对贫困家庭（人均收入低于 683 元，2005 年），还是低收入家庭（人均收入为 683 ～ 944 元，2005 年）。总体来看，城市的低保金和救济金的领取率高于农村，城市男性是低保金领取率最高的群体，为 7.81%；城市女性领取救济金的比例是最高的，为 7.50%。

绝对贫困家庭、低收入家庭、不贫困家庭的残疾儿童，在低保金和救济金的领取上，均不存在显著的差异性。绝对贫困家庭的残疾儿童有 4.46% 领取了低保金，低收入家庭的残疾儿童有 4.49% 领取了低保金，不贫困家庭的残疾儿童有 2.75% 领取了低保金。绝对贫困家庭的残疾儿童有 5.36% 领取了救济金，低收入家庭的残疾儿童有 3.37% 领取了救济金，不贫困家庭的残疾儿童有 5.87% 领取了救济金。

这项研究说明社会救助的针对性并不高，对帮助残疾儿童家庭缓解贫困的帮助非常有限。与前面发现的贫困率很高相对比，大量生活贫困的残疾儿童没有得到国家的帮助。

四 残疾和贫困的双重经验

以上通过定量研究说明了残疾儿童家庭更容易陷入贫困，中国目前的社会保障制度不能有效地帮助这些家庭摆脱贫困。但是，定量研究不能告诉我们：儿童残疾是怎样使一个家庭陷入贫困的；在残疾和贫困的双重压力下，这些家庭的儿童是怎样生存的；他们的生存经验是什么。

这一节，我们通过对两个残疾儿童家庭的个案分析，来回答这两个问题。

首先，儿童残疾怎样导致整个家庭陷入贫困？第一，残疾儿童需要额外的照料，额外的照料负担使家长（主要是母亲）不得不减少带来收入的经济活动，从而减少家庭收入。第二，家长发现儿童残疾以后，一般都努力设法为孩子治疗，并在这个过程中消耗大量的人力物力，使整个家庭陷入贫困。如下面小凤的个案。

小凤的个案

小凤，女，12 岁，先天性脑瘫，残疾证注明为二级智力残疾。调查员观察，其残疾表现为：智力低下，流口水，不会说话，四肢僵硬无力，几乎不会走路，双手不会做简单的事情，左手肘部前翻。

小凤的家庭一共五口人，除了她之外还有爸爸、妈妈、哥哥和爷爷。哥哥今年 17 岁，在镇中学上初三，离家不算太近，因此住学校，只有周末和节假日回家。

照料负担减少了家庭收入

由于残疾严重，小凤生活不能自理，只能每天待在家里，母亲需要时时照看着她。

"连解手都不会，吃饭很少能喂到嘴里，穿衣服也不会……什么都不会"，母亲说道。爷爷补充说："小凤不会嚼东西，硬的食物咬不动，软的又滑了，就只能喝汤，其他食物只能细细地撕烂或者切碎，弄到与米粒一样大，她才能囫囵咽下去，要不就会卡住。"母亲接着说："最危险的就是小凤腿脚僵硬，无法支撑，容易摔倒，平整处稍微会走几步，很小的一个石头就能把她绊倒；水泥地面她能走，泥土地我们就不敢让她走了。"父亲说小凤生下来到现在摔了不下三百次，母亲说还要多，哥哥说根本无法数清。小凤有一次摔倒，耳郭摔坏了，另一次摔倒则造成肘部骨头往前翻。因此，母亲说："我们不敢让她一个人在家，不放心啊。别的孩子摔倒了会自己爬起来，这个孩子要是摔倒了就爬不起来了，万一脸朝下摔倒，几分钟可能就不行了。所以，即使出门十来分钟也得把她寄托给邻居一个老奶奶看着。也算是人家好心，不嫌弃她脏。不过，始终不是自己的孩子，撒尿拉屎这样的事总还得自己解决。"

调查员观察到，小凤脸上带着傻傻的满足的微笑，眼神很呆滞，嘴角口水不停地流出来。在每次调查员去她家访谈的几个小时内，母亲都要给她擦好多次。母亲说："确实脏啊，可有什么办法呢？孩子三四岁的时候，撒尿拉屎才知道说。口水到处流，一身衣服，要是两三天不给她换，妈呀，口水流得像褙布（农村将把边角布料用面糊粘贴在一块形成的布称为褙布，用来纳鞋），可她还偏爱穿新衣服，见人家穿着她也要。"

小凤的母亲接着说：村里人"个个都说，你带一个强当（相当于）人家带三四个一样了啊",可是"妈呀,由得自己的命了。个个(人们)都说怕是我前世磨着她,所以她今世来磨还我了"。母亲说完呵呵地笑起来,有种天命不可违的感觉。

小凤的残疾使家庭经济更加困难

为了照顾小凤,母亲不能外出挣钱维持生计,家里只能靠父亲一个人挣钱。当调查员问到家庭收入时,母亲感叹地说:"妈呀,一家子四五个人就指望着他一个人啊。"父亲说,为了这个孩子,家里每年要少挣近一半的钱。

小凤家的经济条件非常不好,父母都是农民,土地狭窄,父亲会石匠活,经常到石场上干活(所在村有座山名叫"龙山",盛产优质石灰石,有全省最大的水泥厂之一,此外还有很多建筑材料加工厂)。由于小凤生活完全不能自理,母亲几乎每天都照看着她,偶尔必须外出,才把她送到爷爷那里。因此,小凤的母亲只能简单地打理一下家里的生活,偶尔外出打几天零工,在家通常就剥瓜子(当地大多数人家都干这项工作,到商店领回来一定数量的瓜子,利用闲时剥皮,完了交回去,商店论斤给工钱)。母亲的这部分收入是非常有限的。因此,一家人的生活只能靠父亲的收入维持,家庭一年的纯收入只有 2000 元左右。

遇到困难,借钱、卖粮食、卖猪和鸡等都是常发生的事,有时候连过年吃的猪都卖了。粮食倒是不愁,小凤的家庭目前最大的困难就是建房子,长期来看,最大的困难是从哪里凑钱给小凤看病,使小凤的状况有所好转。

医疗费支出增加了家庭的经济负担

小凤的医疗费用对这个困难的家庭来说是沉重的负担。母亲说:"(小凤)小时候瘦弱不堪,三天不进医院日子就过不了。"小凤刚出生就有点喘,去了村卫生室,被告知有先天性肺炎症状。第六天就转到了县医院,在那里住了九天。一个月之后又去了一次,加上后来的一次,小凤在县医院住过三次。此外,本村和邻村,各个镇的大小医院,小凤去过无数次。小凤四岁时第四次去县医院,医生告诉小凤的父母,孩子有先天性脑积水,需要一万多元做手术,但也只能维持两年,两年后又会偏瘫过来。医生建议说:"算了,好好地带着她就是了,要是做手术,你家两口子挣的钱都不够。"

小凤的病，家里总共花了近三万元，负担相当重，可以说，小凤家几乎已经被消耗成空壳了。

从小凤的个案看，一个残疾儿童，就会把一个家庭拖入贫困。

父母和昕昕

昕昕，9 岁，上小学三年级。昕昕的残疾情况在医学上被鉴定为脑瘫，即脑神经受损。昕昕的智力正常，说话思路清晰，也很聪明，但走路时的平衡能力很差。他的脚细，脚掌变形且站不稳，需要借助辅助物，如墙壁等才能慢慢走路。

医疗费是家里沉重的经济负担

发现昕昕得病后，家长带昕昕求医问药。家庭为了给昕昕治病背负了沉重的经济负担。昕昕一岁多的时候，母亲带昕昕进行高压氧治疗，每天都要做一次，一次就要花 80 元，并且要配合打针，一盒针就要几百块钱。这样的支出使得家庭实在难以负担，一年之后，昕昕转而接受针灸和按摩治疗，但是治疗效果并不显著。

照料的负担

昕昕八岁的时候，母亲又生了一个儿子，健康活泼，叫阳阳。母亲说，她现在要花大部分精力来照顾两个孩子，尤其是昕昕，因为他现在生活不能自理。由于他完成穿衣、走路等动作都比较困难，因此，昕昕对母亲比较依赖。

残疾导致贫困

昕昕家的经济条件并不宽裕。母亲在一家零售店做销售员，每个月只有三四百元，父亲给别人当司机，工作虽然稳定但收入也很低。

昕昕的母亲说："有这样一个小孩，有钱都会变没钱。"虽然现在没有治疗费了，但在很多地方还要间接花钱。现在家里有两个孩子需要照顾，母亲每天要接送这两个孩子，又要上班，想请个保姆来照顾，可工资低了又请不到人，工资高了他们负担不起。"请人来照顾他要花钱，不请人我自己照顾，我又不能上班，还是要间接花钱。"

（一）社会保障执行中对残疾儿童家庭的歧视

上文分析了残疾儿童家庭得到的社会保障非常有限。这既有制度设计问题，也有在执行中对残疾人家庭的歧视问题。在调查小凤的个案时，调查员着重注意了这方面的问题。

小凤没有得到国家对残疾人的各种保障政策，首先是从她的残疾程度认证开始的。

小凤的残疾程度比较重，生活基本不能自理，且存在多重残疾，但是地方上发放残疾证的时候，只给她评了二级智力残疾。对此，其家人强烈不满，认为小凤应该是一级智力残疾。调查员观察，小凤的残疾程度明显比调查员调查的另一个智力残疾儿童（残疾证表明一级智力残疾，正规鉴定）重，所以，小凤的残疾程度被地方上的发证机构"乐观化"了。"乐观化"的方面还包括对其家庭经济的评估。调查员观察到小凤家的经济状况非常不好，但是在对村委会的访谈中，得到了"本村残疾儿童家庭的经济状况相对其他家庭较好"这样的回答。因此，残疾儿童家庭就得不到相应的帮扶。

小凤所在的村，是所在县最大的村，富裕程度远近闻名，人均年收入为2705元。小凤家五口人，年收入仅2000多元，人均年收入仅为400多元，明显低于所在县的人均年收入。但是，调查中，村委会坚持说她家的经济状况相对其他家好。村委会提供的数据显示，村里有7名残疾儿童，没有一家得到低保等政策支持。

小凤的父母告诉调查员，家里从来没有得到过政府以及相关部门的帮助。孩子医疗方面开支巨大也没有得到过费用减免之类的优惠。县残联设有康复中心，是完全免费的，这一点小凤的父母也不知道。唯一的例外是2008年过年时村委会送给小凤家10元钱，2009年给了20元。

调查员认为：小凤残疾程度之重，家庭经济之难，绝对有资格得到政府以及相关部门的帮助，县残联每年都有残疾人救助的支出及各种优惠政策，可是小凤所在的村中7名残疾儿童家庭都没有享受相关的优惠政策（小凤这样才算二级智力残疾，姑且还不论有没有其他被排除在残疾之外的孩子）。母亲谈道，村里人都说，自己家无论如何都应该得到一些了，但是"人家好脚好手的都有，就是我家没有"。小凤的父亲也反映过家里的困难，先后去镇政府和村委会反映过两次，还带上小凤去让人家看，但镇上只是回复："会帮你们向上反映的。"村委会则说："小娃娃有爹又有妈，不能给。"

小凤家不仅没有得到政策的支持，相反还受到了政策的歧视。母亲说："村里残疾人家庭被逼着去做（结扎）手术，现在就只剩我一个了。"按照国家规定，有残疾子女的家庭是可以再生育的，小凤的母亲却被逼迫去做结扎手术。小凤的母亲说当时村上逼迫说："如果不去做手术，以后家里有困难，就算是瓦片没有了，他们也不管。"关于这些，一家人都把原因归到"村上没有人"这一点上，没有人帮着说话。小凤的父亲感叹说："县官不如现管。"这句话他说过好多次。

所以，调查员评论道，在类似小凤所在的村子这样的一些地方，在不公正的分配过程下，不仅要获得国家救助的资源，而且本身也要有资源、有势力、有"关系"。像小凤家这样的残疾儿童家庭，本身贫困，也没有"关系"，因此，他们尽管困难，也无法获得救助。这样就产生了一个有害的逻辑：正因为你穷，所以不帮扶你。赢者通吃的马太效应很明显，具有讽刺意味的是：国家的帮扶措施属于社会二次分配，正是致力于消除这种马太效应，结果在有的地方又重新落入了后者的窠臼。

（二）扩展家庭对残疾儿童的支持不足

国家的社会保障在执行中被打了折扣，同时，家庭和扩展家庭在支持残疾儿童方面投入的资源也有限。

如昕昕，她的父母的工资每月只有几百元，家里人给予的资助也比较少，只有在昕昕出生时奶奶给了6000元。母亲说，现在他们已经基本停止了给昕昕治疗，经济压力没有在他小时候给他做治疗那么大了。4岁时，昕昕随母亲到太原治病，那时母亲手里攒了一些钱。这是她最后一次给昕昕治疗。母亲说，太原的医院治疗起来比较系统，又有很多治疗项目，每天在医院里就像赶集似的，到处排队去做项目。一个月下来，要花费一万多元。母亲实在是负担不起，就带着孩子回家了。

现在，母亲也是因为经济上的原因，没有再给昕昕继续治疗。她说，昕昕目前的主要问题还在眼睛上，她在考虑给昕昕治疗眼睛。目前孩子花费也就是日常开销，还有学费。由于对残疾儿童实施了教育优惠政策，孩子的学费是免费的，只要交一些书杂费，每个学期也就 30 多元。

虽然残疾儿童家庭的经济状况不好，但为了使孩子得到正常的上学等的机会，家庭有时还要支付额外费用。

昕昕上幼儿园时，原本每个孩子的伙食费是每个月 100 元，但昕昕却交了 200 元。昕昕的母亲说，理由是由于昕昕行动不方便，老师在日常生活起居方面要多照顾他一点，因此就多收了钱。昕昕的母亲知道这样很不公平，可是也很无奈，因为不多交钱，昕昕就上不了幼儿园。

（三）贫穷致残

上文讨论的是残疾致贫的问题。调查员在调查中发现，贫穷也可能致残。有的家庭中残疾和贫困有着密切联系，主要是因为母亲。有的是母亲在妊娠期间，因为贫穷，造成营养不良，导致孩子出生后残疾；也有的因为家庭贫穷，男人只能和有遗传疾病的残疾女人成婚，婚后出生的孩子为先天性残疾。

如一位被访问的残疾儿童的奶奶说："因为家里穷，媳妇营养不好，孩子要是不早产该有多健康啊，就算是哑巴也比现在强啊。看到他这个样子，大人多心痛啊，只有好好对他了。"

另外一位残疾儿童青青的家庭，因为青青的父亲年轻时家里很穷，娶不起老婆，经亲属介绍娶了聋哑人青青的母亲。因为继承了母亲的聋哑基因，青青也是聋哑人。

在一个 1000 多人的村中，人们因贫困、与残疾人结婚以及不了解遗传性疾病的问题而盲目生育，使得村中的残疾人口高达 150 多名。残疾使这个村庄的贫困问题雪上加霜，成为这个村庄挥之不去的宿命。

五　本章小结

本章的分析说明，由于多种因素，与一般儿童的家庭相比，残疾儿童家庭更有可能陷入贫困。同时，国家的社会保障和救助政策，对这个群体的帮助有限。家庭贫困会导致残疾儿童得不到适当的康复和治疗，如昕昕的案例，家长因为经济困难，很早就放弃了对昕昕的治疗和康复工作，这对昕昕的一生，有重要的影响。

第五章　残疾儿童家庭医疗和康复经验分析

医疗与康复，对残疾儿童发展权利的实现有重要影响，也是很多残疾儿童家庭生活经验的一个重要组成部分。本章试图对此进行分析，以揭示残疾儿童家庭面对的医疗和康复困境，为政策制定和公民社会进入这个服务领域提供实证依据。

本章使用的主要研究方法是定量研究和质性研究。首先，通过对"第二次全国残疾人抽样调查"10%的数据分析，概述残疾儿童家庭对医疗和康复服务的需要以及获得情况，再通过对残疾儿童家庭经验的个案分析，发现阻碍残疾儿童医疗和康复权利实现的主要因素。

本章涉及的个案，包括盲童、自闭症儿童、脑瘫儿童、听力语言残疾儿童、智力残疾儿童和肢残儿童家庭。这些家庭分布在北京、河南、四川、江西、新疆和内蒙古等地，既有城市中产阶级家庭，也有农村的贫困家庭。他们的经验，虽然没有统计学意义上的代表性，但是反映了不同类型的残疾儿童家庭在寻求儿童医疗和康复方面经历的艰难之路。

本章的主要发现是：残疾儿童对医疗和康复有强烈的需要，家庭投入了大量的资源。但是，由于几个主要障碍，如信息障碍、经济障碍和可及性障碍，很多残疾儿童不能及时得到他们需要的服务。这种状况影响了数以百万计残疾儿童的成长，使他们的家庭和个人终生为此付出代价。在这个方面，仅仅靠家庭资源无法满足儿童的需要，国家作用的缺位是残疾儿童家庭不能得到所需要的服务的重要原因之一。过去几年，国家在医疗康复方面制定了新的政策。国家在提供医疗和康复方面的作用会逐渐加强。

一　残疾儿童家庭对医疗康复服务的需要和利用

本章对残疾儿童家庭得到的包括医疗和康复在内的各项服务的情况进行了分析。结果显示，62.57%的残疾儿童没有接受过国家的任何服务或扶持。这些儿童主要依靠家庭和父母，得到生存和发展的机会。

（一）残疾儿童曾接受的服务或扶持

"第二次全国残疾人抽样调查"10%的数据调查的1002名残疾儿童中，有375人曾经接受服务或扶持，占37.43%；有627人未接受过任何服务或扶持，占62.57%。

表5-1说明，不同残疾类型的残疾儿童接受服务或扶持的比例有显著差异。肢体残疾的儿童曾接受的服务或扶持的比例最高，为51.89%；其次是精神残疾和视力残疾的儿童，分别为50%和45.1%。听力残疾的儿童未曾接受任何服务或扶持的比例最高，为72.55%；其次是智力残疾和语言残疾的儿童，分别是72.22%和68.75%。

表5-1　不同类别的残疾儿童是否曾接受服务或扶持的比例

单位：%

项　目	视力残疾	听力残疾	语言残疾	肢体残疾	智力残疾	精神残疾	多重残疾	总计
未曾接受	54.90	72.55	68.75	48.11	72.22	50.00	60.14	62.57
曾接受	45.10	27.45	31.25	51.89	27.78	50.00	39.86	37.43
总　计	100	100	100	100	100	100	100	100

注：显著性：$P < 0.001$。

表5-2表明，农村残疾儿童未接受任何服务的比例（65.62%）高于城市残疾儿童未接受任何服务的比例（50.96%）。经显著性检验，残疾儿童接受服务或扶持的情况在城乡之间有显著的差异性（$P < 0.001$）。

曾接受服务或扶持的残疾儿童所接受的服务类型以医疗服务与救助为主，其中73.87%的残疾儿童都接受过该项服务，此外，有22.93%的残疾儿童接受过贫困残疾人救助与扶持，22.67%的残疾儿童接受过康复训练与服务（见表5-3）。

表 5-2　分城乡和性别比较残疾儿童是否曾接受服务或扶持的比例

单位：%

项　　目	农村			城镇			总计		
	男	女	总计	男	女	总计	男	女	总计
未曾接受	65.87	65.27	65.62	50.78	51.25	50.96	62.59	62.56	62.57
曾接受	34.13	34.73	34.38	49.22	48.75	49.04	37.41	37.44	37.43
总　　计	100	100	100	100	100	100	100	100	100

表 5-3　残疾儿童曾接受服务或扶持的类型

单位：%

区域	性别	医疗服务与救助	贫困残疾人救助与扶持	康复训练与服务	教育费用补助或减免	生活服务	辅助器具	文化服务	其他
农村	男	71.34	22.93	17.83	16.56	12.10	12.74	5.10	5.10
	女	73.28	25.86	20.69	11.21	10.34	8.62	5.17	6.90
	总计	72.16	24.18	19.05	14.29	11.36	10.99	5.13	5.86
城镇	男	79.37	20.63	34.92	4.76	15.87	14.29	3.17	7.94
	女	76.92	17.95	28.21	12.82	5.13	5.13	5.13	17.95
	总计	78.43	19.61	32.35	7.84	11.76	10.78	3.92	11.76
总计	男	73.64	22.27	22.73	13.18	13.18	13.18	4.55	5.91
	女	74.19	23.87	22.58	11.61	9.03	7.74	5.16	9.68
	总计	73.87	22.93	22.67	12.53	11.47	10.93	4.80	7.47

残疾儿童在成长过程中得到的康复训练与服务的比重很低。即使在少量的得到服务或扶持的残疾儿童中，也只有 23% 的残疾儿童得到了这样关键的服务。

（二）残疾儿童对服务的需求

从表 5-1 中可以看出，有 62.57% 的残疾儿童未曾接受任何服务或扶持，这些没有接受过任何服务的残疾儿童群体并不是不需要服务或扶持，而是在很大程度上依赖于服务的可获得性。

表 5-4 描述了不同残疾类型的残疾儿童的主要服务需求。总体而言，

残疾儿童最主要的三项服务需求是：医疗服务与救助、贫困残疾人救助与扶持、康复训练与服务。有 69.66% 的残疾儿童需要医疗服务与救助，55.09% 的残疾儿童需要贫困残疾人救助与扶持，48% 的残疾儿童需要康复训练与服务。

各类残疾儿童对服务的需求既有相似的地方，又有与残疾类型相应的特殊需求。从表 5 - 4 可见，所有类型的残疾儿童对医疗服务与救助的需求都是最高的。此外，听力残疾、视力残疾和肢体残疾的儿童对辅助器具的需求明显高于其他的残疾类型，因此针对不同的残疾类型提供有所侧重的差别化服务或扶持，更有利于最大化地实现服务扶持的目标，更好地促进残疾儿童的身心发展。

表 5 - 4　不同残疾类型的残疾儿童的主要服务需求

单位：%

服务类型	视力残疾	听力残疾	语言残疾	肢体残疾	智力残疾	精神残疾	多重残疾	总计
医疗服务与救助	78.43	84.31	61.25	78.38	55.86	96.67	75.09	69.66
贫困残疾人救助与扶持	43.14	47.06	43.75	54.59	50.93	63.33	66.19	55.09
康复训练与服务	29.41	23.53	63.75	37.30	54.94	30.00	52.31	48.00
教育费用补助或减免	25.49	5.88	25.00	27.57	18.52	23.33	14.23	19.36
辅助器具	41.18	64.71	10.00	23.78	2.78	6.67	20.64	17.47
生活服务	7.84	11.76	12.50	9.73	14.20	16.67	13.88	12.77
职业教育与培训	9.80	7.84	3.75	10.27	9.57	10.00	4.63	7.78
文化服务	7.84	1.96	10.00	4.86	11.42	6.67	3.56	7.09
就业安置或扶持	7.84	5.88	2.50	8.11	3.40	3.33	2.49	4.29
其他	5.88	1.96	5.00	5.41	4.63	6.67	4.63	4.79

表 5 - 5 描述了不同地域和性别的残疾儿童的主要服务需求。不论城乡、性别，残疾儿童对医疗服务与救助的需求都是最高的。城市残疾儿童对贫困残疾人救助与扶持、辅助器具和文化服务的需求比农村残疾儿童少，对康复训练与服务、生活服务和职业教育与培训的需求比农村残疾儿童多。

表 5 – 5　不同地域和性别的残疾儿童的主要服务需求

单位：%

区域	性别	医疗服务与救助	贫困残疾人救助与扶持	康复训练与服务	教育费用补助或减免	生活服务	辅助器具	职业教育与培训	文化服务	其他
农村	男	69.35	53.91	46.09	20.43	18.91	11.96	7.83	8.04	7.17
	女	69.46	59.88	47.31	17.96	14.07	13.17	7.19	6.89	11.38
	总计	69.40	56.42	46.60	19.40	16.88	12.47	7.56	7.56	8.94
城镇	男	67.97	54.69	53.13	18.75	18.75	3.13	7.81	0.78	7.03
	女	75.00	42.50	53.75	20.00	21.25	1.25	10.00	3.75	7.50
	总计	70.67	50.00	53.37	19.23	19.71	2.40	8.65	1.92	7.21
合计	男	69.05	54.08	47.62	20.07	18.88	10.03	7.82	6.46	7.14
	女	70.53	56.52	48.55	18.36	15.46	10.87	7.73	6.28	10.63
	总计	69.66	55.09	48.00	19.36	17.47	10.38	7.78	6.39	8.58

（三）主要发现

定量分析的主要发现是：第一，残疾儿童对服务或扶持有迫切的需要。但是，这种需要不能得到满足。大量的残疾儿童最起码的发展需要，即对医疗救助和康复服务的需要，不能得到满足。第二，从城乡差距看，对乡村残疾儿童提供服务或扶持的缺口更大。第三，不同类型的残疾儿童，对服务内容的需要有一定的差距，如听力残疾和语言残疾的儿童对辅助器具的需求较高等。

对残疾儿童服务的巨大缺口，导致大量残疾儿童的发展不能实现他们可能达到的发展水平，这对他们一生的成长，有重大的影响。

虽然定量研究揭示了残疾儿童对服务的需要有巨大的缺口，但是，这些数据过于笼统，不能帮助我们了解残疾儿童在获得医疗和康复服务中的更具体的障碍。这些障碍对儿童的发展造成了什么影响，以及怎样制定可行的政策帮助这些儿童。下面，通过质性研究资料的分析，对这些问题进行更深入的分析。

二　信息障碍

本章使用的深度调查资料包括下面几个家庭。被调查儿童基本情况如表5 – 6所示。

表5-6　调查个案（儿童姓名皆为化名）

儿童姓名	残疾类型	地区	调查员和备注
小涛	智力、聋哑	湖北省大冶市	—
林杰（化名）	脑瘫	新疆维吾尔自治区	贾娜尔
小强	自闭	北京市	陈思
小义（桂义）	肢残	四川省	曾麟
小馨	听语	河南省	张敏
青青	听语	江西省	章鹏
牛牛	智力残疾	内蒙古自治区	吴平
宇豪	盲	北京市	陈思
明明	智力残疾	广西壮族自治区柳州市	杨贞桢
红扬	先天性耳聋	广西壮族自治区柳州市	杨贞桢

被调查者包括儿童的照料者，如亲属、社区成员（如村长、邻居、教师等）。

大量的残疾儿童没有得到适当的医疗和康复服务。原因在哪里？通过深度访问，调查员发现信息障碍是造成残疾儿童无法得到适当的医疗和康复服务的原因之一。家庭对残疾儿童的医疗和康复有大量的投入。在发现儿童的残疾或有可能致残的疾病之后，很多家长不惜倾家荡产，为孩子进行治疗或者康复服务。但是，由于存在信息障碍，残疾儿童的家长不能为自己的努力设定有效的目标，很多家庭在花费了大量的金钱之后，没有获得最好的治疗和康复效果。

（一）混乱的信息

残疾儿童家长能够得到关于儿童治疗和康复的准确的和及时的信息，对儿童一生的发展，往往是巨大的。但是，信息障碍是大部分家长遇到的问题。信息障碍包括几个方面：第一，缺少相关领域的必要的和准确的信息，家长不能对儿童康复的必要性、目标和成本作出正确的判断；第二，出于商业目的，某些人向家长输送扭曲的信息；第三，某些人对家长封锁医疗和康复信息。

如自闭症儿童小强的父母，受过良好的教育，完全有能力为孩子进行早期的康复和治疗，他们将70%的收入都花在了孩子身上。但是，由于来自医生的错误信息，小强错过了早期康复的时机。

小强的父亲说："小强出生时挺正常的，但是长到两岁以后我发现孩子特别不爱说话，与同龄人交流困难，玩耍时特别不协调。这引起了我的警觉，于是我找到一位保健医生（中日友好医院）咨询这个问题。对当时医生的回答，事后我回想起来，真是觉得这个医生缺乏最起码的医德。他甚至没有对我的孩子进行检查就告诉我说'你家的孩子可能缺锌'，并向我推荐了一种袋装的补锌饮料。我孩子喝了这种类似保健功能的药以后没有明显的变化，慢慢地我就把这件事情忽略了。直到孩子5岁多，该上学的时候，我发现他越来越不合群，而且他一直不敢和人有眼神接触，眼球不像正常人那样转动，不敢注视对方。我起初以为他只是胆小，没有引起足够的重视。我怕他不能和正常的小朋友交流，怕他受欺负，为了让他能坐得住，想给他报一个暑假班，没想到老师看了孩子的情况以后婉言拒绝，再加上孩子到了上学的年龄，可是吃饭甚至上厕所都费劲，基本没有自理能力，我这才重视起来。到北医三院检查，才知道他患有孤独症（即自闭症），以及由孤独症引起的智力低下。"

盲童宇豪的情况与此非常类似。家长认为，宇豪的失明是后天的，可以说完全是由医生不当的治疗和错误的判断导致的。由于治疗和医嘱不当，导致了宇豪失明。

调查员记录道："宇豪的失明是后天的，可以说完全是由医生不当的治疗和错误的判断导致的。"这个孩子是早产儿，生下来的时候才两斤。孩子的母亲说："由于早产儿十分虚弱，所以我们把他送到医科大学第一附属医院，医生将他放在暖箱里抚养了40多天，这期间孩子一直在吸氧，后来这种举措造成他氧气中毒，实际上他后来失明完全是因为氧气中毒造成的。原先我们不懂，后来我们在带他治疗眼睛时，眼科大夫告诉我，早产儿吸氧按国际惯例最多吸3天，否则会造成氧气中毒，而我们的孩子吸了40多天……"

"我到现在还记得，当我们把孩子从暖箱里接回家时，医生告诉我这孩子各方面都没问题，让我六个月以后按惯例带孩子去检查眼底发育情况，他当时还给我撂下这么一句话，'没问题，查不查眼底都行'。当时他要是对我说必须查眼底，可能我们就立刻去医院查了，但是他没有。而后来眼科大夫告诉我事实上新生儿应该在60天以后去做这个检查，等于我们的儿子在已经氧气中毒的情况下，又检查晚了，耽误了孩子的治疗。所以我们家孩子的失明跟医生有很大很大的关系。"

"等孩子六个多月去人民医院查眼底的时候，眼科专家告诉我，你们来晚了，孩子的左眼视网膜已经完全脱落了，右眼视网膜脱落了1/4。知道这个情况后我们赶紧把他送进医院准备治疗。我们先在人民医院请中国最权威的眼科医生给他的右眼做了一个环扎冷冻的手术（这个手术花了一万元），做完这个手术以后孩子的右眼恢复得很好，我们也一直带他去医院复查，直到医生说不用再复查为止。这时孩子刚满一周岁，这段时间孩子的右眼视力很好，我们也很高兴。但是孩子两周岁时，我发现他看东西离得特别近，觉得很不对劲，于是再次来到人民医院找专家诊断，医生告诉我，他右眼眼底增生，已经无法再次进行手术了，也就是无法治疗了。后来孩子的右眼就失明了。"

明明的个案

明明8个月大的时候，由于父母都非常忙，退休的姑妈带孩子比较有经验，明明就被送到了姑父姑妈家，姑妈全心照料着他，疼爱着他。

明明3岁那年，有一次拉肚子，姑妈连夜送他到医院。当时有一位刚从学校毕业的医生在值班，给明明打了一针。第二天明明全身都肿了。姑妈又拿了病历去找那个医生，把那个医生骂了一通，又匆匆地在隔壁办公室请了一名专家看。专家压根没瞅病历，直接让明明打了两三瓶点滴，之后明明似乎稍有好转。

然而病历不见了。由于那天母亲也跟着去了，两个人当时都以为病历是对方拿着的。从那以后明明说话越来越少，当他们想再去医院问问时，才发现病历不见了。想想不知道有多少孩子打错针，医院从来不会负责，就没再去。渐渐地，明明什么都不会说了。

家人着急了，带着明明到处去检查，在各家医院"什么检查都做了，什么核磁共振、脑电，动不动就几百元，各种项目，无论多少钱我们都想办法给他做，做完了却都说没什么问题，检查不出来。很久以后，在计生办办公室，他们说：'你们真傻，谁让你们说是打针打成这样的？医院怕负责任，当然都不会告诉你们出了什么问题！'可是，能去的医院我们都已经去过了，他们都知道我家明明的情况了，我们还能再去哪儿呢"？

为了医治明明，家人想尽了一切办法。他们经残联的人介绍，到了南宁一家康复中心，那儿的设施比较完备，但费用太高了，有的药打一针就160元，去了一个多月，就花了一万元，应该说有一点点好转。但开销这么大，加上租房子、吃饭，明明的父母实在撑不住了，又不敢轻易借钱给孩子继续医治。他们想过把房子卖了，但又担心如果把钱都花光了，把房子卖了，就连住的地方都没有了，孩子的病还是治不好，将来怎么办？想来想去，还是算了。而且当时是姑妈带着他留在南宁，姑妈的身体不太好，水土不服，明明也不愿意在那儿。种种原因，父母最终只好放弃治疗。

以后，凡是听说有什么方法可以治，但要花很多钱，父母仍会攒够那么多钱，带明明去看病，花完了不得不停下来，再攒钱带他去。他们只是想，不管花多少钱，哪怕只有万分之一的机会，都要尽力医好他。"后来发现这些钱都白花了，没有用。"

明明的母亲说："现在已经没有心情带他求医了。以前听说这里那里怎么怎么好，去了都没有用。"在南宁那家康复中心，明明的母亲遇到过一名比较富裕的残疾孩子的家长，问他们花了多少钱，那个家长说，一打一打的100元钞票，堆起来比孩子都高了。明明的母亲说："家长在一起时，还是不要问花了多少钱，一问这个，心里都难过，只问孩子是否比原来好了点吧。这个孩子的父亲开了一家工厂，收入就供孩子在康复中心的开销，好些年了，也不见有什么起色。他们那么有钱，也医不出什么名堂，我们这种没钱的，医到倾家荡产也不见效，就更加难过了。"

刚开始，明明的父母一门心思只想带着孩子到处求医，只要看到明明有一丁点儿好转，就以为可以医好他。从明明3岁一直到5岁半，他们再也没有可以奔走的地方，也拿不出钱了。

红扬的个案

红扬，先天性耳聋，男，壮族，15岁。当调查员问到使用助听器是否能让孩子的听力好一些时，母亲说他们现在用不着助听器，上课都是用手比画，再追问她孩子是否完全听不见，是否能用助听器时，母亲愣了一下，便说她不知道、不懂……他们不懂的事情还有很多。他们为孩子领取残疾证是乡里通知的，乡里还曾通知他们到县里为孩子免费配置助听器，但是父母说由于当时涨洪水没能及时去县里，过后再去时相关工作人员已经回南宁，所以最终没能配到，他们也没再打听助听器是什么东西，对孩子有没有帮助。还有一次父母下地干活去了，回来时听说乡里来人说有什么扶助政策，再去问时那人却已经走了，他们就一直不知道是什么。母亲还提起这次寒假前的家长会，学校退给她 250 元，说是补助，她也不知道是国家补的还是学校补的，也不知是什么人捐了一床棉被，反正是收下带回家了（之后调查员从老师那里了解到，补助是学校给贫困生的，棉被是社会爱心人士捐赠的，共10 床；同批捐赠物资还有 15 件棉衣，给了一些没有冬衣的孩子）。

　　最让他们想不明白的，恐怕还是"人家养孩子，我也养孩子，人家的孩子会说话，我的孩子不会说话，你说为什么，能怎么办"，这是整个访谈过程中母亲的话语中感情色彩最浓的一句。说着这一句，她的声音低下去了，头也低下去了，然后停了半晌都没有下文。

　　除了误诊、耽误治疗之外，还有一种情况是家长不了解某种残疾的性质，医疗单位因为各种原因，引导家长带孩子做大量的过度治疗，结果花费了很多金钱，却没有任何结果。很多脑瘫儿童的情况都是这样。

　　脑瘫儿童的母亲、脑瘫儿童康复组织"安琪之家"的主任王芳总结了脑瘫儿童家长的一般的治疗之路。

　　"过去对脑瘫儿童家长而言，认为这（指脑瘫）是一个治疗问题，因此高压氧与补脑药，甚至矫治手术都让家长投入了大量的金钱与精力，而这一切过去后，家长回过头来要做康复了，却没有钱了"，"每个家长都在走这样的弯路，这与我们的教育宣传都有关系"，"脑瘫是不可逆的，康复训练——越早的康复训练，就越有效果，我们不能再造一个脑，但是我们可以尽可能地开发脑潜能，实现功能代偿"。

　　脑瘫儿童的有效康复需要家长的积极参与和配合。在家中每天坚持康复训练是有效提高康复效果的重要环节。但是，很多商业性医疗康复机构为了保证自己的利润，使家长完全依靠机构进行康复。他们在为儿童提供康复治疗的过程中，对家长保密，使家长不能在家中独立为儿童进行康复治疗。

在得不到有效信息的情况下，有些儿童的家长认为治疗和康复是没有用的，所以干脆不做治疗和康复的努力。有些儿童的发展就这样耽误了。

大冶的残疾儿童小涛，三岁以后就停止任何治疗和康复了。小涛的母亲说："孩子一直这样，也就不需要做什么康复治疗了，再说也没有这个条件。也没有听说大冶有这样的康复机构，都是一般的治病的医院。"

新疆的脑瘫儿童林杰（化名），情况也是这样。调查员记录道："家长没有意识到孩子可以去做康复治疗，当地没有这项服务，也没有人去重视和资助这个孩子，经济上更是无法负担。"

混乱甚至是错误的信息，以及家长对残疾儿童康复问题的无知，导致很多残疾儿童无法得到需要的康复服务。

（二）信息来源渠道

了解残疾儿童家长得到信息的来源，有助于帮助更多的家长得到适当的信息。通过分析个案，笔者发现残疾儿童家庭的信息来源非常有限，主要有几个方面，如医疗机构、电视广告和个人的经验。

家长发现儿童出现异常的时候，首先就是寻医问药。医疗机构是他们最主要的信息来源，几乎所有的家长都是从医生那里得到关于儿童治疗和康复的信息的。如果这个信息来源不准确，家长就处于完全无助的地位。

广告是家庭和残疾儿童获得治疗和康复信息的另外一个来源。例如，肢体残疾的儿童小义，因为年龄稍大，他特别注意寻找与自己的疾病有关的信息，主要的信息来源就是电视广告。

"他特别喜欢看广告，就是那些药的广告，他一看到有和他的病有关的药，我们回来时他就念给我们听"，小义妈妈说。小义曾经看到县电视台里有一种叫合骨王的药，"电视里那些人因肌肉萎缩，手指都弯了，但吃了那个药（手指）真的就扯直了"。于是，在好长一段时间里，小义妈妈一回到家，小义就反复给妈妈讲那个广告，把电视调到县电视台那个频道等着指给妈妈看，家里满怀着希望给小义买了合骨王，却毫无效果。

对残疾儿童这样复杂的健康问题，听信没有医嘱的药物广告，其实很难有真正的效果。

其他儿童也有类似的情况。听力、语言残疾儿童小馨出生后，家里本来是很欢喜的，但是家人后来发现小馨对声音没有一点反应，就连忙带着小馨到各地求医，如北京、郑州等地，只要看到广告上说的地方，就去试试，前前后后花了几万元，都没有一个好的结果。最后家人无奈之下给小馨配了一副助听器。

也有的家长根据自己的主观想象，决定是否为儿童进行康复治疗，如青青的个案。青青的母亲是聋哑人，家里人认为青青的聋哑是遗传的，康复治疗没有用，就没有带青青进行任何康复治疗。

青青两三岁时被发现是聋哑儿童……调查中，父亲经常重复这个观点："青青是天生的，所以，如果他可以说话，过一两年就会说话了。如果他不会说话，再怎么努力也不会说话"，"青青是天生的，再怎么吃药也没用"。青青的父亲从未带青青到其他地方看过病，不仅没有去过省里的医院，甚至是本市的大医院也没去过。因为青青的父亲相信，"青青是天生的，带他去也没有用"。

其实，即使青青的聋哑是遗传的，适当的康复和训练会帮助他获得和其他人交流的能力。由于完全没有尝试，青青丧失了可能获得的交流能力。当然，父亲没有给青青进行康复和语言训练，与家庭经济困难也有重要关系。

（三）信息障碍对残疾儿童家庭的影响

信息障碍对儿童家庭的影响很大。因为缺乏信息，有的儿童丧失了最好的康复时机。例如，信息错误对小强的康复影响很大。小强可以说是先天致残，但是医生的误诊无疑严重地耽误了他的治疗，使他丧失了最好的康复时机。

信息障碍有时会使残疾儿童无法得到任何康复和治疗，如大冶的小涛，没有进行过任何康复活动。调查员访问的结果是：孩子残疾得很严重，脑子一直都是混沌一片，所以家里人从没有想过送孩子去上学，再加上家长对康复治疗缺乏信心和了解，孩子三岁以后就再没有接受任何与康复有关的治疗。内蒙古的牛牛是智力残疾儿童，他小的时候，因为"生活的小镇上信息比较闭塞，牛牛的父母以前想着牛牛这辈子就是这样了，让他吃饱穿暖就行了"，所以就没有带他进行进一步的康复和训练，上学的机会也让给了智商正常的姐姐。

在家庭迫切希望儿童得到所需要的治疗和康复服务的背景下，积极的信息沟通，可以给很多残疾儿童带来新的机会和康复的可能。

通过电视，残疾儿童家庭有时会得到积极的信息。2008 年，父母在电视上看到舟舟（智力残疾的音乐家）的故事，看着和牛牛长相相似的舟舟，牛牛的妈妈哭了，她认为或许牛牛也可以被挖掘出特殊的才能，可是家里的条件不容许。上海特奥会的举办，又给这个家庭带来了希望，他们想着牛牛或许可以参加什么体育项目，至少让牛牛的生活有一些色彩。

一次偶然的机会，牛牛的妈妈听说镇上的少儿活动中心常年招收学习乒乓球的学生。于是，带着试一试的心态，妈妈带着牛牛到球馆见了教练。教练是一个好心人，立刻答应收下这名学生，并免除学费。中心的主任也特别热心，把一个旧的球案送给牛牛，让牛牛在家练习。至此，牛牛终于有事情可做。现在牛牛的生活很充实，周一到周六都要去球馆打球，周日休息。每天的时间特别紧凑，妈妈每天都陪着牛牛，从家到球馆一天跑四趟。球馆里的人都说牛牛的妈妈是一位伟大的母亲。现在牛牛的乒乓球水平有了很大的进步，和教练能对打 60 多个球。

调查员的评论：这样一个智力残疾的孩子能取得这样的成绩，牛牛的爸爸妈妈真的感到很欣慰。真心希望牛牛能在打乒乓球上取得更大的进步，能参加特奥会，能取得冠军。

三　可得性障碍

从个案来看，残疾儿童医疗和康复服务的可得性，在大城市中问题不大。北京的小强和宇豪，虽然因为信息错误耽误了治疗和康复，但是，还有各种方法可以为儿童提供医疗和康复服务，并且为残疾儿童服务的条件比较好。宇豪和小强这两个盲童和自闭症儿童得到了较好的康复和教育机会。

作为自闭症儿童，小强在北京市东城区特教学校上学和接受康复服务，离家步行只需五分钟。小强的父亲对小强在学校得到的服务很满意，认为学校对学生很关心。学校分盲部和智障部，一共 180 名学生，其中智障部大约有 90 人，一个班就是一个年级，一个班大概八九个孩子。学校还有职业教育部，就是孩子小学毕业以后可以学习电脑、学习做菜等，目的是为了教他们一些谋生的技能，为他们提供一个继续接受教育的机会。

学校的老师都是特殊教育专业毕业的，专业水平很高，非常懂得与这些特殊的孩子进行沟通和交流，并且知道如何保护他们，不伤害他们的心灵。小强的父亲认为，老师们在付出巨大辛苦的同时，教育成果也是很丰硕的。他说："我的孩子原来特别胆小，见谁都不敢对视。可是他上学以后，跟老师的沟通好极了，跟同学也是，上学的热情空前地高涨，特别爱上学，也特别爱学习。老师对他很好，让他当班长，说他是个好孩子，孩子美着呢！老师说好孩子都是夸出来的。另外，每个孩子都有个联系本，我回家可以看看老师给的评价，看看我的孩子表现怎么样。"小强的父亲还呼吁政府给这些特教老师涨工资，他认为这些老师每个人教八九名学生，相当于养八九个孩子，实在是太累了。从字里行间，调查员能感觉到小强的父亲对学校的教育非常满意，对教学效果也非常肯定。

北京的宇豪在盲校也得到了很好的康复和训练，家长对学校也非常满意。

但是，在外地，特别是在乡村，残疾儿童家长的经验则完全不同，孩子得到好的康复的可能性不大。如生活在内蒙古的牛牛，同样是智障的残疾儿童，调查员发现牛牛几乎没有接受过任何专业的教育和康复。这当然和他生活的环境有关。首先，牛牛所在的地区没有任何正规的康复中心或者特教学校，关于这方面的信息也非常少。其次，牛牛的家庭没有太强的经济实力送牛牛到大城市的特教学校或者康复中心。因此，对牛牛来说，康复服务是不可得的。这使他没有接受到任何康复服务。

四 可负担性障碍：贫困延误治疗和康复

对残疾儿童家庭的访问发现，残疾和贫困如一枚硬币的两面，在不少情况下，残疾可能是家庭贫困的结果之一。同时，残疾也是致贫的重要因素之一。在大部分被深度访问的家庭中，残疾和贫困都是紧密相连的。残疾致贫的原因之一是治疗康复费用过高。因此，贫穷最可能导致儿童不能按时得到需要的康复治疗，家里无力购买需要的康复设施；儿童的情况不能改善，终生依靠家庭支持为生。这就是因残致贫。

聋哑儿童

家庭无力负担辅助器械：残疾儿童调查的结果显示，听力残疾儿童最需要器具支持。在几个深度访问的个案中，调查员也发现，家长可能因为无力负担，不能及时给听力残疾的儿童购买需要的辅助器具，如助听器等，导致儿童残疾程度进一步加重。

助听器价格昂贵，需要随儿童的年龄更换，所以几乎所有聋哑儿童的家长在购买配置时都有犹豫，有的家长因为贫困放弃，有的家长延迟为儿童购买，使孩子的语言发育更加滞后。

青青的个案

青青小时候，父亲询问医院是否有助听器卖。医生说医院里有一种几百元的助听器，即使只是几百元钱，可是对家中贫困的青青的父亲来说，这算是一笔巨大的开支了，所以父亲也不敢一试。青青的父亲担心万一花了几百元钱，助听器却没有用，岂不白白浪费几百元钱，所以也就没有购买。青青的父亲还说："有一种助听器或许可以治好青青的聋哑，但是那种助听器需要一万多元，而且那个助听器也会坏啊，坏了又听不到了，又不会说话了。"基于这种想法，加上家里实在也拿不出那么多的钱，所以青青的父亲也就放弃了给青青买助听器的打算。

小馨的个案

调查的另外一个听力残疾的儿童小馨，她的父母也是因为更换助听器比较昂贵，在需要更换的时候，犹豫不决。

调查员记录：（最开始）由于家庭条件的限制，配的助听器价格很便宜。不过比起听不到声音、不会说话已经好多了。后来小馨的妈妈把小馨送到县里的一个语训学校，在那里老师会教学生发声方法，使那些聋哑儿童通过佩戴助听器而学会说话。小馨与其他人相比，算来得比较早的，所以学了一段时间，小馨便被送到当地的小学和正常的孩子一起上课了。

"但现在小馨佩戴的助听器已经很旧了，功能已经老化，导致小馨几乎听不到声音。助听器也要随着儿童年龄的增长而不断更换。同样是因为钱，小馨的父母一直在犹豫要不要为小馨再配一副助听器。小馨现在说话已经吐字不清了，如果不抓紧时间配一副新的助听器，就会导致小馨以前学的发音方法全部废弃。"

对肢残儿童来说，家长因为经济困难，不能给孩子配置必要的轮椅。有的儿童因此受伤，或终日在一个地方不能移动。

如大冶的小涛，对他的治疗，家长开始花了很多钱。三岁以后，小涛就没有接受过任何康复治疗了。虽然他需要辅助设施，如轮椅，家长也没有为他购买。他每天可能会摔倒很多次。

大冶的小涛

调查员访问记录：孩子没有配辅助设施，刘阿姨说总觉得没有必要买，孩子也不是不能走路，只是走的时候不是非常方便，感觉像要摔倒但是还没有摔倒。路如果是平的，他就摔不到，但是如果地不平，泥泞或者有石子，那小涛就需要别人牵着。他经常摔倒，一日摔个五六回，他摔的次数都数不过来了。

脑瘫和智力残疾的儿童，因为缺乏信息、当地缺少康复服务供给以及贫困，家长完全放弃了对孩子进行康复治疗的努力。

新疆的林杰（化名）

调查员记录：（家长）似乎对康复治疗不了解，一是村里没有康复治疗的福利机构，二是康复治疗会花费大量的资金，对这样一个以种地为生的家庭来说，他们无法负担这笔钱。尽管这位母亲表示自己愿意花钱，但是从我的观察来看，以这个家庭的水平去做康复训练只会让这个家庭雪上加霜。孩子的母亲说："这个孩子已经这样了，我们也带他做了手术，希望孩子能渐渐康复，我们这些正常的人还得活着么。"

在可能的情况下。残疾儿童父母千方百计地为儿童提供康复治疗。在这样的情况下，很多家庭会因残疾致贫。

一个残疾儿童小凤的母亲讲道："（小凤）小时候瘦弱不堪，三天不进医院日子就过不了。"小凤刚出生就有点喘，父母带她去了村卫生室，被告知有点先天性肺炎。第六天小凤就被转到了县医院，在那里住了九天。一个月之后又去了一次，加上后来的一次，小凤在县医院住过三次。此外，本村和邻村，各个镇的大小医院父母都带小凤去过无数次。小凤四岁时第四次去县医院，医生告诉小凤的父母，孩子有先天性脑积水，需要一万多元做手术，但也只能维持两年，两年后又会偏瘫过来，医生建议说："算了，好好地带着她就是了，要是做手术，你家两口子挣的钱都不够。"小凤的病，家里总共花了近三万元，负担相当重，可以说，家里几乎已经被消耗成空壳了。

从小凤的个案看，一个残疾儿童，就会把一个家庭拖入贫困。

昕昕的个案

昕昕，9岁，上小学三年级。昕昕的残疾情况在医学上被鉴定为脑瘫，即脑神经受损。昕昕的智力比较正常，说话思路清晰，也很聪明，但走路的平衡能力很差。昕昕的脚细，脚掌变形，站不稳，需要借助辅助物，如墙壁等，才能慢慢走路。

治病的负担

当发现昕昕得病后，这个家庭为了给昕昕治病承受了很大的经济压力。昕昕一岁多的时候，母亲带昕昕进行高压氧治疗，每天都要做一次，一次就要花80元，并且要配合打针，一盒针就要几百元。这样的支出使家庭实在难以负担。一年之后，昕昕转而接受针灸和按摩治疗，但是治疗效果并不明显。

军军的个案

精神残障，治疗康复失败之后，家庭一贫如洗，父母离婚，父亲自杀（调查员：徐灏）。

（一）国家的投入

调查发现，大部分残疾儿童家庭必须自己负担全部或大部分医疗康复的费用。国家在这个过程中没有给残疾儿童家庭提供最起码的帮助。但是，这种情况在逐渐转变。北京的残疾儿童家庭能够得到政府的医疗救助和教育救助。在少数民族地区，由于政府特殊的倾斜政策，有些残疾儿童家庭可以得到一些经济支持。如调查的新疆残疾儿童的家庭，2009 年开始享受医疗保险，1/3 的医疗费由国家支付。

残疾儿童林杰（化名）的母亲说："出生没多久，我就觉得这个孩子不太对劲，目光呆滞，3 岁多还不能说话、走路，我们确定这个孩子有残疾。没做手术之前，仅仅做了个检查，光是脑 CT、心电图，就花了 300 多元。但是医生说孩子还太小，不能做手术。去年，我们带他去做了脑部手术，光医院的医疗费就花了 2.8 万元。孩子目前心脏上有脉管，还没有取。去年配的这个东西，以后还得去检查。不过，村里给办了医疗合作保险，三万元的医疗费报了一万多元，算下来自己花了不到两万元。"

政府的"三免一补"政策从经济上对北京的小强一家提供了很实际的补助。学校免去了学生所有的学费、书本费和住宿费，并提供每月 100 元的生活补助。小强还得到了一张医疗卡，可以免费得到康复服务（但是医疗卡可以使用的社区医院不提供该项服务，所以无法使用）。

李香萍的调查发现，由于残疾儿童家长的态度不同，他们得到的国家的支持可能不同。这也影响到孩子的康复和发展。如李香萍调查的两个家庭，虽然都是聋哑的孩子的家长，但他们对待孩子的治疗和政府帮助的态度差异明显。第一户家庭经济条件相对好些，爷爷发现孩子有异常时非常焦急，并且表示在等待孩子病情确诊的过程中是他最困难的经历。当确诊之后，爷爷马上让儿子放弃打工回来给孩子治病，对待孩子的治疗和康复很积极，四处打听治病和康复机构。后来，爷爷带孩子在安庆康复中心待了两年。第一年是自费。为了能得到政府的帮助，爷爷四处打听、走访，密切关注政策动向，后来就得到了康复费用的减免。第二户的爷爷是一个地地道道的农村老人。他说："我有这样一个孩子我认命。"作为农民，他怕去政府机构，怕给政府添麻烦，没有奢望政府能给予什么帮助。他还认为，如果有针对残疾儿童的优惠政策，政府会通知他们，自己并不主动寻找信息。他担心的是孩子将来不能生存，担心孩子的未来。孩子比较淘气，所以爷爷几乎天天、时时刻刻跟着这个孩子，对孩子非常疼爱，并且一直夸孩子聪明，写字写得好看，并且希望送孩子上特教学校学习。

随着国家在这个领域发挥的作用更加积极，残疾儿童因贫困不能得到康复或者残疾儿童家庭因残疾致贫的现象可能会减少。

（二）公民社会的支持

除了国家的支持，公民社会也为少量的残疾儿童家庭提供了支持。如家长举办的脑瘫儿童康复机构——安琪之家，这样描述自己的工作：从自身作为家长的经验出发，安琪之家经营者和教师们知道家长最关心的是机构的康复教育水平与收费制度，因此，一方面尽量低收费，另一方面千方百计地提高服务品质。同时，接纳家长参与儿童康复，并把准确的康复教育理念传输给家长。

"脑瘫是不可逆的，康复训练——越早的康复训练，就越有效果。"为此，安琪之家非常重视早期干预与评估，对每一个来咨询的家庭都免费提供孩子的评估报告与康复指导。安琪之家的康复训练也不像大多数商业机构那样闭门训练，而是完全向家长开放。家长在安琪之家可以看到张贴的康复教育课程表，每天的个别训练结束后可以继续免费使用训练场地，训练中有动作上的问题可以随时找到老师询问，通过参与制定自己孩子的个别化训练计划，家长的能力也在提高。同时，安琪之家还坚持每个学期安排两次左右的由专业老师授课的家长培训班。

一名肢体残疾的儿童小义到大城市求医，这一年的经验，是他们生活中最温暖的一年。2007年，在浙江打工的小义爸爸让小义妈妈带上小义到杭州治病。在杭州一住就是一年。在长河医院，小义做了核磁共振成像、脑CT并接受针灸治疗等，病情还是老样子，小义仍然站不起来。最后只能买了轮椅，小义于是开始了轮椅上的生活。虽然在杭州治病未见成效，但是小义父母带着小义在杭州就医的经历让他们感到无比温暖。在长河医院，说孩子是外省的，在做多项检查和治疗时费用就会予以减半，而且在最后结账时，因为小义家庭比较困难，院方还免收了总费用的30%。住院期间，同情小义的病友都慷慨解囊。小义妈妈印象最深的就是一位将要出院的老婆婆一下子就掏出1000元钱送给小义的妈妈。在小义爸爸工作的工厂，上到厂长下到工人都纷纷捐钱给小义，总数高达一万元。小义在杭州治病一年的费用全靠这些钱。另外，小义父母在杭州带小义坐车时，售票员主动免收小义的票，这在小义家乡是根本不可能出现的情况。

在公民社会比较发达的大城市，公民社会对残疾儿童家庭更加理解，开始提供帮助。

五　本章小结

本章的主要发现如下：

第一，通过对"第二次全国残疾人抽样调查"数据的分析发现，60%以上的残疾儿童家庭对医疗和康复服务的需要不能得到满足。中国的残疾儿童总数超过500万，残疾儿童医疗和康复需要的满足将会影响300万以上残疾儿童的家庭和他们一生的发展。300万以上的儿童在童年时期得不到适当的康复和医疗服务，会导致他们一生都缺少自立的能力，会一直依赖家庭、社会和国家。因此，这是一个非常重要的、需要解决的社会政策问题。

第二，通过对残疾儿童家庭经验的个案分析，发现阻碍残疾儿童医疗和康复权利实现的最主要的障碍有两个方面：信息障碍和经济障碍。在信息障碍方面，国家没有发挥积极的作用，帮助残疾儿童家庭解决问题；在经济障碍方面，在发达地区和特殊地区（如新疆少数民族地区），国家的作用正在加强。

第三，残疾儿童家长积极地为自己的孩子的发展作出各个方面的努力。应制定适当的社会政策帮助残疾家长，使残疾儿童能够更好地成长，并能够自立，在未来可以大大减轻社会的负担。

第四，不同类型的残疾儿童家庭需要的帮助不同。有针对性地对残疾儿童家庭提供帮助，可以起到事半功倍的作用。

第六章　教育与发展：残疾儿童教育权利保障

残疾儿童发展权的一个重要方面是教育。教育权利的保障对儿童和青年一生的发展至关重要。如果残疾儿童和青年接受教育的权利不能得到保障，就会影响他们一生的发展。本书对残疾儿童教育权利保障的分析分成两个部分：制度分析和家庭经验分析。本章集中对中国残疾儿童教育制度进行分析。第八章则对残疾儿童家庭在为儿童获得适当教育方面作出的努力，遇到的障碍和困难，以及得到的帮助和支持进行分析。残疾儿童获得教育的障碍和支持包括：残疾儿童需要的特殊教育是否有机构或个人提供；残疾儿童家庭是否可以获得和使用教育资源；教育的成本如何；儿童在受教育的过程中是受到歧视，还是在一个平等和包容的环境中受教育等。从制度分析和家庭经验分析的结果之间的差距可以看到制度和政策的空白和需要改进之处。

一　中国残疾儿童教育状况

受教育权是残疾人的一项基本权利，教育权的实现程度会影响残疾儿童一生的发展，进而影响残疾儿童其他权利的实现。2006 年，中国 6～14 岁残疾儿童接受义务教育的比重为 62% （陈新民、陈雅安，2008）。根据"第二次全国残疾人抽样调查" 10% 的数据分析的结果，残疾儿童的入学率，远远低于非残疾儿童。在非残疾学龄儿童中，2.73% 的城镇儿童和 2.87% 的农村儿童，没有接受过任何教育。但是，在残疾学龄儿童中，32.12% 的农村残疾儿童和 36% 的城镇儿童，没有接受过任何教育。在入学率的分析中，还可以看到，残疾女童受教育的比例更低。

特别值得重视的是，与其他公共服务和社会发展指标相反，城镇残疾儿童入学的指标低于农村残疾儿童入学的指标。这可能说明，在城镇化的过程中，残疾儿童受教育的机会不仅没有增加，反而由于城市化过程中出现的各种障碍，进一步减少了。

二　中国对残疾儿童教育的主要制度安排

书中第二章对残疾儿童享受的教育福利作了简单的介绍。中国建立了普惠制的义务教育制度。儿童的教育主要由国家提供，国家为所有的儿童提供免费的九年义务制教育。

中国普惠制的基础教育的主导原则具有非常明显的精英教育的特点。这个特点是通过层层考试和筛选来实现的。应试教育是这个原则的制度化；政府教育投入的不平等（向城市倾斜，向高等教育倾斜以及向少数精英学校倾斜）是这个教育原则的体现。教育公平的社会舆论对精英筛选过程（考试）的公平性的关注，远远超过对儿童正常发展本身的关注。家长和学校关注的往往不是儿童正常的成长过程，而是个体在应试教育评价体系阶梯上所处的相对位置。

在这样的教育主导原则下，中国普通教育的制度安排非常不利于"非精英"学生的发展，更不用说残疾儿童的发展了。即使是非残疾学生，也有很大的可能被边缘化（如果根据考试成绩排名次，至少有49%的学生属于"差生"）。在这种背景下，得益于过去30多年的改革开放，由于强有力的残疾人权利运动，中国的残疾儿童教育体制，直接跳过了西方国家的多个发展阶段，接受了"正常化"的教育理念。在特殊教育资源极为不足、发展落后的情况下，全国普及了"随班就读"的教育实践。这件事对中国精英教育本身的影响，不亚于"随班就读"对残疾儿童发展权实现的影响。

受到残疾人运动的影响，中国残疾儿童教育制度在过去10年中发生了重大变化。很多与残疾儿童教育有关的法律、法规陆续出台或重新修订。简单列举如下：

● 国家教育委员会、中国残疾人联合会《关于开展残疾儿童少年随班就读工作的试行办法》（2001 年）。

●《中华人民共和国义务教育法》（1986 年 4 月 12 日第六届全国人民代表大会第四次会议通过，2006 年 6 月 29 日第十届全国人民代表大会常务委员会第二十二次会议修订）。

● 中共中央、国务院《关于促进残疾人事业发展的意见》（2008 年）。

●《中华人民共和国残疾人保障法》（1990 年 12 月 28 日第七届全国人民代表大会常务委员会第十七次会议通过，2008 年 4 月 24 日第十一届全国人民代表大会常务委员会第二次会议修订）。

●《国务院办公厅转发教育部等部门〈关于进一步加快特殊教育事业发展的意见〉的通知》（国办发〔2009〕41 号）。

这些法律法规明确了中国残疾儿童教育的主要制度安排。在这些重大的全国性法律法规的指导下，各地陆续制定了自己的实施方法。中国逐渐形成了有自己特点的特殊教育制度，出现一套以随班就读为主体、特教学校为骨干、普通学校中的特教班为辅助的"三轨"办学格局。

（一） 残疾儿童教育的主要形式

残疾少年儿童教育是基础教育的重要组成部分。残疾少年儿童教育主要有三种形式：一是主要为盲聋哑等残疾少年儿童举办的特殊教育学校，这是新中国成立以后发展起来的；二是在普通学校办的特殊教育班；三是残疾少年儿童在普通学校的普通班随班就读。多年来，各地在努力办好各种专门的特殊教育学校的同时，积极推行在中小学附设特教班，实行残疾少年儿童随班就读，有力促进了义务教育阶段特殊教育的发展，在广大农村尤其是山区和边远贫困地区，方便了残疾少年儿童的入学。

概括起来，残疾儿童受教育的主要形式是在普通学校的普通班中随班就读，其次是在专门的特殊教育学校就读，最后是在普通学校等机构附设的特殊教育班就读。

根据 2006 年的调查，在普通教育学校接受教育的残疾儿童占 87%，在特殊教育学校接受义务教育的残疾儿童占 7.67%，在其他机构接受义务教育的残疾儿童占 5.42%（陈新民、陈雅安，2008）。在普通学校特教班和随班就读的残疾学生是义务教育阶段在校残疾学生的主体，随班就读是为残疾少年儿童普及义务教育的主要形式。这种对残疾少年儿童教育的"三轨"体制是符合中国国情的，效果是好的。

虽然我国目前的"三支柱"的残疾儿童教育制度为大量残疾儿童提供了宝贵的教育机会，但是，仍然有一部分残疾儿童被排斥在教育制度之外。随班就读的学生主要是盲、聋、轻度智障儿童少年，学校不收脑瘫、自闭症、中重度智障、重度肢残儿童少年，传统的特教学校也只招收盲、聋、轻度智障儿童少年。脑瘫、自闭症、中重度智障、重度肢残儿童少年基本就学无门。

（二）九年免费义务教育

中国与残疾儿童教育有关的制度包括两个方面：普通教育和特殊教育。普通教育是指所有儿童都可以享受的教育权利。在中国，最重要的是从2006年决定、2007年开始的九年免费义务教育。虽然国家从1986年开始实行义务教育制度，但是，直到2006年，才在《中华人民共和国义务教育法》中真正决定了义务教育由国家供给，免费提供给所有儿童。

从2006年开始，中国开始实行免费的义务教育。《中华人民共和国义务教育法》第二条规定：国家实行九年义务教育制度。义务教育是国家统一实施的、所有适龄儿童、少年必须接受的教育，是国家必须予以保障的公益性事业。实施义务教育，不收学费、杂费。

《中华人民共和国义务教育法》用法律形式确定了在中国逐渐形成的以随班就读为主体、特教学校为骨干的特殊教育制度；肯定了残疾儿童接受教育的权利。

在2008年和2009年发布的政策中，残疾儿童的教育问题被重申。这个既具有发展中国家特点，又体现包容性的教育方式，被重新强调。相关政策提出了提高适龄视力、听力、智力残疾儿童少年（以下简称三类残疾儿童少年）入学率；在发达地区，要基本达到当地普通儿童少年入学率水平的政策目标。

（三）随班就读

随班就读是指特殊儿童在普通教育机构中和普通儿童一起接受能满足他们特殊需要的教育形式。随班就读能够在教育经费较少的情况下极大地提高残疾儿童的入学率，满足很多残疾儿童就学的需要，符合中国的国情。中国残疾儿童入学率的提高，与随班就读政策的实施有密切关系。

华国栋的研究显示，残疾儿童随班就读这种形式在我国，特别是农村地区早就存在了。1995 年他在四川大巴山区调查时发现，有的农村小学，在 20 世纪 50 年代就接收了当地的残疾儿童随班就读。但是随班就读这种形式为我国政府所倡导是 20 世纪 80 年代后期的事。1988 年教育部根据我国特殊教育的发展方针和多年教育实践发展的经验提出，"坚持多种形式办学，逐步形成以一定数量的特殊教育学校为骨干，以大量的特殊班和随班就读为主体，进行残疾儿童少年教育的新格局"。随班就读投资少、见效快，有利于普及残疾儿童义务教育；随班就读方便残疾儿童就近入学，有利于残疾儿童和正常儿童"一体化"，实现教育融合，促进残疾儿童健康发展。1989 年国家教委委托北京、河北、江苏、黑龙江、山西、山东、辽宁和浙江等省（直辖市）分别进行视力残疾儿童和听力残疾儿童随班就读试验。1992 年国家教委又委托北京、江苏、黑龙江、湖北等省（直辖市）进行听力语言残疾儿童少年随班就读试验。自 1990 年起国家教委先后五次召开了全国或部分省市随班就读工作现场会、研讨会。1994 年国家教委在江苏省盐城市召开了全国儿童随班就读工作会议，总结了几年来全国残疾儿童随班就读工作的经验。国家教委于 1994 年 7 月印发了《关于开展残疾儿童随班就读工作的试行办法》，进一步推动了随班就读的发展。中国-联合国儿童基金会"有特殊教育需要的儿童的教育"项目以及金钥匙视障儿童随班就读工程等活动，也对随班就读工作的开展起到了积极的作用（华国栋，2003）。

随班就读的政策，并不是指所有的残疾儿童都可以进入普通学校接受教育。只有"具有接受普通教育能力的残疾适龄儿童少年"才可以进入普通学校随班就读，主要是指视力、听力、轻度智力残疾儿童少年。各地政府有具体规定。在这个制度体系中，一些重度智力残疾儿童、脑瘫儿童、自闭症儿童等，处于就学无门的状态。这是中国儿童福利制度的另外一个重要的制度缺口。

随班就读的目的，是使特殊儿童少年在最少限制的环境中接受教育，学习文化科学知识和基本的劳动技能，在德、智、体、美、劳诸方面得到发展，为今后他们能独立、平等地参与社会生活，成为社会主义事业的建设者和接班人打下基础。

随班就读对学校工作提出了新的要求：教师一方面要对随班就读的学生进行与普通教育基本要求一致的教育，另一方面又要针对特殊学生的特殊教育需要提供特别设计的教育方案和服务，以实现康复、补偿以及潜能和人格的充分发展。如果没有额外的资源，没有经过专门的特殊教育培训，教师就很难在其繁重的教育工作中，对随班就读的残疾儿童提供满足他们特殊需要的教育。在看到随班就读政策的积极作用的同时，对这一政策的局限性和需要改进的方面，我们应该有清醒的认识。

（四）实地调查发现：一个普通小学教师谈随班就读（安庆）

残疾儿童随班就读的经验，我们在下一章讨论。在这里，我们如实记录了一名普通的乡村女教师对残疾儿童随班就读的体会和建议。因为我们的调查员都是普通大学生，是本地的熟人，这名教师没有什么顾虑，可以真实地表达她的想法。访问记录表明，这位普通的乡村女教师对怎样开展残疾儿童的教育尚有一定的疑问，需要得到培训和支持。

访问员记录：

问：请谈谈您的基本情况？

答：我是一名普通的乡村女教师，已经有十年的教龄了，几乎每年都担任各个班的班主任，自 1998 年起成为学生们的老师。

问：学校里大概有多少名残疾学生？

答：我们每个班大概都有不同残疾类型和不同程度的残疾学生。

问：学生们在班级里的表现如何？

答：有的残疾学生很乖巧，很听话；有的残疾学生很调皮，极个别的还有暴力倾向，他们也许是不懂事吧。尤其是一些聋哑学生不知道怎么表情达意，在动作方面不知轻重，和其他学生在一起做游戏的时候，经常会干扰其他学生，所以一些非残疾学生就说残疾学生欺负他们，经常打他们。

问：残疾的孩子在班上的表现如何？和其他孩子相处情况如何？

答：有的残疾学生能够主动帮助其他同学，和其他同学相处得比较融洽。少数残疾学生表现得差一点，比如说喜欢拿一些同学的东西，或者看到一些同学的衣服比较漂亮，学习用具比较好看、比较新颖呀，他们经常就拿走啦，因为他们不懂得表达嘛，所以与班上非残疾学生相处得不是很好。

问：在教学和管理上，学校对残疾孩子和其他的孩子有什么不同？

答：在教学和管理方面，因为我们是普通学校，不是专门的特殊教育学校，所以对待残疾孩子和其他孩子基本没有什么不同，都是一样的。我们在教学上和管理上存在一定的困难。

问：残疾学生对您的班级和对您有什么影响？

答：这些残疾学生，有的在上表现很不错，有的在上课的时候喜欢干扰其他同学，所以对班级或多或少有些影响，对前后左右的同学在听课方面也有影响。

问：您和残疾孩子的家长多久联系一次？

答：我们是乡村学校，和残疾学生的家长联系不是很多。就拿我们班的一名学生来说，她是一位聋哑女学生，今年 10 岁，尽管年龄在班上偏大，但是她很听话和乖巧，只是在听课方面有些差异，因为她听不见，也不会表达。在学习方面就是简单的抄抄写写，但是其他的方面就不行了。我之前也多次和她的家长联系过，但是她的父母都在外面打工，她的爷爷带她。因为爷爷在家里还带了一个小孩子，所以和老师很少联系，老师联系他，请他过来，他也很少有时间过来。

问：您认为，目前的教育制度是否适合残疾孩子呢？如果不适合，您觉得可以在哪些地方进行改进？

答：我觉得目前的这个普通学校不适合这些残疾孩子，我建议还是把他们放在特殊教育学校，我也希望领导们在特殊教育方面多投入，使这些孩子受同样的教育，和正常的孩子一样成长。这也能为普通小学解决一些困难，当然对残疾孩子也会有更大的帮助（安庆、李香萍调查）。

上面小学教师的介绍，反映了两个方面的情况：第一，从学校方面看，虽然按照国家规定，接受了残疾儿童随班就读，但是，从设备、师资和教学安排方面来看，学校都没有为残疾儿童作出额外的安排。这些儿童的特殊需要，在随班就读的普通学校中，可能无法满足。第二，从残疾儿童社会参与的角度看，残疾儿童和非残疾儿童之间，还有一定的差距。需要大量的教育，才可以使正常儿童接受残疾儿童。教师提到残疾儿童拿别人的东西的现象，可能反映了两个方面的问题：首先，可能反映了社会对残疾儿童的一种歧视性的态度。发生了私拿物品的纠纷，首先怀疑残疾儿童是作案者（见下面家长访问对这个问题的讨论）。其次，也可能反映了残疾儿童社会化方面的问题（如对其他人的财产怎样对待的问题，认识不清）。无论哪个方面的问题，都需要学校在残疾儿童教育方面投入更多的资源。

（五）特殊教育

随班就读在一定程度上解决了盲、聋、轻度智障儿童少年的入学问题。但是，随班就读往往不能满足这些儿童的特殊教育需要，他们仍然需要特殊教育服务。传统的特教学校，如盲人学校或聋哑人学校，通过提供特殊类型的服务，满足他们的教育需要。

特殊教育机构和普通教育机构附设的特殊教育班，是有特殊需要的儿童，或者不能接受普通学校普通班随班就读教育的残疾儿童可以选择的接受教育的机构。但是，这些机构，更多地也是接受三类残疾儿童少年，而不是为脑瘫、自闭症、中重度智障、重度肢残儿童提供教育。

随班就读的对象不包括脑瘫、自闭症、中重度智障、重度肢残儿童，传统的特教学校也基本上不招这类儿童。脑瘫、自闭症、中重度智障、重度肢残儿童可以就学的机构非常有限，基本上可以说是就学无门。

公民社会和市场机构，已经开始为这些在公立机构中就学无门的孩子提供教育服务。有些非政府机构，就是残疾儿童家长在孩子求学无门的情况下自己创办的。但是，数量有限且面临很多困难，远远不能满足残疾儿童的需要。

三　特殊教育制度个案研究：高安

法律和制度规定只有执行了才能真正发挥作用。为了考察中国残疾儿童教育制度怎样在基层基础落实，本节对一个中度发展城市的残疾儿童教育状况进行了考察。本节的资料除了注明来源的以外，都来自实地调查和对残联与主管工作人员的访问。

（一）高安市特殊教育事业的发展

高安市位于江西省中部偏西北，属长江中下游平原，全市面积为 2439 平方公里，于 1993 年撤县设市，辖 2 个街道办事处、22 个乡镇（街道）、2 个垦殖场，总人口 83 万（其中农业人口 60 万）。2006 年全市地区生产总值达 57.4 亿元，财政收入达 4.12 亿元，农民人均纯收入达 3827 元（中共高安市委，2010）。

高安市负责残疾人工作的主要是市残联。高安市残联有就业服务所和办公室两个机构，一共有 10 个工作人员，三间办公室和一间会议室。残联中的工作人员基本上是非残疾人，大多是 30～50 岁，只有一位残疾人。高安市残联主要的经费来源是政府预算和残疾人就业保障金。

高安市特殊教育起步较晚，1988 年在城区三小开设了一个培智班，主要招收城区内智障残疾儿童。由于缺乏专业教师，班级招生时断时续，直至 2004 年高安市特殊教育学校的创办，才使该市的特殊教育有了真正的发展，使聋哑智障等残疾儿童少年可以接受满足他们特殊需要的教育服务（张国珍，2010，实地调查资料）。

（二）高安市的残疾儿童教育

根据 2006 年残疾人第二次抽样调查数据估算，高安市残疾人数大概是 5.4 万人。当地残联对残疾儿童的总数没有精确的了解。根据当地教育部门 2006 年的摸底调研，高安市共有学龄三类残疾儿童少年 533 人，其中智力残疾 348 人，听力残疾 115 人，视力残疾 70 人（见表 6-1）。

表 6-1　高安市 7～16 岁三类残疾儿童少年教育入学情况统计表

单位：人，%

残疾类型	适龄残疾儿童总数	随班就读			特教学校	合计人数	入学率
		小学	初中	合计			
智力残疾	348	250	36	286	9	295	85
听力残疾	115	40	4	44	39	83	72
视力残疾	70	56	10	66	—	66	94
合　计	533	346	50	396	48	444	83

资料来源：实地调查获得资料。

　　表 6 - 1 是 2006 年的学龄残疾儿童入学统计表。从表 6 - 1 中可以看出，2006 年高安市残疾儿童入学率达到 83%。在所有入学儿童中，随班就读的儿童占 89%，在特教学校就读的儿童占 11%。随班就读对残疾儿童入学率的贡献是 74%。因此，残疾儿童大多还是随班就读。根据调查者对高安市特殊教育学校的了解，特教学校一般还是以聋哑、盲人和弱智儿童为主。肢体残疾儿童一般为随班就读，而精神残疾的儿童大多没有接受相应教育的条件。

　　表 6 - 1 中的数据是 2006 年的数据，2007 年和 2008 年残疾儿童的入学率比 2006 年有所改善。表 6 - 1 只对智力残疾、听力残疾和视力残疾三种残疾类型的适龄儿童入学率进行了统计，根据这些数据和残联及教师平时工作的经验估计，2007 ~ 2009 年三类残疾儿童少年的入学率大概保持在 80% ~ 90%（张国珍，2010）。例如，当地残联 2008 年工作总结提出，全市残疾儿童入学率达 93%，其中在本地特殊教育学校或特教班就读的有 72 人，在外县特教学校就读的有 4 人，随班就读的有 350 人，有 5 名残疾学生进入高等院校学习（高安市残联，2008）。

　　以上数据只是轻度弱智、视力和言语残疾类残疾儿童的入学率。全体残疾儿童的入学率没有数据。

　　调查时，该市已经就残疾儿童教育问题提出了新的目标：第一，全市可以接受普通教育的残疾儿童入学率达到或接近与非残疾儿童少年同等的水平。第二，改造原有的特教班，创建高安市特殊教育学校。第三，力争全市残疾儿童少年入学率平均达到 85%，城区达 95% 以上，农村达 90% 以上，边远山区达 75% 以上。第四，提高办学质量和层次，结合残疾儿童少年特点，开展中短期培训，提高他们的综合素质（实地调查资料）。

（三）高安市政府针对残疾儿童的教育支持政策

　　除了随班就读和特殊教育学校，高安市政府对残疾儿童的主要教育支持政策是"两免一补"。对儿童康复医疗没有优惠的政策，有些特别困难的家庭有医疗救助。得到医疗救助的家庭不是因为家里有残疾儿童，而是因为这个家庭属于贫困家庭。

　　高安市没有专门的残疾儿童康复机构，只在高安市骨伤医院里设有一个公立康复机构，针对肢体和精神残疾的人。康复条件很简陋，有一些简单的器材，这些简单的器材是给肢体残疾人配备的单双杆，帮助其练习走路。没有肢体残疾儿童在那里进行康复，那里也没有专门的康复医生，但有个别精神残疾儿童在那里接受治疗。这些个别的精神残疾儿童主要是住在家里，只有在精神病发作的时候家长没办法了，才会把他们送到康复机构去让医生看看或者开一些药。真正得到康复机构服务的儿童是少之又少。

（四）公民社会组织对残疾儿童教育的支持

高安市比较小，经济也不发达，外来的慈善资助行为很少。本地的小企业常常对残疾儿童进行资助。比如，现代广告公司熊安总经理说要资助学生，残联帮助他联系了特殊教育学校的工作人员，随后熊先生就到学校去慰问了学生并捐赠了学习用品；"爱耳听力"公司的李志军经理说要捐赠助听器，残联帮助他联系了特殊学校的张校长，李经理为学校学生免费测试了听力，并捐赠了一些助听器；"风剪云"志愿者服务队到特殊教育学校为学生义务理发并捐赠学习用品；市消防队战士到学校为学生讲授安全与消防知识，并赠送学习用品。

2008年，残联组织的活动基本实现了残疾人"人人享有康复服务"的目标，建立了"政府-社会-家庭"三位一体的康复体系。少量儿童接受了相关服务，如完成聋儿语训4例（张国珍，2010）。

（五）高安市特殊教育学校

作为一个县级市，高安市拥有一所特殊教育学校。这是一所对特殊儿童、少年实施义务教育的公办学校，是该市残疾儿童教育事业的骨干和重要组成部分。

高安市特殊教育学校是一所集聋哑、智残于一体的公办学校，学校坐落在该市高荷路与高丰路接口南50米处，学校周围环境优美，景色宜人。学校占地面积近2000平方米，校舍建筑面积有1000多平方米，学校设施较为完善，内有学生宿舍、食堂、卫生间、浴室、律动室、微机室、多媒体室和学生娱乐室，为残疾儿童、少年的学习生活提供了优美的环境和较为先进的设备。学校有教师10名、学生48名，实行全封闭式管理，学生免费入学。

1. 宗旨

以"以人为本、补偿缺陷、学会生存、适应社会，回归主流"为办学宗旨，以"内强素质，外树形象，全面贯彻落实党的教育方针，培养残而不废的劳动者"为办学目标。该校狠抓教育教学、课堂常规管理及校园环境建设，始终将把学生培养成为自食其力的劳动者作为学校的奋斗目标。

建校几年来，学校各项管理制度逐步完善，教师爱岗敬业、爱生如子，在教书育人方面取得了很大成效，先后被授予市级综合先进和安全文明校园称号（校长访问，实地调查资料）。

政府对特殊教育学校的工作很支持，除了常规的财政拨款和支持，也有非常规的支持。例如，朝阳社区领导，主动上门为学生解决医保，送上了一份贴心的关怀；每年的"六一"国际儿童节与全国助残日等节日，相关领导都要到学校慰问师生，让残疾儿童充分享受到党的关怀与温暖；教育部特教处谢敬仁处长在市教育局万纤局长的陪同下来校指导工作；市领导郭安书记一行来校视察指导工作；省教育厅何处长一行到校指导工作等。在中国的政治语境中，这些视察和关注都对学校的发展起到了非常重要的作用。

2. 教师

学校有 10 名教师和 2 名生活老师。校长原来是普通学校的一名小学高级教师，一直以来对残疾儿童的教育比较关注。他对高安市残疾儿童的受教育情况做了一些实地调研并向上级领导反映，得到了政府的支持，政府决定建立这所特殊教育学校。这名高级教师成为该校的校长，专心进行残疾儿童教育事业。建校伊始，有 7 名老师和校长一起来到这所特殊教育学校。这些教师都是充满爱心、愿意从事残疾儿童教育工作并从普通学校调过来任教的。其后，学校逐渐招聘到有特殊教育背景的教师，如有一位是南昌特殊教育专业毕业的应届生，随后，她又介绍了另一名南昌特殊教育专业毕业的老师到这里工作。这两个专业老师在学校表现得都很优秀。这些特殊教育专业的老师使学校的教育更专业化，更有针对性。后来，学校又有幸招聘到南京师大特殊教育专业毕业的老师。

为了更好地了解和教育残疾的学生，在工作中，这 10 名教师互相学习交流。原来不从事特殊教育的教师，也在业余时间学习手语，加强特殊教育专业知识的训练。

这些教师当中本科学历教师1名，专科学历教师9名，本科在读2人。其中，有3个有特殊教育的背景，即南京师大和南昌的特殊教育专业。10名教师都是非残疾人。学校要求教师进入学校后通过后期培训都要学会手语，这主要是满足学校30多名聋哑学生的需要，因为给他们上课需要手语和口语相结合，平时与学生交流时也需要用手语。很多学生入学前不会手语，来学校之后都学习了手语。

因为学生住校，学校必须有教学老师和生活老师，各自分管不同的工作。教学老师主要负责上课，生活老师主要负责照料学生的生活起居。教学老师和生活老师轮流上班：教学老师上课，生活老师不上班；教学老师休息，生活老师就要上班。

3. 学生

学校里学生人数最多的时候有72人。一些学生经过一段时间的学习，沟通能力提高后，能够转入正常的学校随班就读，只要家长提出要求，学校就会帮助安排，让他们的孩子转入普通学校。

调查员调查时，在学校的学生是47人，其中聋哑儿童38人，智力残疾儿童9人，分为四个年级、五个班。智障班9个学生，一个班，其中6个女生，3个男生；聋哑班学生稍微多一点，38个聋哑学生分为四个班，其中有8个女生，30个男生。

这些学生80%以上来自农村，以农村户口为主。大多数学生的家庭都比较贫困。所以，学校的原则是只要家长送学生来学校，只要孩子的年龄和残疾的程度、类型在学校可承受的能力范围之内，学校都会接收。

根据规定，学校招收的是义务教育阶段的儿童，即6~16岁的儿童，不过也有特殊情况。有个聋哑学生20岁了，但是人很诚实，也很听话，非常想来学校就读，家长也强烈要求，考虑到这种情况，学校就破例招收了他。

对于聋哑残疾儿童，学校不会太多考虑他们的残疾程度，一般都会接收。但是对于智障儿童，学校在接收前要进行面试，由于现有的师资力量和其他条件的限制，学校只能接收轻度或中度智障的儿童。而肢体残疾儿童、视力残疾儿童和精神残疾儿童，学校暂时不考虑接收。毕竟学校刚刚成立不久，各项硬件、软件条件也跟不上。

学生来源地不一样。最近的学生家就住在学校旁边的那条街上，或者就住在学校斜对面，也有来自很远的地方的学生，最远的学生家离学校有几十里路。离家比较远的孩子都在学校寄宿，假期才能由父母接回家；两三个离家很近的学生，就是中午在学校吃顿午餐，每天走读。

4. 经费

学校经费来自财政专项预算，在学校成立之前经过争取列入了高安市的财政预算，每年学校能得到一笔固定的费用（校长不愿意说每年确定拨付多少费用）。学校是公办的学校，教师的工资和正常学校教师的工资差不多，来源也一样。

除了财政给学校的拨款之外，还有财政对学生生活支持的经费，这是通过其他两个途径支付的。第一，城市低保，到特殊教育学校学习的残疾儿童，不管来自农村还是城市，学校都给他们办理了城市低保。城市低保的补贴比农村相对高一点，这样低保补贴就可以作为学生的生活费。第二，教育局的"两免一补"待遇，即免学费和杂费，补贴住宿费。所有的学生都享有"两免一补"的优惠，住宿费按照初中生的寄宿标准，每个学生每年500元。所以来的学生不用交任何费用（访问中，校长觉得这些经费还很不够）。

5. 课程

学校根据国家特殊教育教学大纲，开设语文、数学、语训、电脑、美术、手工、思想品德等课程。

对残疾儿童的教育和普通学生不同。对于聋哑班的学生，学校上课的方式是手语与口语相结合。他们只是不会说话或者听不见，智力没有太大的问题，上课时手语和口语同时进行，虽然老师比较辛苦，但效果是好的；弱智班的学生就不一样了，他们接受知识的能力和反应能力与正常人不一样，教起来要非常慢且非常细心和耐心，效果还不明显。对于智障班的学生，学校的主要教学目的是让智障儿童学会生活自理，文化知识还在其次。

对于聋哑儿童，侧重文化知识的教育，所以学校也有期中考试和期末考试，对表现优秀的儿童，学校会发奖状作为奖励；对于智障儿童，以培养生活自理为主，也会象征性地对他们进行测试，但不会有什么要求，平时给他们讲授的课程比较容易，讲授的速度也比聋哑班的儿童要慢一些。

6. 管理

学校管理实行的是寄宿制，全封闭式管理。

学校采用寄宿制有一定的原因。考虑到残疾儿童的独立能力可能比较差，多数是农村的孩子，如果需要父母每天接送，很多孩子就无法上学了，也会给他们的生活带来很多不便。孩子寄宿在学校和老师、同学在一起，不需要父母怎么操心，在学校学到知识的同时还可以和同伴在一起交流，对家长和学生都好。一般节假日，比如元旦、"五一"、"十一"，孩子就可以放假回家了。

住宿方面，女生住楼上，男生住楼下，每天安排一位生活老师值班。生活老师白天不上班，晚上值班，还负责买菜、打饭、打扫校园卫生、督促学生的个人卫生。大多数学生可以自理，个别学生比较懒，老师要督促他们洗澡换衣服；对于小一点的学生，生活老师要帮他们洗澡、换衣服，晚上生活老师要起来查房。

实行全封闭式管理也是家长要求的。学校刚成立的时候，没有实行全封闭式管理，外面的人可以进来。那时学校发生过一次意外，外面的人进来把一名聋哑儿童拐走了，把老师和家长吓坏了，好在后来找到了这位聋哑儿童，也没发生什么意外。从那之后，家长就要求学校加强管理，不要让外面的人进去，学校就开始实行了全封闭式管理，老师进出随手锁门。

在校学生是 6~16 岁，大部分比较懂事。学校实行全封闭式管理，隔绝了来自外界的不利因素，管理起来比较容易。

不过，对于这种管理方式，调查者提出了疑问，这样会不会使学生与社会脱节，不容易融入社会？校长的回答是，学校考虑到这一点了。全封闭封闭的是外面不三不四的人，对于经过正常程序确认身份的人，学校欢迎他们来学校和儿童接触交流，也经常有省级领导和市级领导到学校考察。这些场合，学生都会参与到活动中。学校还邀请了本市最好的第一小学的学生到学校与残疾儿童进行联谊活动，两个学校的学生都很高兴，也学到了很多，有些学生通过这次联谊活动还交到了自己的朋友，第一小学的学生还给残疾学生捐赠了学习用品。

学校还安排学生和老师一起到超市购物，老师教学生在购物的时候如何快速找到自己要买的东西，如何看标价、付账等，这也是帮助学生融入社会的一种方式。特殊学校的残疾儿童有时走进社区，清理路面的碎石和学校周边社区的垃圾，这加强了学生的责任感，同时得到了社区居民的赞许，也为创建卫生城出了一份力。

7. 学生的未来

由于学校开办得比较晚，规模比较有限，只开设了一到四年级的课程，暂时没有参加毕业考试的问题。但是，随着学生的成长，一些学生很快会面临以后的发展问题，学校也在考虑这个问题。对于那些想学习、能学习的儿童，学校尽量给他们创造机会，或者把他们推荐给其他开设有初高中的邻市特殊教育学校；学校也正在向市里争取把学校规模扩大，办职业初中，让学生有一技之长，走上社会，自己养活自己。从根本上说，教育的目的是让残疾儿童最后能够融入社会、自食其力、独立生活。

对少数年龄大的学生，校方利用自己的社会关系，帮助曾经在校就读的三名学生找到了工作。

8. 经验和教训

高安市特殊教育起步较晚，虽然受到政府的重视，但在发展过程中还存在一些有待解决的问题，主要表现在以下一些方面（张国珍，2010）。

第一，生源问题。在学校创办之初，家长们对特殊教育学校不是很清楚，学校的招生规模也很小，学校的老师到各个街道、各个社区，甚至各个村庄进行宣传才有学生入校。入校初期很多家长还是不放心，经过一段时间的教育，家长普遍反映学生比以前懂事了，也礼貌、听话多了，他们对学校的教育越来越放心。

随着适龄儿童的减少，社会生活水平的不断提高，医疗技术的不断发展，聋哑儿童的人数呈下降趋势。随班就读形式的多样化以及特殊教育的义务教育不完善，导致留级、辍学的情况时有发生，有时在一年级招生时满堂，而到了高年级学生就寥寥无几。

第二，各方面对特殊教育的认识还不够。随班就读仍是残疾儿童接受教育的主要形式。特殊教育学校受到的重视不够。在发展特殊教育的过程中，还没有形成政府、学校、社会、家庭的合力。国家对特殊教育的投入不够，学校师资力量薄弱，教育质量有待提高。一些家长的观念意识未能转变，认为残疾儿童读书与不读书都一样，不愿让这些残障孩子上学。

第三，特殊教育发展存在困难。就高安市特殊教育学校来说，虽然是全市特殊教育的一个中心，但发展步伐不快，其硬件设施及规模建设还不能完全承担本市残疾儿童少年接受义务教育的需要，连完成小学六年级教育任务都有困难。

未来，在校的残疾儿童将逐渐长大，学校目前只有四个年级、五个班，不能满足这些学生进一步学习的需要。学校希望孩子们在这读完初小后能继续在校学习，学校可以对他们进行职业技术培训（如像其他地区的学校，举办盲人按摩班等），让他们能够走上社会、自食其力。这就需要相应的师资力量、配套设施和经费，学校正在争取。

第四，经费问题。经费问题直接影响特殊教育学校的办学水平。高安市没有建立特殊教育专项经费，因而学校经费无法保证，特别是教育附加费取消后，特殊教育学校的公用费非常少，学校的办学更加困难。一路走来，学校深深感到"乞讨"的日子不好过。随着学校招生规模的扩大，教师数量和经费方面存在困难。学校的建设面积和硬件有限，如果学生再增加，就容纳不下了。经费问题也直接影响着师资的培训和教学手段，缺少经费，学校就无法添置一些适用于聋生教学的必需设备。

（六）小结

本节对高安市的残疾儿童教育制度进行了分析。从本节的分析可以看出，高安市是中国残疾儿童教育制度的一个缩影。残疾儿童教育制度发展时间不长。制度的主体是残疾儿童随班就读，辅之以对部分残疾儿童的特殊教育。国家规定的三类残疾儿童少年，包括弱智、盲、聋哑儿童，接受教育的需要初步得到满足。但是，其他类型的残疾儿童的教育需要，尚未得到重视。

四　民间特教学校的个案研究：博爱特教学校

中国残疾儿童教育制度的主体是普通学校和公立特殊教育学校。上文已经进行了分析。在上文的分析中，没有涉及民办的特殊教育学校。由于家庭对特殊教育有强烈的需要，但国家的供给不能满足这些需要，因此，出现了很多民办的特殊教育学校。这些学校也是中国残疾儿童教育制度的一个重要组成部分，为残疾儿童提供了迫切需要的教育服务。但是，与公立特殊教育学校相比，这些学校的经费情况困窘多了。

下面，对访问中涉及的一个民办特殊教育学校——博爱聋儿语训学校，作简单的制度分析。

该校是某市唯一一所特教学校，建立于1998年。学校位于市区，建筑面积600多平方米，设有8间教室，并有会议室、情境教室、观察室及幼儿睡房、餐厅等。

师资力量

学校有六名教师：四名语言老师，两名生活老师。早在学校成立时就加入的张老师毕业于潍坊特教中专，现在29岁，从1998年学校成立一直工作到现在。她边工作边自学了大专课程，并获得了文凭。

学生

学校一般有30~40名学生，从学校成立至2009年共培养了200名学生。教学的目的是让学生步入课堂和步入社会。

调查时，学校有27名学生，以牡丹区为中心，向下面的县辐射。男女比例为1:10，其实连这个数都达不到。原因很简单，家长重男轻女，是男孩，借钱也来，是女孩，就不管了。

访问中看到，孩子们都是三五成群在一起。他们很少和正常孩子玩，因为他们和正常孩子很难交流。教师感觉到，残疾孩子多多少少都有微弱的自闭症，和他们交流起来特别困难。他们不愿意与人交流，但是这一点不能跟家长说，家长都不认可。

经费

学校主要依靠收费维持，没有政府补助。学校收入少，付出多，仅能维持教师的基本工资。校长必须和朋友干点别的工作去挣钱，以补贴学校的经费。当初是因为校长认识的一位特教老师提议创办这所学校，校长自己有点资金，就办起了这所学校。

从收费情况看，一般孩子每年学费 2000 多元，如果需要寄宿，则每月再加 30 元。对特困家庭会减免一部分生活费。学校不发放毕业证书。可以说，学校主要是一个康复机构。通常情况下，家长觉得孩子的说话能力提高了，就不上了。家长把孩子放到正常学校试一下，能跟得上，就去正常学校，跟不上再回来。

课程

学校的课程分为语言课和文化课，语言课包括律动（模范动作、口型，身体不动）、舌操（锻炼舌头的灵活性），文化课就是语文和数学。语言课的老师都是特教学校毕业的，大多是中专；文化课的老师是学校通过菏泽学院爱心社联系的在校大学生，学校给予他们一定的补助。这也是为了节约资金，学校资金有限，又想着给孩子们吃点好的，有营养的，就只能这样了。

学校分班主要根据孩子说话的程度，现在分 4 个班，每个班不超过 8 名学生。孩子们围坐在弧形桌前，保证每个孩子都能看到老师的嘴形。

学校和家长的交流

学校和家长每个月联系 2~3 次，由专门的老师来负责，也包括回访、档案管理等。家长们都很感激老师，因为很多孩子的确是在学校学会说话的。从这里出来的学生，主要有三个去向：一是继续正常的教育，截至目前只有一名女学生，主要是因为家里经济条件比较好，供得起。这个女学生现在还和学校有联系。二是辍学，这些基本上也都不再保持联系。三是继续学技术，以后干技术活。

政府支持

学校是 2004 年在残联支持下注册的民办学校。每年的残疾日、爱耳日，残联都会到学校慰问，给孩子们提供一些学习用品、食品，这都是残联出钱买的。冬天的时候，残联会提供 1000 元的燃煤补助。政府更关注政绩，对特殊学校这个方面不太关注。按理说，这些方面政府都应该扶持，但是有时候校长为了争取一点福利，得跑好几趟。

总而言之，这所民办特教学校的个案说明，民办特殊教育学校是家长和残疾儿童需要的学校。这里能给很多残疾儿童提供宝贵的教育机会。但是，没有政府的支持，这些学校的生存压力很大。

五　本章小结

本章从制度框架的角度考察了中国残疾儿童教育权利实现的状况，并对中国残疾儿童教育制度进行了宏观和微观的考察分析。本章的主要发现是：中国政府在残疾儿童教育权利的保护方面，作出了重要的努力，使残疾儿童接受教育的权利逐步实现。但是，从发展的角度看，中国残疾儿童教育制度还存在重大的缺口，需要进一步努力。

第一，中国残疾儿童教育制度目前覆盖的主要人群是三类残疾儿童少年，还有相当一部分残疾儿童没有被制度覆盖。这些儿童包括脑瘫、自闭症、中重度智障、重度肢残儿童。这些儿童目前的状况基本上属于就学无门，或者依靠家庭接受教育。而中国家庭有教育能力的非常少。

第二，大量的残疾儿童依靠"随班就读"的形式满足他们的教育需要。"随班就读"的政策，虽然保障了残疾儿童进入学校学习的权利，但是，"随班就读"与"精英教育""应试教育"之间的矛盾，不会立即消失。本次调查反映出这个方面的问题，越是好的学校（如城市的学校和"高考状元"多的学校），残疾儿童越不容易进入，进入之后，越容易受到伤害。因此，在"随班就读"的政策下，"随班就读"儿童的特殊需要是否得到了满足，还是一个问题。就调查结果看，残疾儿童进入普通学校，只是他们受教育权利满足的第一步。要真正实现残疾儿童受教育的权利，还有大量的工作要做。

第三，中国正在出现的残疾儿童教育制度，是以国家为主体的。但是，为了满足残疾儿童的特殊需要，特别是小群体残疾儿童的特殊需要，多元化的混合教育制度已经萌芽。怎样通过对混合教育制度的支持，对包括脑瘫、自闭症、中重度智障、重度肢残儿童等在内的儿童群体提供教育和康复服务，是一个值得探讨的新课题。

在附录中，有一篇关于优质特殊教育对一名儿童的积极影响的调查报告。这名儿童在随班就读时，曾经受到排斥，特殊的教育需要没有能够得到满足。后来由于偶然的机会，了解到政府提供的特殊教育机会。家长帮助她抓住了这个机会，使她受到了良好的教育。这名儿童的经历，也可以帮助我们反思中国针对残疾儿童教育的政策问题。

附录
优质教育对残疾儿童的积极影响

杨丽：不可遏制的生命之花（宋卫国）

此次调研地×县位于云南省中部偏西，是滇西交通的咽喉，通往滇西八地州的必经之地，大理白族自治州的东大门，距省会昆明市仅 282 公里。境内昆瑞高速公路、广大铁路、320 国道等 8 条重要通道在县城形成交会点，拟建的泛亚铁路在此接口。全县面积 2425 平方公里，其中坝区面积 332 平方公里，占 13.69%，是云南省四大平坝之一。现辖 8 镇 4 乡，2007 年年末总人口 456847 人，其中农业人口 420024 人，占总人口的 91.94%，农业户数 108386 户，主要有汉族、白族、彝族、傈僳族、苗族、回族等 6 个世居民族。2008 年全县实现生产总值 450029 万元，人均生产总值 9836 元，农民人均纯收入达 2909 元，在岗职工年人均工资 21558 元。

按照县残联的统计，×县 2006 年残疾人数量为 34048 人，约占当年总人口的 7.47%。2008 年，学龄残疾儿童合计 182 人，其中男生 101 人，女生 81 人；盲童 43 人，聋哑儿童 56 人，弱智儿童 83 人。未入学的学龄残疾儿童 26 人，都是农村户口，其中视力残疾 2 人，肢体残疾 5 人，智力残疾 8 人，精神残疾 2 人，多重残疾 9 人。在普通学校随班就读的有 119 人，其中男生 65 人，女生 54 人；盲童 38 人，聋哑儿童 11 人，弱智儿童 70 人。在特殊教育学校就读的另有 52 人，都是视力残疾或者语言残疾儿童。

在目前的残疾儿童教育体制下，有些残疾儿童可以得到优质的教育资源。本文介绍的残疾儿童杨丽，就是这样的一个典型。这名受到优质教育的残疾儿童，生命之花正在盛开，充满鲜艳的色彩。

现在：黄绿色

杨丽穿着黄绿色的短袄，她现在给人的感觉也正是一片金黄的阳光和一株苗壮成长的绿色生命。

杨丽，女，17 岁，彝族，残疾证认定为聋哑二级。研究员观察，其残疾表现为听力弱、口齿不清。"杨丽"不是正式的名字，而是小名。杨丽的家庭有五口人，除了她之外还有爸爸、妈妈、奶奶和比她小五岁的妹妹。不过，五口人是杨丽的父母说的，据研究员观察，杨丽的奶奶和爷爷目前还是单独立有门户（这有经济和喜好等方面的原因），两位老人以后的赡养，分别归杨丽家和杨丽大伯家。两位老人慈祥和蔼，对杨丽很好。

杨丽家年收入 5000 多元，这几年家庭经济在村里算中等。杨丽上学已得到优惠政策的支持，她身体也挺好，很少打针吃药。提起杨丽的开支，其父母说："比正常学生还要少。比如，杨丽大伯家的秀秀，尽管杨丽在城市上学，秀秀在镇上，开支还是比后者小。"因为这几年建新房子（大坝村位于格子河上游，当地人开玩笑说"天只有巴掌大"，建房子要建很高的挡墙，因此成本很高。调查员第二次造访杨丽家时，她们一家正在从山上背石头下来砌挡墙）而负担重些，目前新房子已经建得差不多了。新房子是一座中等土木结构瓦房，已贴了瓷砖，并装上铝合金窗户和红木门等，很新很漂亮。父亲性格平和，对两个女儿非常好，经常外出打工。母亲在家操持，每年种烤烟，外加养两头猪，卖一头，也能挣不少钱。以前母亲对杨丽不好，打骂有之，现在看着女儿的进步，也越来越开明了。妹妹在村小学上五年级，以前仗着妈妈的宠爱，对姐姐不好，现在姐妹俩关系越来越好了。每个寒暑假，两个女儿回来，父亲也都回家，一家人过着小富即安的生活。

杨丽 7 岁上学，在本村随班就读，到三年级时转到大理市的特殊教育学校（当时叫"聋哑学校"），在那里重新从一年级读起，现在还在那里读初一（现在叫"大理白族自治州特殊教育学校"）。学费和书本费等费用都是免费的，需自己支付的费用是伙食费、平时的零花钱以及每个假期往返的交通费。爸爸告诉调查员，杨丽刚刚去的一两年，甚至连家长的伙食，学校也管。此外，政府部门、县残联、大理市残联、自治州残联以及各种企业等组织会有一些定期或者不定期的帮扶活动，所有资助直接划给各学生，充当伙食费。这些费用很可观，所以还会出现家长在学生开学时交一笔伙食费，到学期末剩余的钱比开始交的钱还要多的情况。附表 6 - 1 是杨丽六年级的两份通知单上的账目：

附表 6 - 1　账目

单位：元

学期 \ 项目	上学期余	家长交	国家补助	共计收入	共计支出	收支两抵后余	下学期每月需交
上	424.7	400	750	1574.7	1204.91	369.79	200
下	369.79	300	980	1649.79	1091	558.79	100

　　班主任时老师告诉调查员，刚结束的学期（杨丽初一上学期），由于物价上涨，伙食费有所增加，低年级 250 元/月，高年级 270 元/月，而且还不够，不够的地方由学校补。上学期期末的通知单上，没有附表 6 - 1 的详细账目，只有下学期每月需要交的 250 元。总体来说，杨丽读书对其家庭，无论如何也说不上是负担了，其父母也认为如此。而妹妹也在免学费的义务教育阶段，因此，相对来说，家庭经济负担并不重。

　　见到现在的杨丽，很难将其与残疾联系起来，社会上由于长年累月的偏见和歧视形成的对残疾的认识（如长相丑陋、疾病、品行差、自卑、自我认识消极、性格过激，甚至反社会）在她身上根本看不出来。她美丽大方，高高的个子，身材很好，穿着非常合体的牛仔裤、米色打底衫以及黄绿色短袄（在农村显得相当洋气，后来我知道她在大理市读书已经有十三个学期了），白净的脸上微微有些红晕。她爱说爱笑，活泼开朗，总是带着善意的微笑，给调查员引路和让座的手势等体现出一种十分得体的礼貌、大方。与她交流又可以感受到她的热心，以及心态的平和安宁。谈到她未来的一些打算时，还可以体会到她的自信、乐观。总而言之，现在的杨丽，给人一种生命之花蓬勃怒放的感觉。

　　"活泼""开朗""好动""热心""优秀"等，是调查过程中调查员听到的出现频率最高的词。

一　活泼开朗，容易与人相处

　　活泼开朗、容易与人相处是杨丽的一大特点，也是调查员听过的最多的一个方面，而且不单单是现在，似乎她从小就如此。

杨丽在格子小学时的班主任严老师（现在的格子小学校长），时隔多年提起她来还印象深刻，说道："她这个人嘛，你刚刚和我电话预约我就想起来了……她这个人嘛，在学生当中还是算比较活泼的，虽然有些不遵守纪律，也就是比较好动，上课爱和同学讲话。"严老师继续说，当时班上像她这种情况的学生还有两个，"另外两个嘛，倒是不闹，纪律也好，就是整不克（学习差）。其中一个……读到三年级，穿着双胶鞋，连鞋子左穿着（穿反）都晓不得，就只晓得难穿（不舒服）……另一个唉，麦地冲（村名，同是普棚镇，离校远）的，说起来还是我家亲戚，家远，还在学校里煮饭吃，妈呀，黑脚黑手呢（感叹）"。杨丽就不同了，"她比较好动，随时要和同学闹着、说着。还比其他好多同学好动……和同学关系还是比较好的……虽然说不明，她还是爱说、爱交往"。调查员注意到了那位老师讲到杨丽时，虽然说到她不遵守纪律，但是明显透露出喜爱之情，相反，讲到另外两个残疾学生时，叹息一声又一声，尽管其中一名是自己家的亲戚。调查员希望了解更多的信息，不过反复听到的却是一个词——活泼，长达十四多分钟的访问，那位老师无论被问到什么，讲着讲着总是不由自主地回到这一个词上，看来对此印象确实深刻。

杨丽的父母反映，孩子活泼好动，容易与人相处。爸爸讲道："前几天早上还和×××（同村一个男孩子）比赛跑步到村公所（两公里左右）呢。"他又讲到女儿在上个学期的校运动会上获奖，得到40元钱。问到她有没有朋友时，她的父母异口同声地说有，而且很多。杨丽本人也说自己有很多朋友，很喜欢和他们在一起。问到杨丽喜不喜欢上学，其父母的反应是："当然喜欢。"妈妈告诉调查员，女儿放假回家，有时候会说家里不好，还是学校好。调查员发现，人都害怕孤独，喜欢融入群体，这一点在残疾孩子身上体现得似乎更加明显。在另一个案例中，一级智力残疾的红梅，一到人多的地方就高兴。只不过，很多残疾孩子由于自卑等心理，压抑了自己的这种需要，倒是活泼开朗的杨丽，尽管经历了很多困苦（下文作专门记），还是能很健康地融入群体。

调查员搜集到了杨丽最近三个学期的来自大理特教学校的通知单，班主任董老师在杨丽六年级上学期的评语中写道："……做事热情大方，在校运动会上积极参加个人和集体项目并且得奖，为班级获得了荣誉，并得到了校领导的认可……"董老师在杨丽六年级下学期的评语中写道："……团结同学……积极参加学校组织的各项活动。望加强学习，做一名优异的'三好'学生。"班主任时老师在杨丽初一上学期的评语中写道："乐观、自信，热爱29班、维护29班荣誉的你，是老师欣赏的你……"在电话访问中，董老师和时老师还都提到了她容易与同学相处，只是偶尔和同学有些小矛盾。董老师并且提到她比其他同学稍大一点，热心帮助小同学，但认为她"娃娃气重一点"。

好朋友秀秀与杨丽几乎同岁，比杨丽稍小几个月，是大伯家的小女儿，在格子小学上学期间，两人都是一起上学、一起回家。秀秀去年初三毕业，没有考上高中，在县城上职业高中。她告诉调查员，她和杨丽在家里经常一起玩，如一起打羽毛球，一起帮家里干活，一起到村子西头菜园找猪草。"我觉得她比较喜欢帮助人，善于与人交往，开朗……反正我就是觉得我们两个人比较好……我觉得她在我这些朋友之中还算比较知心的呢……比如说有些事情说给她听比较值得信任"，秀秀评价说。在学校时，两人通信很频繁，彼此很知心。征得她们两个人的同意之后，调查员收集了秀秀手头上的三封近期的信（其他信更多，在学校），以同样的方式，调查员从杨丽的父母那里得到一封女儿写回来的信。四封信的日期分别是2007年12月1日、2008年3月25日、2008年6月22日和2008年12月8日。杨丽在四封信中都表示了道歉，说自己学习比较忙，很久没有写信了。由此看来，杨丽爱说，爱表达，活泼的特点显露无遗。

在给父母的信中，杨丽写道："11月9日，学校开运动会，有广播操比赛，有拔河比赛。我们都输了，你们不要担心我，明年再来……"她告诉爸爸妈妈："我不和同学吵架，还常常帮助小同学。"当她嘱咐妹妹好好学习，好好与人相处时，她写道："遇到同学和我争吵，姐姐不和人家吵，姐姐说真的。"此外，在给好友秀秀的信中，杨丽除了学习，提得最多的就是自己参加了什么活动之类的，还有就是自己与人相处，也鼓励朋友这样做。杨丽活泼、开朗、好动和喜欢与人交往的个性十分鲜明。

二　积极进取，乐观向上

在调查中，杨丽的学习成绩几乎是有口皆碑的。刚上学时还不太好，严老师说杨丽由于听不清楚，学习成绩只能算中等，但也不太差。秀秀说道："（以前）她就是上课听不懂，写字倒是写得比较好呢，考试的话，也差不多，但是没有现在好。"当调查员问到杨丽现在的成绩时，父母很肯定地在"优异""一般"和"较差"中选了"优异"。爸爸说她前两个学期数学考得不好，爷爷不以为然，说也算第三名。在给爸爸妈妈的信中，杨丽写道："以前爸爸问我为什么我的数学退步了，我会记住爸爸的话，认真学习的。"杨丽自己告诉调查员，班级目前有 22 名学生，自己本学期考了第二名。董老师说她的成绩："可以呢，各方面都相当可以呢。学习嘛，前几名。"时老师说她"比较聪明，认真"。

以下是调查员收集到的三份通知单（按照杨丽在通知单上的标注，B－，B，A，A＋分别表示 80 分、85 分、90 分和 95 分）。

附表 6－2　考试成绩

科目	思政	语文	数学	语训	写字	自然	社会	理科	律动	体育	美工	劳动	劳技	音乐	微机
六年级上	95	99.5	80	—		87	76		B	A	A＋	—			B
六年级下	—	95.5	62	—		100	A		80	A	A	—			65
初一	95	81.5	95	—			95	83.5	B－		A				B

当然，单纯的考试并不能够完全涵盖一个人的成绩和进步。从对特教学校的电话访问得知，那是一所公立全日制寄宿制学校，目前主要招收聋哑和视力两类残疾学生，开设的很多科目也和普通学校一样（见附表 6－2）。不过，考试对这个学校来说远没有普通学校那么重要，小学只是参加学校的考试，初中参加中专升学考试。同时，学校开设了很多特色课程，偏重于动手能力，比如聋哑学生学习刺绣、种植茶花和理发等，盲生学习器乐、按摩等。在这样的环境之下，杨丽学到了很多普通学校学生学不到的手艺，绘画和十字绣是她擅长的。调查员第一次到她家时正赶上她在绣十字绣，调查员用相机记录下了她的一幅完成的作品和一幅未完成的作品。

杨丽在学校市郊有个姑姑（半小时车程），杨丽的姑姑告诉调查员自己算是杨丽在学校期间的主要监护人，杨丽周末经常去她家，短一点的假期，比如说"五一"和"十一"，都会去她家里。杨丽的姑姑在学期开始以及学期末也承担了很多接送杨丽的任务，此外就是代哥哥嫂嫂给杨丽开家长会。她说每次到学校都听到老师说杨丽很优秀，各方面都可以。

对于一个残疾孩子，他们要取得一点进步并不是容易的事情。相比已经取得的进步，杨丽对于进步的渴求更加让人赞叹。爸爸告诉调查员，杨丽一直闹着放假要自己回家，上个学期终于实现了。这一简单的信息促使调查员寻根究底。特教学校反映，为了安全起见，学校不允许学生随意外出，放假必须有人接送才行，以往有过学生外出被犯罪集团利用而误入歧途的教训。在收集到的信件中，调查员惊讶地发现，这么一件简单的事情，她竟然在信中提到那么多次！

在给秀秀的第一封信中，杨丽写道："请你帮我说话，我爸爸妈妈同意不同意，我自己回家。"第三封信中，杨丽写道："……盼望着能有完全属于自己的一天时间……"在给爸爸妈妈的信中，杨丽写道："过几天，学校放假了，1月4～6日左右放假，我想自己一个人回家行吗？"还有，在第二封写给秀秀的信中，杨丽谈到再过两年的假期，她不回家，要去参观剑川，憧憬着剑川会很美丽。经调查员计算：杨丽自己回家，路程96公里左右（县残联提供：特教学校到本县45公里，40分钟车程，14元车费；县城到镇上31公里，车费6元，时间40分钟；镇上到家20公里左右石头路，车费7元，时间40分钟），车费27元，时间两三个小时，并不算十分长的旅行，而对杨丽来说却是多么重大的事情，"完全属于自己的一天时间"，这是多么强烈的渴望，渴望独立，渴望进步。同样，剑川也是大理白族自治州的一个县，路程不算远，想去参观，对一般人来说，是可以立即办到的事情，为什么要那么早（两年前）就开始计划呢？还是这样一个结论：不在于进步有多大，这种强烈的对进步的渴望是值得肯定的。

杨丽不但自己努力，还经常鼓励自己的朋友进步。调查员收集到的杨丽写给秀秀的后两封信，正是秀秀中考前夕，杨丽表示全力支持对方。第二封信中写道："我支持你。你一定要好好努力学习，一定拿到第一……我考试数学62分，第六名，你不必为我担心，我和你一样好好学习，拿到第一名。"又写道："我希望你考上高中，你能行，你不要管家里的事情，你要专心学习。要自尊、自强、自独、自立，你一定可以考上高中。你不要管我的事情，我的事情我自己想到了。"结尾赠言，杨丽写了"一刻千金，莫负青春"以及"成功的奥秘在于坚持"这样两句话。第三封信（6 月 22 日）杨丽鼓励秀秀考高中，同时劝对方不要给自己回信，以免耽误考试。从这些语法牵强的字句中，我们看到了一个单纯的残疾女孩对进步的执著和对朋友的真诚。

三　一颗善良的心

问到杨丽的优点时，其父母都认为女儿很孝顺，虽然不大会说，但是什么都会做，帮父母洗衣服、做饭（做得还挺好）、端洗脚水。放假回家，家里的活她大多都参与。调查员第二次到她家时，亲眼见到她们两姐妹从山上往家里背石块砌挡墙。此外，杨丽十分体谅家里的不容易，很节俭，爸爸说，每次给她一百元，她总要余下一部分。体谅父母的不容易在她的信件中也有反映。杨丽写道："中秋节的晚上，老师给我们发月饼，还给每个同学发各种各样的水果。我们开联欢会，还吃月饼、水果。爸爸妈妈，你们过得好吗？"又写道："妈妈和妹妹，你们平时劳动很辛苦，请你们注意多休息、爱护身体。爸爸妈妈，我每一天都很想你们，昨天晚上我做了个梦，梦见和你们在一起，我想爸爸妈妈和妹妹看到我写的信，会很高兴。"还写道："爸爸妈妈，你们一定很辛苦吧……放假时，我帮助你们做家务好吗？"

姑姑说，杨丽很懂事，每次周末到姑姑家，姑姑让她闲着看看电视，她总是不依，总要跟姑姑去给奶牛割草。

在好友秀秀对杨丽的评价中，秀秀提到了杨丽喜欢帮助人、值得信任等。杨丽对朋友的态度从信中也体现出来，除了上面鼓励朋友好好学习之外，还有很多。第一封信中，杨丽告诉秀秀，明年回来要给她买漂亮的衣服。第二封信中，杨丽想把自己绣的十字绣当做礼物送给秀秀，还有照片。每一封信中，杨丽都提到自己很忙，忙的内容无非是学习、活动和帮助小同学。

总之，通过难得的教育经历以及自己的努力上进，现在的杨丽已经取得了超过父母期望的进步。当被问到最欣慰的一次经历时，父母告诉调查员："很多，孩子越来越懂事、越来越进步。"他们的欣慰感与日俱增。

过去：深蓝色

杨丽给了调查员一张自己以前的照片，母女三人站在老家的田埂上，那时杨丽刚刚到特教学校上学，还穿着深蓝色的校服，瘦瘦小小的……当时和之前她的处境正如深蓝色一般忧郁。

一　被耽误的早期治疗和康复

杨丽的致残原因不清。特殊教育学校给她做过一次医疗鉴定："重大刺激所致。"父母认为是后天残疾，尤其是母亲。母亲说杨丽大约四岁时和小伙伴打闹，头部受伤，留了好多血，因此残疾。但是，杨丽的姑父坚持认为是先天残疾。不过，可以肯定的是，发现女儿残疾之后，文化水平不高、当时经济又不宽裕的父母并未给予足够的重视，只是带杨丽去村卫生所简单地看过几次，到县城这样稍大一点的地方买过药。为此花过的钱，父母估计有一两百元。杨丽现在大了，父母讲道，她内心希望父母能够带她去些大一点的地方，把病治好。不过，父母对此方面的认识几乎一片空白，不知道如何做，而且家庭经济并未宽裕到如此地步。问到是否了解康复治疗，父母都茫然。应该说，杨丽的残疾程度并不重，虽然属于聋哑，但是既不完全聋，也不完全哑。如果发现初期就及时采取措施，也许能恢复过来。由于父母不重视，也不知如何治疗，更不知道如何获得减免医疗费用等帮助，因此，杨丽早期的康复治疗很可能就这样被耽误了。

二　儿时的艰苦生活

杨丽小时候的生活很苦。当时家里经济状况很不好，住在老房子里面，老房子本来就不大，还黑糊糊、烟熏火燎的，父亲兄弟俩和老人一分为三，使得空间更狭小了。杨丽家房屋狭窄，家具简陋。杨丽的姑父告诉调查员，那样的村子，坡度太陡，容易发生山体滑坡，受到姚安"1·15"地震（2000年1月15日）的波及，地面出现了裂缝，有滑坡的危险，但是房屋没有倒塌，也没有得到政府等机构的救助，村民不得已到村头另选址建新房子。家里物质资料很匮乏，养的猪总要卖出去，平时好几天才能吃一次肉。杨丽作为大女儿，什么都得干，姑父提起这些，仍然感叹不已，说每年七八月，杨丽几乎每天早上都上山捡蘑菇，挣些钱填补家里。

杨丽的母亲，在农村是干活的一把好手，能做很多事情，但也因此要求女儿也要像自己那么干。母亲又有点小气，太过节省，因此杨丽小时候，物质方面比较匮乏。母亲还有一点就是不太讲理，经常打骂杨丽。杨丽的残疾，更让母亲不悦。提起这些，连一向平和的爷爷奶奶也觉得气愤。父亲对杨丽很好，但是他性格平和，往往由着妻子，另外经常外出打工，在家时间短，不能总护着孩子，所以杨丽经常遭到母亲的打骂。

三　同学的排斥和歧视

杨丽在普通小学随班就读上了三年学，根据对杨丽的姑父、爷爷、奶奶和朋友的访问，调查员得知，在这三年中，她曾经受到过同伴群体的严重歧视和排斥。杨丽的姑父说，当时"她那些学生伴，进也哑巴，出也哑巴地叫她……她放学来我家，那些学生一路拦着不让走，说是不让哑巴和他们走同一条路"。为此，姑父到不少人家里和打人的孩子的家长理论，还和不少人闹僵过。受到同学的歧视、侮辱，好强的杨丽心里肯定是很痛苦的。杨丽的爸爸反映，有一次下课之后，一个男孩又叫杨丽哑巴之类的蔑视性称号，还偷偷地打了她一下就跑，杨丽冲上去回打，那男孩跑出教室，关上了门，对着玻璃窗任意侮辱她，小杨丽忍不住了，提起凳子就往玻璃窗上砸。老师找了家长，爸爸因此赔了钱。秀秀说，当时班上的学生什么侮辱性的称呼都往杨丽身上加，杨丽本身也好强，经常和他们吵，又说不出来，于是经常打架。据说好强的小杨丽当时虽然瘦小，但是能打过很多人，包括很多男生。甚至听一些同校学生说，杨丽当时打架在班上仅次于一个男生，排行第二。那个打架最厉害的男孩还是杨丽家的亲戚，经常打她，妈妈为此撕破脸皮地去男孩家里理论过。有一次，那个男孩偷偷把杨丽的雨伞弄坏了，然后说是另一个男孩弄坏的，杨丽误打了那个男孩，那个男孩的家长于是就到杨丽家闹，说杨丽打伤了他们儿子的耳朵，要求赔医药费。为这些事情，杨丽得不到家里人的理解和支持，经常被训斥，有时甚至被母亲打。

四　特殊教育学校

到特教学校上学对杨丽来说是一个重要的转折。一是尽管她读到三年级，但到特教学校之后又重新从一年级念起；二是她残疾的程度比其他同学轻一些。因此，她的学习从一开始就比较好，而且同属于残疾儿童群体，相处不太难，不再有那么多歧视、争吵，杨丽各方面的发展都找到了合适的空间。谈到教育对杨丽的改变，其父母和爷爷奶奶都深信不疑，并且感叹不已。然而，杨丽到特教学校这件事情本身还是一个偶然事件。

杨丽的姑父告诉调查员，当时他给村里一个人做媒找对象，因为此人已经年过四十，只好找了个不会说话的姑娘，是邻近村的。他偶然得知那个姑娘刚办过残疾证，说有那个证，可以享受很多优惠政策。他想起了自己小舅子家的杨丽，于是顺便了解了一些残疾儿童教育方面的政策。他当时是村委会第一任委员，于是让村委会将杨丽的情况报知民政部门，此后，县民政部门的人到了杨丽家，了解了杨丽的情况，直接送她到了特教学校读书。

刚到特教学校的杨丽，瘦瘦小小的，穿着深蓝色的校服，眼神之中充满了迷茫。她当时以及之前的处境也正如这忧郁的蓝色一般。由于家远，到了学期末父母要接她回家时，家里人往往最后赶到，热热闹闹的特教学校只剩下瘦小的杨丽拎着包站在校门内张望，门卫陪着她……姑姑反映，杨丽当时初到城市，什么都不会做，吃了不少苦。

将来：橙红色

杨丽当然也有自己的理想。爸爸妈妈告诉调查员，杨丽以前闹着初中毕业之后要到昆明去上特殊高中，这些打算，已经超出了几乎没有文化的父母的想象。不过，爸爸很肯定地说："只要她读得上，我们就供。"现在，班主任老师建议杨丽两年后可以留下来读高中，因为大理的特校正在准备两三年之后办高中（在对特教学校的电话访问中证实了这一点），杨丽也希望能留下来。对于更远的打算，杨丽常常和家人讲，自己以后不会留在家里，要让妹妹留在家里（招家），自己去外面闯荡。杨丽还说不会住家里的新房子，要到外面住商品房。不过，对于残疾孩子，她们毕业之后能干什么呢？特教学校反映，学校给毕业学生颁发毕业证，每一届学习好的学生总能找到工作，因为在教学中老师比较注重培养学生动手的能力，这一项工作做得还是比较好的。如果确实如此，各方面都算优秀的杨丽，毕业之后应该能够顺利找个工作。此外，调查员考虑到一个问题：当地男女比例失调，女孩子都往城里嫁，农村男青年结婚越来越难，很多人才和家境都好的男青年却找不到对象，像杨丽这样有文化，还心灵手巧的女孩子，尽管有轻微残疾，也不影响她整体的形象。确实，当地所有认识她的人都那么想。亲戚们私下里甚至认为，尽管有轻微残疾，各方面都优秀的杨丽还是比她普普通通的妹妹要有过之而无不及。杨丽告诉过调查员她的一些具体的打算，说班上有一位好朋友以后想去上海，会带着她一块去那里打工。被问到关于那位朋友的详细情况时，杨丽害羞地回避了。调查员记得之前看过杨丽班级的照片，她对其中一个男孩很热心，给调查员介绍他的情况，说他是班上学习最好的。调查员据当时的情形推断，杨丽提到的那个朋友与照片上的男孩很可能是一个人，而且杨丽可能在和他谈恋爱。

可以看出，杨丽对自己毕业之后的打算，仍然是模糊不定的。她并不能确定自己能找到什么样的工作，只是凭着一贯的冲劲认为自己不会再回到农村，会生活得很好。从上文杨丽的账目表中，我们可以看到，国家和社会各界对这些受教育的残疾儿童的帮扶力度很大。仅六年级两个学期，杨丽得到帮助的资金平均下来就超过了家长交的一倍多。但是，所谓"授人以鱼，不如授人以渔"，国家和社会各界还需要采取措施，为这些受教育的残疾儿童毕业之后的工作提供支持。杨丽这种受过系统教育，又比较优秀的残疾儿童，已经具备了独立生活和做一些工作的能力，只要适合他们的工作岗位不因其残疾而排斥他们，他们是可以胜任的。

谈到最需要得到什么帮助时，杨丽的爸爸和姑父都说家庭经济并不困难，希望国家以后能为这些残疾儿童安排工作。

虽然对以后工作的详细打算超出了杨丽目前的想象，但是我们看到她在踏踏实实地争取一点点进步，包括上学期期末她成功地一个人回了家和计划两年之后去剑川旅行。在给爸爸妈妈的信（2008年12月8日）中，杨丽还谈道："等1月1日，我申请加入共青团组织。"现在她也梦想成真了。此外，杨丽一贯地对他人，对自己所生活的环境持善意的看法。她总说老师对她很好，同学对她也很好，爸爸、妈妈、爷爷、奶奶等都对她好，调查中没听见她说过谁对她不好，没听见她抱怨什么。

杨丽对社会歧视持有一种宽容的态度。她在给秀秀的信中，常常提到"自己一直生活在歧视之中"，并提到当人家和自己吵架时，自己不会和他们吵。可以推断，虽然受到了好的教育，杨丽还是能明显感觉到自己和正常人不一样，明显感觉到别人的异样眼光，但是她已经变得宽容、平和多了。她采用不争吵的方式，而且评价别人总是说好，不再像在格子小学上学时那样，说不过就打。而她争强好胜的一面，也找到了正常的使用途径：学习和帮助其他同学。在给秀秀的第二封信中，杨丽鼓励好友努力学习，争取取得好成绩，以后成为对社会有用的一员，这也写出了自己的内心理想。

启发

就目前的情况看，笔者认为杨丽的教育是比较成功的，尽管存在众多不确定的因素，其发展的趋势也是良好的，希望她以后越来越好。就杨丽的经验看，很明显的有两点。

第一，残疾儿童总会由于自己与正常人的不同而背负或多或少的压力，没有一个社会是完全没有歧视的。由于歧视，很多残疾儿童会形成对自己的消极认识，会自卑，并逐步丧失进取的兴趣和希望。同时，歧视的压力使得残疾儿童很难与人沟通、性格孤僻、仇视他人甚至社会，进一步限制了残疾儿童的发展。杨丽能够顶住压力，比如尽管说不清楚话，还是爱说；尽管别人歧视自己，还是爱和人交往。她对自己没有形成消极认识，同时她活泼好动，能很好地与人相处并融入群体。这是她成功的内因。

第二，杨丽是因为偶然的机会进入特教学校从而找到发展的空间的。这是她成功的外因。相反，调查员发现很多残疾儿童在康复以及受教育阶段，由于家长的文化水平低，以及残疾儿童教育制度本身的不完善，无法得到合适的帮助，也就是说无法得到这样的外因。

综合两个原因，很多残疾儿童，尤其是大多数农村残疾儿童，不具备上述的内因，也没有康复和教育这样的外因，因此他们的发展和前途都令人担忧。

第七章　特殊教育与儿童发展

上一章，我们对中国残疾儿童教育制度做了考察，对这个制度的主要贡献和存在的问题做了简单的说明。这一章，我们将从残疾儿童和家庭的角度，对中国残疾儿童教育制度进行考察，并试图发现需要改进的方面。

一　前言：残疾儿童接受教育的四种主要障碍

虽然政府在残疾儿童教育政策的改善方面，已经做了大量的工作，并且正在进行更多的努力。但对残疾儿童及其家庭来说，儿童的教育需要是否得到了满足，他们面对的教育困境是什么，在获得教育服务的过程中，他们遇到的主要障碍是什么，中国的主流社会尚不得而知。在我们的研究中，我们对45个残疾儿童家庭进行了深入的访问，了解了他们和残疾儿童的教育需要，以及在获得教育服务的过程中遇到的障碍。

我们发现，残疾儿童家庭在获取教育服务的过程中，遇到的障碍很多，概括起来，可以列为下述四种障碍：信息和技术障碍、制度障碍、社会障碍和经济障碍。

上文对残疾儿童教育制度的分析表明，中国残疾儿童教育制度目前覆盖的主要人群是三类残疾儿童少年，即盲童、聋哑儿童和中度或轻度智力残疾儿童。国家对这三类残疾儿童的教育服务事业，投入得比较多，制度问题解决得比较好。但是，其他一些类型的残疾儿童，没有被制度覆盖。这些儿童包括脑瘫、自闭症、中重度智障、重度肢残儿童。这些儿童基本上就学无门，或者依靠家庭接受教育。因此，不同类型的残疾儿童家庭，经验各不相同，在残疾儿童教育方面经历的障碍也各不相同。有的家庭，因为儿童得到了很好的教育服务，发展顺利，对前途充满信心；有的家庭，由于儿童在教育方面受到很大挫折，仍然在艰苦的生活中挣扎。进一步改进对残疾儿童的教育服务，需要政府调整政策，实施更多的投入以及更多元化和专业化的供给。

二 信息和技术因素对残疾儿童教育权利的影响

残疾儿童有特殊的教育需要，因此需要特殊的教育服务供给。为了获得这些服务，技术因素非常重要。技术因素指残疾儿童需要的教育服务是否存在，是否可以被残疾儿童家庭获得等。这包括几个方面：第一，是否有适当的服务提供给残疾儿童家庭；第二，残疾儿童家庭在技术上是否可以使用这些服务；第三，残疾儿童家庭是否有经济能力可以使用这些服务。在英文中，以上三项被称为可得性（avaliability）、可及性（accessbility）和可负担性（Affordability）三个方面。对残疾儿童获得适当的教育服务来说，这几个方面缺一不可。

因此，对残疾儿童获得适当教育服务有重要影响的信息因素，也包括这些方面的信息。主要有三个方面：第一，可得性信息。根据每名残疾儿童的特殊情况，哪些服务最适合儿童的发展。第二，可及性信息。政府和社会是否提供此类教育服务，在哪里提供？第三，可负担性信息。为了获得此类服务，需要支付什么成本，以及获得什么样的教育福利信息（在家庭无力支付服务使用价格时，有哪些政府和非政府的福利项目可以提供帮助）。当家庭无力负担相关服务的成本时，教育福利信息就成为决定性的可负担性信息，对残疾儿童获得此类服务有决定性影响。技术障碍指由于可获得性和可及性因素，残疾儿童不能获得需要的服务。信息障碍指由于不能获得上述三类信息，儿童没有能够得到适当的教育服务。

（一）信息因素造成的障碍：残疾儿童家庭怎样选择适当的教育服务

调查中我们发现，各个家庭获得残疾儿童教育信息的能力，差距非常大。很多家庭，特别是农村家庭，获得信息的能力非常有限，或者不能及时得到与儿童有关的教育信息。由于儿童处于成长阶段，如果不能及时为儿童提供所需要的教育服务，可能会影响儿童的一生。

一位访谈员描述了两个听力语言障碍的儿童由于家庭在康复信息获取的时间点上存在差别，而导致的残疾儿童在发展上的差异。

> 小馨住在县城里，信息相对发达，所以接受语训培训的时间较早。由于较早地接受了语训教学，她可以顺利地和同学交流，所以能够进入正常的公立小学和正常的学生一起上课听讲。而小保住在农村，信息相对闭塞，所以当父母了解到语训培训这件事时小保已经八岁了，这时候小保已经过了最佳的学习说话阶段。所以小保在学习一段时间后，他去了安阳市一所专门的聋哑学校，在这里，以前学过的学习说话的基础知识都逐渐地废弃，在这里主要是用手比划，真正会说话的人很少，没有说话的语言环境，小保练习的机会减少，现在只能说一些简短的词语，而不是长句子。

以康复为例，仅是获取信息不够及时就能影响残疾儿童的功能恢复，更不用提，在案例中，还有一些家长完全没有机会获取到有关的信息。比如，他们根本就不知道康复是什么，不知道孩子有康复的需要，并能够通过康复改善残疾程度，当然就更不知道如何进行康复了。

信息障碍还体现在残疾服务方面。上文提到很多家长认为自己的孩子行动存在障碍，便认为没有学校适合他们，也就放弃了对儿童的教育。一般来说，主体的行动策略选择通常是基于他们的认知水平作出的。在残疾儿童家长的认知中，缺乏相应的信息，是他们忽视残疾儿童教育需求的主要原因。当然，也存在当地确实没有相关机构能够为这样的孩子提供教育的可能性，但是信息的障碍是导致家长忽视残疾儿童教育的最根本原因。

福利信息的障碍对残疾儿童获得教育服务也有重要的影响，特别是贫困家庭的残疾儿童。在目前的政策背景下，残疾儿童如需获得来自政府的正式福利待遇，需要在程序上经历两个步骤：首先需要证明有领取福利的资格，其次需要去有关机构进行申请。这两个步骤都是以知晓为前提的，因此，对那些无法获取相关信息的家庭来说，自然不可能得到享有福利的机会。而若想获得一些来自社会或政府的临时性的福利救助，就更依赖家庭获取信息的能力了。"前两天看《牡丹晚报》（当地报纸），看到有个'启聪计划'，发放一批助听器，我们也申请了，暂时不知道有没有结果"；"家长偶然看见一家大型报社刊登广告，当地将免费为耳聋的残疾儿童提供手术治疗。家长曾把这个视作为自己孩子改变命运的希望。但是这个让人充满期待和幻想的手术并没有进行，因为人家说要优先满足大城市的残疾儿童"。不管最后的结果如何，相比之下，那些无法得到这类信息的家庭就完全没有获得救助的希望。

所以，一个调查员（张敏）这样分析信息获取能力对残疾儿童获得教育服务及残疾儿童的发展的重要性：

农村家庭在信息的获取能力上要低于城市家庭。他们不知道如何解决孩子的问题，他们不知道如何改变孩子的命运。如果这两个孩子在同样的环境下成长，在同样很早的情况下被送入语训学校，二者的命运就不会产生如此的不同。传播学的"知沟理论"是关于大众传播活动带来的社会分化后果的一种理论假说，该假说的基本观点是：在现代信息社会里，"由于社会经济地位高者通常能比社会经济地位低者更快更有效地获得和利用信息，因而，大众传播媒介传送的信息越多，这两者之间的信息格差和知识格差也就越有扩大的趋势"（塞弗林、坦卡德，2006）。也就是说，现存的贫富分化的经济结构决定了信息社会中必然存在两种人，一种是信息富有阶层，另一种是信息贫困阶层。由于经济贫困者在已有知识的存储量上，在获得最新传播技术等方面处于明显劣势，随着时间的推移，他们与富有者之间的信息格差必然越来越大，而信息格差必然会变成知识格差。知识格差最初表现为学龄前教育程度的差异，进而表现为在校学习成绩的差异和高等教育升学率上的差异，最终会表现为职业、收入和社会地位上的差异。小保和小馨的家庭都不是很富裕，但相比来看，小馨的家庭要比小保的家庭有很大的优越性。在博爱语训学校，负责人告诉笔者，一般大城市的聋哑儿童接受这个培训的时间较早，而且效果好。可见，家长在信息获取方面的能力的差异影响着孩子的成长。

将知沟理论推及残疾儿童权利保障问题上，可以得到这样的结论：残疾儿童家庭由于家庭经济地位、政策制度设计或者个人的因素导致了他们在残疾儿童教育需求、服务可得性、服务可及性和获取社会及政府提供的教育救助信息方面存在获得障碍，进而导致了残疾儿童在获得教育服务上的差异。

（二）可得性和可及性障碍：缺少能接收重度残疾儿童的教育机构

除去两位学龄前儿童，有 14 位受访儿童没有接受过教育。当被问到无法入学的原因时，我们得到了各种各样的答案，如"孩子 8 岁，存在严重的语言沟通障碍，只会说妈妈、再见之类的最简单的话，更别说表达自己的感情和想法了，可以说没有受教育的条件，实在是比较难沟通"；"孩子生活都无法自理，更别说上学了"；"现在没有上学，是因为孩子四肢无力，生活不能自理，在学校没有人照顾"；"该上小学时，校长说因为不能说话，会影响教学成果，不赞成孩子来上正规小学，建议去特校学习。特校离家远而且学费比较高，经济条件不好，最终放弃了"；"这样的孩子怎么可以上学呢，这样的脑子。这边也没有这样的学校，我也没有听说过，我们有个大人供他一辈子是定了的。一般的学校也不会收他，他傻得太厉害了，自己吃都不行，要我们的帮助"。看上去这些似乎都是由于自身残疾程度严重而无法入学，而实际上，真正的原因是缺少能接收这样孩子的教育机构。任何一个孩子都有受教育的权利，重度残疾的儿童也不例外，他们所需要的只是额外的照料服务而已。

（三）技术障碍

随班就读条件下特殊教育条件的缺失是技术障碍的一个重要部分。首先反映在普通学校往往不能为残疾儿童提供所需要的特殊服务。

其次，技术障碍反映在特教学校的教学条件和专业化程度不足。

在特教班，小星的残疾程度也是比较严重的，尤其是他的视力不好，老师说他的进步程度不大，但也只有让他跟班升级。小星去特教班时已经很大了，但由于没有基础，必须从一年级学起，现在他读三年级，但也 15 岁了。特教班的老师说他们这里的孩子若年龄太大，比如满 18 岁了，由于管理不便，即使他们没有读完九年级，学校也不让他

们继续上学了。以小星的残疾程度，他可能最多上到六年级就无法继续上学了。（调查员：卢纬静）

现在是来了（孩子）就收，（班里）孩子们的水平差距太大。一堂课上，能力较强的孩子早就听懂了，坐在那儿没事干，而其他孩子仍要我们费尽心思比画半天，有些孩子始终不知道我们在讲什么。明年学校可能会实行入学考试，这样会好一点。（调查员：杨贞桢）

因此可以看出，特教学校受本身的硬件条件、教师资源以及教学设置方面的制约。另外，笔者发现，在接受调查的孩子中，进入私立特教学校和进入公立特教学校的几乎各自参半。可以理解，很多没有建立公立特教学校的地方，因为有市场需求，私立特教学校应运而生。然而，缺少了公共财政的支持和政府部门的监管，私立学校的办学环境和教师资源会不可避免地受到一定的影响，教学质量也就不免让人质疑。

中心至今还没有一个稳定的场地，采访的时候，中心负责人王老师很沮丧，因为他们的新校舍还没有盖好，学生们暂时不能开学，要到3月初才能开始新的学期。之前他们一直在使用教育局免费提供的一处房子，现在已经不能再在那里办下去了。因为那处房子位于家属院内，那里住的都是老干部，什么老校长啊，书记啊。因为特殊学校的性质，他们的活动影响到了居民的日常生活，所以居民坚决反对他们再在那里办下去，没办法，他们只能另谋他处，现在教育局又在帮他们联系搭建临时场地，所以开学要推后。（调查员：林郁涛）

然而，公立特教学校也有自己的问题。一所公立特教学校的校长谈道："对残疾人教学，全国全省没有统一的标准；对孩子的培养应该达到何种程度；对教师的考核等，缺乏一个适合的标准，各个学校只是按照自己的想法去做。"从对另外两个校长的访谈中，也可以证实："（毕业）考核是学校自己出题……学校认为学生水平合格后就上报教育部门，教育部门会直接审批毕业证书……老师自行出题，一般情况下学生能认字、能自理了就可以毕业，就可以办理小学毕业证书了。"

由此可以看出，我国各地特殊教育发展不平衡，基本还处于各自为政的状态，没有形成规范化、系统化的特殊教育课程体系。此外，特殊教育人才还很缺乏，"（学校）面向社会招募（老师），但是很少有人应聘"；"学校负担不起请专门的语训教师为这些孩子提供专门的教育，（招聘时只要求）学历是幼师毕业（就可以）"。

残疾人的特殊教育还面临其他问题。例如，很多地方没有残疾人高中，全国只有少数地方有残疾人大学。一位特教学校校长建议："一个市如果只搞一所残疾人高中显然不行，因为残疾人数量太少，难以开办，所以可以考虑在全省建一所或者在全省几个地区各建一所残疾人高中，以解决残疾人的升学问题。"

当然，残疾儿童教育机构的数量不足、管理缺失和专业化程度不够，既是技术问题，也是制度问题。

三 制度障碍：被排斥的儿童

在中国，从正式的制度上看，三类残疾儿童少年不应受歧视，并有权利在公立学校学习。学校不允许拒绝接受户口在当地的残疾儿童入学。国家还通过免除杂费、课本费和给予生活补贴等方法给残疾儿童提供一定的优惠政策。

在我们调查的 45 例残疾儿童（青年）中，29 例正在接受教育，加上上过学又因某种原因退学的 3 人，受教育比例达到了 71% 之多。但是仔细分析他们的教育情况，笔者认为结果不容乐观。其中，制度障碍是残疾儿童不能得到所需要的教育服务的重要因素。

制度障碍包括两个方面，第一个方面，现行的教育制度覆盖面不完整，随班就读只覆盖国家规定的三类残疾儿童少年，其他类型的残疾儿童求学无门。这一点我们在第六章中分析过。制度障碍的另外一个方面，是合乎条件的残疾儿童在求学过程中受到教育歧视，被排除在外。

在我们的调研对象中，有 14 名孩子有被学校拒绝接收的经历。在 13 个曾经在普通学校随班就读的孩子中，11 人遭遇过教育歧视。主要的表现是被拒绝入学；学校要求家长签署保证书，保证儿童在校期间发生的任何问题，校方不负责任；不允许他们参加考试和一些学校活动等。

未能接受任何教育的儿童：娟娟的个案及其他

在被拒绝的儿童中，娟娟的情况具有代表性。娟娟的父母在外地打工。到孩子7岁该上小学的时候，娟娟的奶奶带她申请入学，学校校长说娟娟是残疾儿童，进入正规小学会影响老师的教学成果，建议奶奶带娟娟去听语残疾的特殊学校。奶奶年事已高，只有无奈地带着娟娟回家了。因为听语残疾特殊学校离家比较远，学费也比较高，由于经济条件差等种种原因，奶奶没有送娟娟去那里，娟娟也没能进入当地的正规小学学习。娟娟的教育就这样被耽误了，娟娟一直在家里没有接受过教育。

正式的制度允许残疾儿童入学，但是学校负责人却变相劝退残疾儿童入学；娟娟是残疾儿童，但是却没有享受到任何残疾儿童应该享有的帮扶政策和优惠。迄今为止，娟娟都在家里没有接受过任何教育，这将对她以后的人生发展产生极大的消极影响。

调查员记录：娟娟被当地正规小学排斥，也由于经济条件差等种种原因没有去听语残疾的特殊学校，她的教育就此被耽误了。娟娟也失去了学习的兴趣和追求知识的动力。没有上学，没有同学，娟娟没有朋友，每天闭塞在爷爷奶奶的小世界里。娟娟不能说话，无法和任何人交流，又因为没有上学，不识字，也无法通过写作与人交流和交换意见。她只能一直"沉默"，没有人知道她在想些什么，也无法通过交流来开导她。这对她的一生都会造成很大的影响。她以后应该如何与人交流……想到她的未来我就很担忧。

其他被拒绝的残疾儿童情况类似。下面是家长们的经验：

"小学报到时，体质弱而且口齿不清，校长不愿意收"；"上了一学期，后来就没去了。因为上的是正常学校，残疾孩子本身不方便，不能走路，其他孩子很少和他玩，老师也疏于照顾他"；"母亲四处找学校，但学校提出条件说，要不就整天有人伺候着，要不就不能接受，否则出了什么事故，学校担不起责任"。

受到制度排斥的儿童，如被公办小学排斥的儿童明明，家长为了能让他接受教育，不得不把他送到私立学校，支付高额的学费。

"别人家健康的孩子可以享受九年义务教育，我们的孩子是享受不了了，现在在这所私立学校必须交学费，没有公立的学校会收他。"

另外一个残疾儿童红梅，上学一个月之后，老师就建议她退学了。

"之前红梅被当地一家小学劝退了，刚去上了一个月，老师就建议她退学，因为她生活不能自理，没有人专门守着她，对她来说会很危险，比如她站立不稳，同学之间吵闹可能会让她受伤；还有，她是智力残疾儿童，会有人欺负她。家人听从老师的建议退了学，不过一直没有放弃，希望能让孩子学些东西，于是又把孩子送到了特殊教育学校……不过，特教学校由于条件限制，只能招收聋哑和视力残疾两类学生，因此，红梅还是没有获得受教育的机会（调查员特地注明：对特殊教育学校的访问显示，截至目前，该市特殊教育学校还是只能招收上述两类残疾学生，类似红梅的残疾儿童在当地仍然没有受教育的条件，而该市在云南省，尤其是在滇西还算是先进的，其他地州市或者没有特教学校，或者刚刚办起来一两年）。"

四　经济障碍

调查发现，经济困难是很多残疾儿童不能接受教育的重要因素，有些儿童因为家里的经济困难无法接受教育，或者无法获得适合他们特殊需要的教育。2006 年以后，政府采取措施，对残疾儿童提供免费的教育。在经济障碍不存在之后，一些儿童得以顺利进入学校接受教育。

残疾儿童小义，因为家里无钱，休学一年。

2001 年，小义上了一年学以后，因为经济困难，小义妈妈外出打工挣钱，小义也休学一年，而这一年小义的弟弟继续上学前班。小义妈妈说："那两年给这孩子医病，家里医穷了，没办法只有把小义给他婆（奶奶）带着，我去打工。家里经济太困难了，他那年也就没读书。"按照当时的情况，小义上小学一学期要交 96 元的学费，小义的弟弟上学前班却要交 125 元的学费，小义的学费明显便宜些。但是家长最后还是决定让小义弟弟继续上学，小义则因为家庭经济困难休学。

2006 年以后，因为国家确认了实行九年制义务教育的政策，儿童上学不再交钱，阻止残疾儿童接受教育的经济障碍少多了，很多残疾儿童得以进入学校就读。

　　残疾儿童青青上学，是村庄里的一件大事。调查员记录：青青是今天上午报的名，按照我国义务教育政策，青青不需缴纳学费，只是按照学校的规定缴纳了 10 元练习本费和本学期四个月的生活费 900 元。平常青青都会住校，包括周末，只有在放假期间，比如"五一"、"十一"等，青青父亲才会来接青青回家。

　　青青是全村 100 多名残疾人中第一个上学的人……水北镇排江村总人口1531 人，村里有各种残疾人，如聋哑、智障、肢残等，总共 100 多人。村里 18 岁以下的残疾人只有几个，他们一般由父母照顾。这些残疾儿童家境都很差，勉强能够糊口。残疾儿童有 12 岁的，也有 16 岁的，青青算是本村最小的残疾儿童，他也是本村 100 多名残疾人里第一个上学的人。

　　15 岁的儿童红扬，因为家里经济困难，父母无力送他进入特殊教育学校学习，只能随班就读。但是，家长还是希望自己的残疾孩子能得到特殊的教育，这个愿望只有在特殊教育免费的情况下才能实现。因此，直到红扬15 岁，才上了特殊教育学校的一年级。"村里的学校在九年义务教育阶段是不收学费的。红扬到了 9 岁，家里将他送进了村里的这所学校，一直读完了五年级，其间家里也在关注附近有没有特殊教育学校。当时打听到柳州市盲聋哑学校要收取高额学费，一年下来好几千元，家里负担不起。"从 2008年起，柳州市盲聋哑学校的学费实行全免。红扬父母一听说这个消息，就带着他来到了这所学校。校长很热情，但是建议他从一年级读起。母亲说红扬已经 15 岁了，在村里都该读六年级了，校长说"在普通学校里他学不会什么的，而在这里都是手语教学。先让他打好基础吧"……于是，红扬成了这里的一年级新生，过起了新的寄宿学习生活……红扬的"父亲和母亲不是不爱孩子，不是没有付出，他们只认一个理儿，生下来了就该养，能供他读书就该供他读书。为了带孩子求医，他们曾想尽办法四处借钱。孩子现在就读的盲聋哑学校虽然学费全免，但每年 250 元的住宿费和每天 10 元的伙食费，对他们来说仍然是沉重的负担。

　　在大冶特教学校，阻止学生上学的经济障碍已经减少了。调查发现：学生免费入学学习，无书本费，在校学生都享受低保，由民政出钱解决学生的吃饭问题，如果民政资金不够，学校会尽量争取社会资源进行帮助……学生也不用支付寄宿费，学校还会给学生免费提供床上用品、衣物等生活必需品，冬天还会免费发放棉靴、保暖内衣等。可以说，孩子的家长无任何经济负担，孩子们参加语训、律动等特殊训练，也无需另外付费。总之，学生完全免费，家长只需在开学的时候将孩子送进学校即可。

很多孩子都来自农村家庭，绝大部分都不富裕。由于不收学费，所以也不存在减免。老师们为了减少孩子家庭的支出，将每周的双休改成了两周休息一次（工作十天休息四天），这样可以减少孩子家长在周末接送孩子的车费。

五 社会障碍：随班就读条件下的残疾儿童教育分析

调查发现，除了信息技术障碍、制度障碍、经济障碍之外，残疾儿童接受教育服务的最大障碍是社会障碍。社会障碍反映在各个方面。因此，社会障碍是残疾儿童不能接受所需要的服务的最大障碍。

本章通过对随班就读条件下残疾儿童家庭经验的分析，讨论残疾儿童接受教育的社会障碍，同时，讨论在目前的制度安排之下，随班就读政策存在的问题和有待改进的地方。

（一）普通学校中的照料障碍

由于残疾儿童自身的特殊情况，他们进入普通学校随班就读，照料障碍是一个普遍问题。学校往往不能解决这个问题。如下面的例子都是这种情况。

母亲四处找学校，但学校提出条件说，"要不就整天有人伺候着，要不就不能接收，否则出了什么事故，学校担不起责任"。

有的儿童虽然被学校接收，但家长除了接送孩子，每天还要在课间到学校照料孩子，如上厕所。否则，学校就不接收这名孩子。

小义生病之后，经过治疗，重新开始念一年级，"小义必须得要人接送。每天早上吃过早饭，小义妈妈放下碗筷，就背上小义走路送他到学校，把他安顿好以后再回家收拾洗碗做家务。下午快要放学时，小义妈妈又得往学校走，到学校背上小义回家。由于行动不便，小义在学校从来不上厕所。小义上到三年级下学期，连在平地上走路都变得极为困难。有一天，小义妈妈赶到学校接小义时，其他孩子几乎都走了，妈妈看到小义扶着墙边哭边走出来，一看到妈妈就说：'妈妈，我不想读了。'小义的脚走路不便，手也无力，身体上遭受的巨大折磨使乖巧的小义终于吐出这句话。而此时，小义除了腰、大腿、手臂上的肌肉萎缩，其他部位的发育都和正常孩子没有区别，10 岁的小义已经是个大个子了，身体弱小的妈妈背起来很吃力"。

残疾儿童在普通学校就读，如厕这类的照料问题，应该由校方负责解决。只有对这些特殊需要作出一定的安排，这些孩子才可以顺利上学。

（二） 普通学校中对残疾儿童特殊需要的忽视

残疾儿童能够入学，不等于能够得到适合其身心特点与需要的教育。随班就读最大的问题是，残疾儿童虽然入学，但由于各自的原因，他们对教育的特殊需要不能得到满足。这是一种制度性的忽视。

如下面小雨的例子：小雨现在和同龄孩子一样，在接受义务教育……一个班的学生平均下来得有 50 人左右，如此多的学生，再加上一两名随班就读的残疾儿童，老师如何有精力和时间保证随班就读的残疾儿童的学习需要？所以，小雨的妈妈对学校没有什么意见，觉得老师该尽的责任都尽到了，而且也没有权利要求老师对残疾儿童额外付出什么。

小雨学习不好，妈妈多次向残联反映，孩子在这样的学校学习跟不上，因为听力的原因，孩子毕竟和其他正常孩子有差距，由于孩子的听力障碍，所以接受知识比较慢。妈妈的想法是如果能有一个适合孩子情况的特殊教育学校，哪怕别人要一年学会的东西，咱们可以用两年慢慢教会孩子，这样孩子学习就不会很吃力，可能学习成绩会比现在好。

残疾儿童在普通学校随班就读，由于自身的缺陷，他们可能会在人际交往、自我照顾、社会技能、学习方式等方面需要一定的支持与援助。这是一个值得探讨的问题，需要有关行政管理部门加大投入和管理力度来促进这一工作。

教育忽视和歧视的结果，是残疾儿童离开学校，或者使残疾儿童一生的发展受阻。

如调查中家长们讲的"后来实在读不下去了，跟不上学校的进度，而且又经常发病，学校也管不了他，就不读了"；"孩子在这样的学校学习跟不上，因为听力的原因，孩子毕竟和其他正常孩子有差距"；"经常是找不到书包和书，也不知道老师布置了什么作业"；"问他在学校学到了什么，也是一问三不知，读了六年书终于读到二年级了，可他连1加1等于几还经常说错"。

"东东在学校没有学到东西，唱歌和简单的拼音数字等都不会。他自己也非常厌恶上学。"可见，尽管这些孩子被普通学校接受，但是却没有得到适合他们的教育，学校作为教育提供者并没有根据残疾儿童的特殊需要而为他们作出特别的安排，这也是目前国内残疾儿童随班就读最普遍的现象。

（三）教育歧视：学校是受到伤害的地方

中国中小学教育的核心问题，是精英教育和应试教育。在这个体制下，教育资源向极少数优秀学生高度倾斜，同时，不适应应试教育的学生，则受到伤害和忽视。在这个体制下，残疾儿童作为弱势群体，更受到排斥，越是在好的学校上学，受到的排斥越厉害。残疾儿童的特殊需要不仅得不到满足，而且也无法得到其他儿童可以得到的教育服务。

在我们的调研对象中，在13个曾经在普通学校随班就读的孩子中，11人曾经被忽视并遭遇过教育歧视，主要表现为被拒绝入学、不允许参加考试等。"小学报到时，体质弱而且口齿不清，校长不愿意收"；"上了一学期，后来就没去了。因为上的是正常学校，残疾孩子本身不方便。他不能走路，其他孩子很少和他玩，老师也疏于照顾他"。

> "六岁送去读学前班，孩子不去。过了一年，七岁半送他去读一年级，读了两个一年级。老师不想收，说孩子不听话，不好管理，容易影响其他学生。而且因为孩子的动性大，容易影响正常的孩子，所以都跟家长说好让他不参加期末考试。"（调查员：曾麟）
>
> "学校里有一个规定，每个老师都要到电教室去上两次课，全校所有老师都要去听课。三年级时，轮到昕昕班上的老师，老师就不让昕昕去上课了，也不给他安排座位。母亲发现后很生气，就把孩子送到电教室，质问老师问什么不让他上课，老师没办法，只好让昕昕上课。可这种情况还在一直发生。有一次母亲去学校，正好是上课时

间，班里老师同学都去电教室上课了，只看到昕昕一个人倚在教室门口，流着眼泪。"（调查员：何苑婷）

教育歧视对残疾儿童伤害至深。在一个中国著名的教育之乡，曾经出过19个"高考状元"，一名残疾儿童家长这样形容自己的孩子军军在学校的经验："学校并不是一个给他带来好处的地方，而是一个伤害他的地方。"

（四）同伴歧视

在案例观察的各种歧视中，来自同伴群体的歧视是最普遍的现象。同伴群体是指年龄相同或相近的儿童群体。同伴关系是儿童社会性发展的重要方面，对于儿童心理发展具有非常重要的作用。心理学家沙利文的人际交往理论指出，在儿童社会性发展方面，同伴关系在重要性上不次于婴儿与父母的关系（岳玉阁、卢清，2008）。也就是说，如无法发展良好的同伴关系，儿童的社会化将受到影响。学校中的同伴歧视，直接导致很多残疾儿童退学回家。

残疾儿童金波的母亲说："孩子现在没有上学了，在停止上学之前，孩子上到了小学四年级，在当地一所普通小学读书……孩子自己说不想读了。在校期间，孩子想参加学校的劳动和运动，但是因为手残疾，老师不让他参加，于是就慢慢地不去读书了。"

残疾儿童东东上过一个月学前教育班之后，就再也不去学校了。东东的爸爸想着孩子智商没问题，应该像其他正常小孩一样去幼儿园，学点基本的汉字、算术等知识，于是带着东东去了社区里一家私人幼儿园……别的小孩不和他玩，东东只能很孤独地在一旁看着别的小孩玩。老师也不太管他，到吃饭时，有的孩子把东东的食物抢走了，无奈的东东只能哭叫着，但是老师见此情况，并不阻止，反而像没看见一样，任凭东东饿着肚子，导致他吃不到东西饿着肚子回家。因为受到歧视，经济条件差，东东上了一学期幼儿园后，直到现在仍待在家里没有再去上学。

同伴群体的歧视问题，说到底，是一个教育的问题。学校有责任教育所有的儿童，不能歧视残疾儿童。残疾儿童在普通学校随班就读，是从儿童做起，改变社会对残疾人的歧视的重要一步。

六　本章小结：多重因素影响残疾
儿童教育权利不能实现

　　本章分别讨论了影响残疾儿童教育权利实现的各种因素，包括信息和技术因素、制度因素、经济因素和社会因素。在这些因素中，由于政府的努力，制度因素和经济因素的制约在逐渐减小。儿童因家里贫困而失学，或者因为被学校拒绝而失学的现象，虽然仍然存在，但是，已经逐渐减少。更深层次的原因，如社会因素、信息和技术因素的影响，导致儿童失学，成为如今需要克服的更加重要的因素。

第八章　包容与排斥：残疾儿童家庭的参与经验

本章从残疾儿童家庭经验的角度，分析广泛存在的对残疾儿童及家庭的歧视和排斥现象，并提出相应的政策建议。

一　前言

（一）背景

这项研究主要关注的问题是对残疾儿童的社会歧视和虐待。研究主要基于在江西省横峰县进行的关于残疾儿童家庭经验的实地调查。

在影响残疾儿童权利实现的各种因素中，社会歧视是非常重要的一个方面。社会歧视阻碍残疾儿童身心的全面发展。本章是针对这个方面进行的实证研究。

（二）社会歧视的定义

这项研究从儿童和残疾人权利的角度出发，对残疾儿童受到的社会歧视进行了观察和深入的个案调查。根据这个理论框架，由社会因素导致的儿童和残疾人的权利不能实现的各种现象，都可以称为社会歧视。

对残疾人的社会歧视，有正式的和非正式的。正式的社会歧视，指制度化的歧视，如在生命权、照料、教育、医疗、经济和社会参与权利等方面对残疾人的歧视。正式的社会歧视在中国自古有之。近 20 年来，在中国残疾人联合会和各方的努力下，正式的社会歧视正在减少，但仍然广泛存在。非正式的社会歧视，指在实践中真实存在的、通过人们的态度和行为等方式表现出来的歧视，如今仍然大量存在。本章主要的研究对象是残疾儿童及其家庭经历的、非正式的歧视。

（三）研究方法

对残疾儿童的福利服务，可以从社会控制、社会投资和社会权利等几个不同的理论框架出发进行研究。这项研究从残疾人和儿童权利的角度进行研究。主要的理论假设是：中国现在主要依靠家庭对残疾儿童提供照料、经济支持，满足他们对教育、医疗服务等发展性需要。但是，在目前中国的发展阶段，没有政府和社会的支持，只依靠家庭，残疾儿童的权利无法得到全面实现。不仅如此，社会歧视和外在的各种压力，很可能通过不同渠道，演变成对儿童直接的虐待、忽视和暴力行为。这些行为对儿童的一生会产生决定性的负面影响。

这项研究的主要方法是质性研究。通过对残疾儿童及其家庭的生活环境进行半结构性观察，通过对当事人的深度访问，了解残疾儿童的生活历史。在调查多名残疾儿童家庭的同时，本章重点对一名残疾儿童的成长历史进行了追踪。访问者多次拜访这名残疾儿童的家庭，与儿童的父亲、母亲和其他有关人员，进行了深入的交流和访问，并在得到父母允许的情况下，与儿童交谈。同时，还对儿童读书的学校、学校的教师、同学等进行了深入的观察、交谈和访问。除此之外，在调查中，作者也深入地考察了数名残疾儿童的生活经历，试图从他们和他们的家庭生活经验中，更全面、深入地了解社会歧视对残疾儿童及其家庭生活各个方面的影响，以及家庭和儿童对这些歧视的应对策略。

（四）主要发现

本章分为六个部分。第一部分介绍了研究背景、主要的研究问题以及使用的研究方法；第二部分简单介绍了重点个案的背景情况；第三部分讨论了本章的一个主要的研究对象，残疾儿童毛毛遭遇社会歧视的主要形式；在第四部分，笔者考察了这名残疾儿童和其他被调查残疾儿童遭到歧视的主要原因；第五部分，笔者考察了歧视对儿童身心发展的影响。在结论中，我们对这项研究的主要发现和结论进行了综述：在当前的中国社会，虽然正式的对残疾人的歧视被法律明令禁止，但非正式的歧视，包括在生命、照料、医疗、康复、教育等方面的歧视，仍然广泛存在。虐待和忽视残疾儿童的现象也不在少数。

本章是针对一名残疾儿童的成长经历进行的分析。对其他残疾儿童家庭的研究表明，其他残疾儿童也有类似的经验。

二　毛毛及他的家庭

毛毛，男，15岁，肢体残疾并患有癫痫。毛毛的家庭有四口人，两个大人，两个孩子。大儿子已经长大成人，入伍，在河南当兵，只有残疾的毛毛在家。毛毛的家庭经济状况不好，父母均没有固定工作。父亲做木工，母亲做小生意，以挣钱维持生计。

按照我国的计划生育政策，生育了残疾儿童的家庭，是可以生第二胎的。但因为哥哥是健康儿童，毛毛的父母没有生育第二胎的指标，所以毛毛的出生是不合法的。为了多要一个儿子，毛毛的父母只能偷偷怀孕，并把孩子偷偷生下来。毛毛出生时就有明显的肢体残疾。这对父母的打击肯定是双重的：为了多生育一个孩子，他们违反了政策；同时，新生的孩子又是残疾儿童。他们不仅无法申请任何有关残疾儿童的特殊待遇，还要面对罚款和其他可能的惩罚。可能是由于毛毛的残疾，也可能是因为怕被罚款，自从毛毛被生下来，父母就没有亲自照料他，而是把他送到县郊的奶奶家抚养。

虽然毛毛有残疾，但奶奶对他特别疼爱。在奶奶的抚养下，毛毛得到了悉心的照料。母亲说，去奶奶家看毛毛时，邻居们经常谈到奶奶对毛毛的疼爱，如果吃肉，奶奶都是把瘦肉留给毛毛吃，自己吃肥肉。虽然得到了奶奶的关爱，但残疾儿童早期需要的康复和治疗，很可能因此就被耽误了。

可是，当毛毛5岁时，奶奶因病不幸去世，毛毛失去了最疼爱他的奶奶。乡下没人能够照料毛毛，父母只好把他领回家里。

毛毛回家之后，这个家庭首先应付的不是儿子的残疾和康复问题，而是怎样避免因超生而带来的罚款。由于害怕被人发现并举报她超生，母亲的策略是设法把孩子隐藏起来。所以，一开始，每天白天母亲出门以后，都把 5 岁的毛毛锁在家里，以免被人看见。这样的生活，包括母亲不在家时儿童的基本需要被忽视，独自在家时的不安全感和恐惧等，对 5 岁儿童的心理产生了严重的负面影响。

然而，超生的事情最后还是被人举报了，毛毛家缴纳了罚款。而当时，毛毛家的经济状况并不好。母亲早在 1996 年下岗，其后，为了维持生活，她白天都要在外面做些小买卖。隐藏策略的失败和经济压力使毛毛的母亲很可能迁怒于孩子。

可以看到，这个残疾儿童家庭不仅没有得到任何来自政府的支持，反而受到各种政策歧视。父母承受的压力转嫁到儿童身上。毛毛还没上学，就遭到家里的忽视并缺乏安全感，这些都对他一生的发展产生了极大的负面影响。

三　残疾儿童遭遇歧视的主要形式

从调查结果看，毛毛的生活，无论在家里还是在学校里，都充满了歧视、暴力和不公正对待。这些歧视和虐待不能全部直接归咎于社会对残疾儿童的歧视。毛毛自己过激的性格和行为也是造成家长、老师产生偏见和歧视态度的一个原因。在毛毛的成长过程中，首先是这样或那样的忽略、歧视与偏见，导致了他出现行为问题以及过激或危险的性格。这些行为问题又进一步导致了外界对他的排斥和虐待。重要的是，在这个恶性循环的过程中，毛毛的家庭没有得到必要的支持，儿童没有得到必要的保护和干预服务（如社会工作者的介入，对儿童和家长的心理辅导等），儿童的成长很可能无法脱离这个恶性循环。

（一）家庭中父母对残疾儿童的歧视

在调查中，可以发现母亲对毛毛的态度非常矛盾。首先是后悔生下了这个孩子："如果没有这个儿子，我的日子不知道有多好过，可是他又没办法死掉，也没有地方能送走，只能这样过了。"这句话是调查员第一次与毛毛母亲交谈还不到 5 分钟的时候，母亲说的。这反映了自毛毛出生以来，母亲对自己超生行为的悔恨。这个悔恨不是因为超生，而是因为生养了残疾的孩子。

母亲的态度反映到实践中，就是对儿童的打骂。妈妈坦言，她不喜欢毛毛，并经常打他，直到毛毛长大了，会还手了以后，才打得少了。"他力气很大，我现在打不过他了"，妈妈说。

父亲很喜欢毛毛。因为不满意母亲体罚孩子，夫妻之间还经常发生争执。不过，父亲更加喜爱健康的大儿子。因此，毛毛会经常觉得父母偏向哥哥。当他在家受到委屈时，经常会说"你们只喜欢哥哥"之类的话。

尽管对自己的超生行为悔恨不已，母亲还是尽力为孩子提供必要的生活照顾、教育安排和保护。因此，母亲对毛毛的态度是矛盾的，主要还是爱，然后是因爱生恨，恨铁不成钢。这样的家庭，如果得到适当的支持，改变教育方法，可以为残疾儿童提供更好的成长环境。可惜这样的社会支持和服务在中国多数地区尚不具备。

（二）教育歧视

与毛毛在家庭里受到的体罚相比，他在学校受到的歧视和虐待则更为严重。在中国，从正式的制度上看，残疾儿童不受歧视，有权利在公立学校学习。学校不允许拒绝接受户口在当地的残疾儿童入学。国家还通过免除杂费、课本费和给予生活补贴等方法给残疾儿童一定的优惠政策。不过，在调查中，调查员发现毛毛在学校受到了非正式的教育歧视。这主要体现在：学校没有对残疾儿童提供适合他们的教育，残疾儿童在学校可能遭到各种形式的虐待，最可能的形式是精神虐待。这表现在入学、上课、接受教育救助和不能选择适合儿童学习程度的班级等方面的各种歧视。

虽然正式的制度允许残疾儿童入学，但在实践中，毛毛每年入学和注册时，都会遇到困难，不能顺利入学。几乎每年注册报名时，老师都会故意为难他。报名那天，无论他多早去学校，几乎总是最晚才报上名。

毛毛对调查员说：我去报名时，"老师不收我的钱，也不理我，就给其他的同学报名，我也不敢回家，怕妈妈骂"。毛毛的母亲说，有好几次，她看到天色很晚了，孩子还没回家，就去学校找他，跟老师"闹"了以后，才能报上名。最严重的一次，一向脾气温和的父亲是在喝了酒之后知道此事的，他大怒，仗着酒劲拿着菜刀到了老师家，把刀往老师家的桌子上一拍，声称如果不给报名就要杀人。老师害怕，这才收了孩子的报名费，算是把名报上了。

入学以后，毛毛还遭到老师和同学的歧视。严重时，甚至不能顺利地进入教室学习。有一次，班上来了新同学，桌椅不够，课间，老师就把毛毛的桌椅搬去给新同学坐。毛毛发现桌椅没有了，就去找老师要桌椅，老师却不理他。毛毛没有桌椅，又怕脾气暴躁的母亲骂他，不敢告诉家人，只好每天按时出门，装作上学的样子，实际上，他每天只在学校操场上坐着，等到同学们放学了，才背着书包回家。这种情形大约维持了一个月。直到有一天，毛毛的同学告诉他母亲，毛毛已经快一个月没有去上学了。母亲知道真相以后，找到老师，与老师大吵了一次，毛毛才能坐进教室继续学习。

因为歧视，毛毛还被剥夺了接受教育救助的权利。从 2003 年开始，中国对农村地区九年制义务教育阶段的困难学生实行了"两免一补"政策。残疾儿童也是受惠者。但是在享受了两个学期的优惠之后，有一次，毛毛在学校里闯了祸，老师特别生气，找到家长反映情况，并说："你的孩子这么淘气，下个学期的'两免一补'不给你了。"家长以为这是气话，也没当真。但等到下个学期报名时才发现孩子没有了"两免一补"的指标。回想起老师曾经说的话，母亲找到教导处老师与其理论，才知道，"两免一补"的名额是每个学期由班主任先上报再下批的，那个学期老师根本没上报毛毛的名额，毛毛自然没有资格享受这个优惠。因为名额的上报是有时间限制的，开学前没有上报的，开学后就无法再报了。为了孩子能够继续上学，母亲只能交全额的学费。

毛毛还丧失了按照自己的程度选择课程的权利。在遭到各种歧视的情况下，毛毛丧失了学习的兴趣，成绩一直很差。母亲说，毛毛虽然念完了初二，但他也就是小学二三年级的水平。毛毛还在上小学时，母亲曾经打算让他留级，再学一遍，看看是否能够跟上其他孩子的学习进度。当母亲向老师咨询时，老师告诉母亲毛毛的成绩不好，又调皮捣蛋，低年级的老师不会接收他的，他只能跟着原来的班继续念，虽然很多东西他都听不懂。

从上述事件看，毛毛在学校虽然没有受到体罚，但是，他受到了明显的精神虐待。因为上课听不懂，也因为在学校受到歧视，他只上完初二就退学回家了。

（三） 同伴群体中的歧视

在调查员调查的案例中，残疾儿童所受到的来自同伴的歧视是最普遍的。在校园里，给残疾同学起侮辱性的外号，孤立残疾同学使他们交不到朋友，甚至打骂残疾同学等都是同龄人歧视残疾儿童的主要方式。这些歧视现象对学生的学业、人际关系、心理健康，乃至人格建设所造成的负面影响要远远超过人们的想象。

歧视意味着将具有特定特征的个人或者群体区分开来，其中既得权力者或优势一方为了保持自己的优势地位和既得利益而对相对弱势者采取压迫、排挤等不合理手段，使在同等或相近条件下，不同群体由于其所属群体不同，获得不同的利益和遭遇（郭志巧，2007）。可见，歧视最核心的要素是区别。而探究同伴群体的歧视原因时，差别更是重要的原因。残疾是一个明显的、能够区分两个群体的特征。在我们的生活经验中，即便是刚懂事的孩子，从外表上也能区分一个肢体残疾孩子和自己的不同，而长大之后，他便可能按照世俗的"社会标准"判断残疾是少数群体和困境群体的特征。这个问题同样要回归到对残疾的认识上来。残疾不应该被看做不正常的、古怪的、弱势的。残疾是时代和社会发展的产物，残疾人和非残疾人一样，都是这个社会合理的存在。

在调查中，毛毛说，因为自己的左手和左脚都有变形，在学校，很多孩子给他起了"拐子"等难听的外号。此外，因为很多外号说起来让他很伤心，他根本不愿意透露，所以调查员也不再追问。毛毛还非常肯定地对调查员说，他没有朋友。他说他在学校里每天都是一个人行动，回到家也是看电视，不跟其他同学交流。母亲也告诉调查员，毛毛平时挺内向的，不爱说话。在这样的情况下，调查员试探地询问，如果要交朋友的话，他更愿意选择健全人还是残疾人做朋友，毛毛很果断地回答："残疾人。"他说与残疾人做朋友更轻松。

因为受到同学欺负的事情太多了，也因为担心被家长打骂，毛毛很少跟家长说在学校被同学欺辱的事。但是有时候衣服被扯坏，身上被弄伤，也会被父母发现。有一次吃晚饭时，毛毛的父亲发现毛毛的左脸肿得特别高，还有几道清晰的红印，就知道毛毛被别人打了，于是非常生气。一开始毛毛不承认是被打了，后来在父母的再三逼问下，终于说出是本班的一个同学打了他。于是毛毛的父亲放下碗筷带着他立刻找到老师，让老师把那个同学和他的家长叫到办公室。最后，父亲硬是当着老师和那个家长的面，逼着毛毛狠狠地还了那个同学一巴掌才罢休。这种比较生硬的教育方式，会恶化毛毛在学校的地位，同时，也让毛毛学习到使用暴力来解决问题的方式。

调查员访问了毛毛两次。在第二次和毛毛交谈的时候，他才愿意说出一些他被同学欺负的事。他说，因为行动不便，有时候一些同学就故意抢了他某一样东西，然后赶紧逃跑，以便激怒他。当他生气地跑去追时，因为跑不快，所以追不上，一帮同学在旁边取笑他跑步的样子，让他觉得特别生气。

在调查员调查的其他残疾儿童的案例中，也可以发现同龄人之间的歧视是非常严重的。同龄人对残疾儿童的歧视，具体是什么表现，从收集到的材料中可以看出。

军军所在的×县是一个非常注重学生成绩的地方，曾经出过19个状元，是中国第一状元县。教育部门对中学教育抓得很严，所以老师习惯性地只关注成绩比较好的学生，尤其是军军上的这种农村中学，好学生不多，于是那些被老师忽视的学生就希望从军军身上找回自尊。大家每天总是嘲笑军军，并还总是挑衅打军军，老师对这种情况并没有严令禁止，以至于有一次，一个同学用石头把军军的头打破，军军头里面都化脓了。而军军可能是由于受到威胁，十分害怕，怎么也不告诉家长是哪个同学打的，最终这笔医药费还是家长自己掏的。为此，军军的爸爸觉得又窝囊又生气，又把军军打了一顿了事。

从那之后军军就再也没有上学了。可以说学校并不是一个给他带来好处的地方而是一个伤害他的地方。调查员问军军的爷爷："军军以前在学校还有什么被欺负的事情呢？"他爷爷说几乎每天都有。所以有的时候军军干脆逃课，不去上课，在村子里闲逛。

还有聋哑学生杨丽，小时候随班就读，杨丽的姑姑说："她那些学生伴，进也哑巴、出也哑巴地叫她……她放学来我家，那些学生一路拦着不让走，说是不让哑巴和他们走同一条路。有一次下课之后，一个男孩又叫她哑巴之类的，还偷偷地打了她一下就跑，杨丽冲上去打，那男孩跑出教室，关上了门，对着玻璃窗任意侮辱她，杨丽忍不住了，提起凳子就往玻璃窗上砸。"（调查员：宋卫国）

调查员记录了大量的、同伴群体对残疾儿童的排斥和暴力行为：

"在我们门口就有人欺负她，她往门口一站，别人家的孩子就骂她，别人一骂她，她就要追着打人家，但是又追不上人家，只能被人家打。所以我就跟她说让她在家待着，不要出去了，出去还会被人欺负。孩子很委屈，很多时候她想出去站会儿，在外面走走都不行，一站出去就有孩子跑来骂她、嘲笑她，她特别气愤这些辱骂和嘲讽，所以常常气哭。"（贾娜尔）

一名残疾儿童说："每天我一起来他们就打我，我也不知道他们为什么打我。每天都打我。"（调查员：吴平）

"大孩子欺负他，有的时候就把他按倒在地，爬到身上打一顿。不过，这种情况也不算多，这里的孩子都上学走了，也没有什么人跟他一起。亲戚的孩子4岁，他8岁，4岁的孩子都能爬到他身上去打，尽管他常常受欺负，但还是把他们当做玩伴儿。不过一到开学，其他孩子都去上学了，他就又孤单一个人了。"（调查员：贾娜尔）

被另一个智力残疾的儿童认定为"朋友"的两个男孩，在和调查员交谈时，都拒绝承认自己是他的朋友。而且，被访谈的其他同学都跟调查员说，这几个"朋友"是平时欺负这位残疾儿童最厉害的。一位女同学对调查员说，这两个"朋友"经常捉弄和打骂这名儿童。

笔者认为，所有的儿童都应该得到社会包容的教育。学校内的歧视和虐待应该被制止。这是校方的责任。对残疾儿童特殊的心理辅导会帮助他们健康成长。但是，这样的服务目前在一般学校尚不具备。

（四）社会上对残疾儿童的歧视

除了来自家庭、学校和同龄人的歧视外，残疾儿童和他们的家长有时候还必须承受来自社会的歧视。

零花钱被抢

家长每天给鹏飞一块钱的零花钱，后来，有人跟家长反映鹏飞每天的零花钱被别的孩子分着花，"他自己认不清楚，脑子笨，别人就要麻（骗）他的钱买东西，开始我们还不晓得，后来有人跟我们这两个大人说才晓得的"。知道这种情况后，家长决定不给鹏飞零花钱了，但是鹏飞还是向家长要，说是自己一个人花。

因为零花钱的问题，还曾经发生过一次小事件。鹏飞的零花钱掉到了地上，被别的同学捡了去，他们不还给鹏飞，鹏飞的行动慢又一时追不上他们，后来鹏飞找到了这个同学，便打了这个抢他零花钱的同学。而在对鹏飞班主任的访谈中，班主任说"他有一次和别人打架，把别人脸皮都抓破了，说是别人拿了他的钱"，班主任明显不信任鹏飞，觉得是鹏飞调皮闹事惹了别人，把别人的脸抓破了，还要怪罪同学。从这个事件可以看出，在鹏飞受到的歧视中，有时候是多种歧视混合在一起的，不管鹏飞是对是错，人们头脑里长期就存在一种定性的思维：一定是残疾孩子撒谎，一定是他有错在先。

被诬蔑为偷窃

毛毛小的时候，有一件事情他觉得最委屈，对他的伤害最大。母亲说，毛毛小时候有一个朋友，是一个做窗帘生意的店主的女儿，他们年龄相仿。有一次，两人一起在店里玩，老板女儿后来不知从哪儿拿出了一个钱包，说一起去买东西吃，毛毛就跟着一起去了。两个小孩买完东西回去之后，女孩的妈妈发现了此事，就问女孩钱包是谁拿的。小女孩害怕，就说是毛毛拿走的。毛毛说，他当时怎么辩解，都没有人相信他。后来，窗帘店老板先是把毛毛扣在他们小店里，不让他回家。随后带了一帮人，找到毛毛的父母，说毛毛偷了钱包里的美元和港币，一共约合1500元人民币，如果不赔，就要进毛毛家里砸东西。毛毛母亲一看这阵势也没办法，赶紧向住在旁边的两家亲戚借够钱还了，然后带着气把毛毛从小店带回家。一路走，一路打。毛毛说，此事虽然过去很久了，但他印象很深，当时他的鼻血都被打出来了，觉得自己很委屈。

毛毛的母亲说，她当时也想到了，窗帘店的老板可能是故意污蔑毛毛的。把那么多不流通的钱放在平常用的钱包里也不合情理，而且毛毛肯定地说没有拿，她也相信孩子。但是一想到赔给人家那么多钱，又觉得这些损失都是毛毛造成的，不打不能消气，所以就打了孩子。

四 歧视残疾儿童的原因

残疾儿童受到歧视的原因很多。经济因素、文化因素和社会因素在不同程度上发挥作用。残疾是对家庭结构有重大影响的社会因素，残疾人家庭的每个成员，都不同程度地承担着残疾人所造成的经济和精神上的压力（马洪路，2002）。当家庭中有残疾儿童时，对父母或其他家庭成员来说，是一项长期的压力与负担。孙莹（2004）认为在这种压力下，家庭的种种压力和不适应，最终都可能加到儿童的身上，严重的可能会引起父母对儿童的歧视甚至虐待。在毛毛家，就体现出这一点。

（一）家长承担的经济压力

残疾儿童家庭承受着来自多方面的压力，对低收入家庭来说，经济压力最大。我国农村残疾儿童家庭一般收入低、家长的文化水平不高。另外，这些家庭中的子女数量通常比一般家庭多。由于缺少正式的社会支持体系，残疾儿童的家庭承担了支持残疾儿童的主要经济和照料责任。残疾儿童家庭中的其他成员需要更加努力地工作以供养多个子女，并支付残疾儿童的医疗、教育等费用，还需要为自己甚至残疾儿童将来的养老做准备。在这种情况下，残疾儿童家长面对的经济压力是巨大的。

毛毛的母亲1996年下岗之后，就以做小买卖维生，非常辛苦。只要说起她，县城里很多人都认识。因为她每天不管刮风下雨都会提着食品去各个单位门口叫卖。毛毛的父亲是个木匠，收入很不稳定，能接到活就有收入，没活就在家闲着。

虽然收入很不稳定，但为了抚养毛毛，家长必须承担很重的经济压力。包括：第一，治疗和康复费用。父母曾经试图治疗毛毛的残疾，花费了大约几百元的医疗费。第二，抚养成本。因为家里经济上比较困难，在吃饭穿衣上，毛毛一般是穿哥哥或亲戚穿过的旧衣服，零花钱也很少。儿童抚养成本并不高。第三，这个家庭中最大的经济负担是当毛毛在外面闯祸以后，家里需要付出的赔偿费用。当毛毛母亲被问到她为毛毛额外支出的费用大概有多少时，母亲说："数都数不清，从他出生被罚款，到他闯祸后我们到处赔钱，我在他身上花的钱都没办法数……吃饭穿衣是没有花多少钱，但是他闯一次祸，我赔的钱就够他吃一年的了……我每天白天晚上地忙就赚一点辛苦钱，这个儿子出去闯一次祸，我几个月就白干了，你说我能不生气嘛！"这也是母亲厌恶和歧视毛毛的一个原因。不过，从上面的访谈结果中可以看出，母亲生气的时候，把超生罚款也算做毛毛闯祸的结果了，这并不公平。

毛毛的母亲没有为毛毛支付特殊教育的费用。如果家长想避免毛毛这样的失败教育，为自己的残疾孩子提供更加适合的特殊教育，那么，教育费用就要比其他儿童高。在我们调查的另一个案例中，一个在附近特殊学校就读的听力语言残疾的儿童与健全儿童相比，所花费的费用除去幼年时期花费的求医费用约 3 万元以外，还需要缴纳比一般学校费用更高的学杂费以及非本地区生源的借读费、住宿费、往返路费，每年约合 4000 元人民币。2006 年该县农村住户年人均纯收入仅为 2598 元，4000 元对这样的家庭来说可以算是巨款了。

除了儿童的生活、教育和医疗费用，考虑到残疾儿童自我支持的能力，家长还需要为孩子的未来未雨绸缪。当被问到对毛毛的未来有什么期望时，母亲说，希望他能学点手艺。她说："将来父母都要死的，他也不能总靠他哥哥养活啊！我跟他说过的，不能麻烦哥哥的。"而且，母亲还担心，大儿子会因为这个残疾弟弟而找不到结婚对象。因为，"就算他哥哥愿意养他，他嫂子也不会答应啊"！

（二）家长承担的社会压力

抚养一名残疾儿童，家长要承担很大的社会压力。在上述毛毛的个案中，当毛毛被学校拒绝、被别人诬蔑偷窃、被同学打骂的时候，最后都需要父母出面来和学校、邻里、警察局、同学家长谈判，以解决问题。家长在这样做的时候，需要承担沉重的社会压力和经济压力。

除此之外，社会舆论也会对家长产生影响。在文化水平普遍不高的农村，先天性残疾通常和疾病、不好的基因甚至家长的品行联系在一起。如果一个家庭中出生了一个先天残疾的儿童，周围的人大多会在背地里讨论是由儿童的家长本身患有疾病，或者家长有残疾的基因，甚至是家长品行不好做了坏事以后遭到报应所导致的。家庭的社会交往可能会因此受到影响，家长也可能从此产生自卑心理，从而进一步影响他们的社会交往。在调查员调研的另一个案例中，一个残疾儿童的父母就拒绝他们的小孩跟他们在外打工，坚持把他留在弱视的奶奶和中风的爷爷身边，因为"带着他别人会说闲话"，"在外面抬不起头"。直到这名儿童的奶奶视力丧失，两位老人实在无力照料之后，16岁的他才得以在父母外出打工七年以后，跟父母长期生活在一起。

结合这几个案例，我们看到家长常常发生过激的行为，如用菜刀威胁老师，和老师吵架，迁怒于儿童等。这实际上也是他们对于所承受的社会压力的一种"扭曲"的反抗。

（三）教师承担的儿童学习成绩的压力

在中国现行的教育评价办法中，各级各类的考试成绩作为对学校以及老师教育成绩评价的主要标准，有时甚至是唯一标准。名校之所以成为名校，就是因为"中考上线人数全区第一""高考录取率高达××%"；名师之所以是名师，也是由于"全班平均分高达××分"。学生及家长评判一个学校的好坏通常看它的升学率，而学校则将这个压力转移到了老师身上——评价老师只看平均成绩。具体做法是：按学校、班级计算平均分，并按分数高低排名次。分数高名次靠前的就是教学成绩优秀的教师，分数低名次靠后的就是教学水平低的教师。老师的奖金、资格等级评定都与这个名次密切相关。在这种情况下，老师一方面为了得到学校和社会的承认，另一方面也为了自己的发展，不得不把提高班级平均分作为工作重心，不自觉地将压力又转移到了学生身上。

这种片面强调学习表现的考评制度对残疾学生特别不利。残疾学生由于各种各样的原因，基本上学习成绩不好。对于这些会影响班级平均成绩、影响教师考评成绩的学生，老师一般都会持不欢迎的态度。所以，在毛毛的案例中，当母亲考虑让毛毛留级的时候，却找不到愿意接受他的老师。学校的策略很清楚：无论毛毛是否跟得上其他同学的学习进度，都让毛毛跟班走，以便他能够在最短的时间内离开学校。在另一个案例中，由于残疾儿童的学习成绩差，每逢学校有重要的考试，老师就会让残疾儿童"到别处玩"，不让他参加考试，以免拖累了班级成绩。

激烈的社会竞争和落后的教育评价体制，加大了老师的压力。老师压力越大，他们在教育过程中采取强制性教育措施的倾向就会越明显，手段就会更加偏激，体罚和歧视甚至剥夺儿童权利的事件就越容易出现。

五　社会歧视对儿童发展的影响

在中国农村，对残疾儿童的歧视几乎是一个普遍的社会现象。残疾儿童受到多方面的歧视，这不但限制了残疾儿童参与社会生活的机会，无法给予儿童正面的激励，而且会让儿童对自己产生消极的认识，从而影响他们的表现。

笔者认为，本案例中的毛毛所受到的所有不公正的对待不能全部直接归咎于社会对残疾儿童的歧视。毛毛本身的心理和行为问题也是造成老师、家长产生歧视态度的一个原因。但追根溯源地来看，正是在儿童发展的过程中，有这样或那样的歧视与偏见对其产生影响，才导致残疾儿童出现了心理和行为问题。这里我们从毛毛的个案观察一下歧视和虐待对毛毛的影响。

（一）身心残疾的发展

当歧视与偏见不断刺激残疾儿童，当家长和社会对残疾儿童的歧视发展成为忽视甚至虐待时，残疾儿童在生理和精神两个方面的残疾可能会进一步发展。

毛毛小的时候只有肢体残疾。但是，大概5年前，毛毛被发现患有癫痫。据母亲介绍，毛毛的父母双方及家族都没有该病的遗传史，医生认为这有可能是因为毛毛在精神上经常受到刺激而产生的。毛毛每天都需要服用相应的精神科药物维持。

（二）学习表现不佳

教育歧视如果持续发生，很容易导致对残疾学生的教育失败。一般来说，教育失败表现为：一方面，残疾学生往往失去学习兴趣，从而学习成绩下滑。另一方面，他们无法形成良好的同伴关系，从而无法在学校里获得社会交往方面的知识，社会化程度很低。

以毛毛为例，他已经上到初二（14 岁），但是只有小学三年级（10 岁儿童）的水平。在学校，他已经失去了追求知识的欲望。学校不能为他提供合适的教育，他无法跟上进度，落下的知识越来越多，他的学习表现越来越差。终于，他放弃了，他不再做作业，有时候书包就放在学校，一连几个星期都不背回家，考试也不及格。本章记录的其他几名残疾儿童，也因为受到歧视和虐待，失去了上学的兴趣。

（三）反社会的行为和态度

歧视还会导致儿童的社会化程度较低。在学校里和学校外，毛毛都没有朋友。因此，他不知道如何与其他人正常交往，只是闭塞在自己的小圈子里。在访谈中，调查员感觉跟毛毛的交流并不顺畅。毛毛总是低着头说话，有时候说话含混不清，让人无法分辨，还有些时候，回答的内容和问题相差甚远。调查员认为，这些都是社会化程度比较低的表现。

社会学习理论认为，人们的社会行为其实都来自对他人行为的模仿和学习。处于成长期的儿童，更容易受外部环境的影响。残疾儿童如果长期处在被歧视的环境中，将很容易产生消极的态度以及攻击的行为。

在长期被母亲和同学打骂的环境下，毛毛也产生了攻击行为，如直接和父母对抗。当挨母亲打时，毛毛有时会说出"等你老了，我再来收拾你"，"奶奶不该死，你应该死掉"这类的话。小的时候，母亲打骂毛毛，他不会还手。后来长大了，有力气了，也会还手了。毛毛对调查员说，前两天，母亲打他的时候，他还踹了母亲一脚。

不但如此，毛毛还经常玩火。2007 年 5 月，他曾经因为玩火，烧了一间房子里的装修材料，被房主送到警察局。在警察局里，他甚至向警察声称，以后他不但放火，还要杀人。

（四）对儿童终生的影响

歧视使残疾儿童所能得到的社会资源和家庭资源变少，发展权受到了严重的限制。他们可能被家长或者学校剥夺了受教育的权利，也可能不能按照自己的意愿发展，甚至可能被忽视了基本的需求。这些权利的侵害将严重影响残疾儿童一生的发展。以毛毛为例，他在受教育方面的失败，会对他一生的就业和个人发展产生消极的影响。

此外，长期的歧视还会给他们的成长带来很大的阴影，引起心理上的障碍。根据儿童发展心理学的观点，儿童时期的经验会对儿童以后的发展产生影响。也就是说，一旦不可逆的伤害产生，儿童将会把这些痛苦的记忆和已经形成的不正确的态度带入成年，从而影响他们的一生。从毛毛的案例中可以发现，毛毛的行为已经表现出暴力、逆反和反社会等特点。

六　本章小结

本章的研究发现，在当前的中国社会，虽然正式的对残疾儿童的歧视已经被法律明令禁止，但非正式的歧视，包括在生命、照料、医疗、康复、教育方面的歧视，仍然广泛存在，而且可能会达到非常严重的程度。本章的个案支持我们的理论假设：在目前中国的发展阶段，没有政府和社会的支持，只依靠家庭，残疾儿童的权利无法得到全面实现。不仅如此，社会歧视和外在的各种压力，很可能通过不同的渠道，演变成家长对儿童的虐待、忽视和暴力行为。这些行为对儿童的一生可能会产生决定性的负面影响。

第九章 残疾儿童母亲的多重负担分析

一 前言

在残疾儿童家庭经验的研究中，母亲的经验是非常重要的一个方面。母亲是儿童的主要照料者。在中国的背景下，母亲在很多时候也要工作，挣钱维持家庭生活。本章分析了母亲照料残疾儿童的个案，重点在于揭示在性别和残疾的双重歧视之下，母亲在照料残疾儿童中所承受的多重负担，并讨论了相应的政策问题。

本章主要考察母亲在抚育残疾儿童过程中的经验。我国出生缺陷监测和残疾儿调查显示，我国累计有近 3000 万个家庭生育过智障、身体结构缺陷等先天缺陷儿，约占全国家庭总数的 10%。在每一个残疾儿童的家庭中，都有（过）默默无闻的母亲。

我国对残疾儿童家庭的社会支持政策有限。这些儿童主要依靠家庭为他们提供养育、保护、照料、发展和参与服务。近年来，国内外学术界对中国残疾儿童保护的关注增加，相关的文献也逐年增加，但主要集中在教育与康复医疗方面，社会福利和公共政策方面的研究并不多。对中国残疾儿童母亲的研究，尚属空白。

（一）研究方法

本章主要从社会排斥的角度研究残疾儿童家庭经验，即假定残疾儿童及其家庭所经历的困境不是其生理学意义上的残疾造成的，主要来自社会性因素，如缺少对残疾儿童及其家庭的经济支持、保护、照料和发展性服务以及社会歧视的存在等。在这个理论的基础上，本章提出了残疾儿童母亲五重负担的理论假说，即假定在大部分有残疾儿童的家庭中，母亲承担了主要的负担。这些负担是多维度的，包括经济负担、照料负担、发展性负担、精神负担和社会负担。这些负担过重，对残疾儿童及其母亲有严重的负面影响。因此，对残疾儿童母亲的支持，应该是社会政策的一部分。

本章主要采用文献研究和定性研究的方法，通过对残疾儿童及其家庭的生活环境进行半结构性的观察和对当事人及其他相关人员（包括当地残疾人联合会、残疾儿童家庭所在地的村委会或居委会主任、邻居、老师等）的深度访问，了解他们的生活经历并进行分析。在北京师范大学的学生调查员调查的45个案例中，我们选择了6个不同类型的残疾儿童母亲的生活经历进行了深入分析，以期发现母亲在抚育残疾儿童过程中面对的各种压力，并为政策的制定提供实证支持。除此之外，分析中也少量利用了其他个案资料，作为辅助分析。

（二）研究对象

本调查的对象为未满18周岁的残疾未成年人及其家庭，包括不同类型的、母亲在残疾儿童抚育中发挥了主要作用的家庭，有完整的核心家庭、三代家庭、单亲母亲家庭（母亲自己也为轻度残疾）、因抚育残疾儿童而离婚再嫁的母亲家庭等。这些母亲中包括受过良好教育的中产阶级妇女，农村妇女和生活在社会底层的农村残疾妇女。因为儿童都尚未成人，母亲的年龄基本上是35～45岁。

儿童的残疾类型对母亲的照料负担有重要影响。这几名儿童分属不同的残疾类型，如盲、聋哑、肢残和智力残疾等。

被调查的母亲在社会经济背景方面差别很大，只有一点是共同的：她们都是残疾儿童的母亲，对孩子的母爱和责任感支撑着她们用女性柔弱的肩膀，承担起日常生活中各种常人无法想象的困难和负担。在这些负担面前，她们没有选择退缩，没有遗弃弱小的孩子，而是选择把压力和负担留给自己。

（三）个案简介

表 9-1　个案简介

儿童简况	残疾类型	地区	备注	调查员
倩倩,14,女	肢残、智力残疾	湖南,城镇	母亲离婚再嫁	何苑婷
昕昕,9,男	脑瘫	湖南,城镇	三代家庭	何苑婷
安琪,12,女	盲	北京,城市	完整核心家庭	陈思
小艳,16,女	肢残	新疆,农村户口,居住城市	单亲母亲	贾娜尔
小杰,8,男	脑瘫	新疆,农村	父母分居家庭	贾娜尔
小星,15,男	多重残疾	福建,农村	奶奶要求遗弃,三代家庭	卢玮静

注：为了保护儿童隐私，本章中使用的儿童名字都是化名。

倩倩，14岁，肢体和智力残疾。经过长期康复，生活基本可以自理，会写简单的字和做十以内的计算。由于亲生父母离异，倩倩和母亲在一起生活，继父和妹妹在一起生活。倩倩小的时候家庭没有得到政府的任何支持，母亲的全部积蓄都花在倩倩的医疗和康复上。到调查时，倩倩的家庭刚刚开始享受政府的最低生活保障待遇、廉租房和医疗保障待遇，经济状况有所改善。

昕昕，9岁，脑瘫男孩，智力正常，走路不便，并且弱视，上小学三年级。家里有弟弟、父母和奶奶。姑姑偶尔会去看一看他们。

安琪，12岁，全盲，左半边肢体异常，表现为左手关节扭曲、无力，左腿变形。安琪的家庭有父亲、母亲、安琪和3岁的弟弟。安琪的父亲是供暖公司的职工，平时在工厂上班，一般周末才回家。母亲是小学教师。安琪在盲人学校住校上学，每周五回家，父母开车接送。全家每月收入4000多元，可以维持一家的生活。因为各种原因，家里的主要事情都是由要强的母亲去办。

小艳，女，16岁，肢体残疾，妈妈也是肢体残疾。小艳和妈妈相依为命，在乌鲁木齐的两间出租屋里生活。父亲在小艳一岁多的时候去世了。小艳和母亲都是农村户口。她母亲原先在达坂城农村靠种地为生，因经济状况不佳，以及在农村孩子无法得到有效治疗，她们就搬到乌鲁木齐寄居。

小杰，男，8岁，脑瘫。一家四口，爸爸、妈妈还有姐姐，居住在乌鲁木齐近郊的乌拉泊村。妈妈和住在附近的奶奶与舅妈一起照料他。因为他的残疾，父亲拒绝回家。他的残疾是导致父母感情破裂的主要因素。

小星，男，15岁，二级多重残疾，包括智力残疾、言语残疾、视力残疾、唇裂及腭裂（已治好）。小星的家庭一共有5口人：爷爷、爸爸、妈妈、他和妹妹。爷爷年事已高，和爸爸一起住在乡下，爸爸靠种地、干农活、打杂工挣钱。妈妈为了孩子上学，到S县A宾馆做服务员，月工资650元，带着小星和妹妹在S县火车站附近的贮木场一带租120元/月的民宅。小星就读于S县H小学的特教班，妹妹在同一个学校的正常班级读三年级。

从上面的介绍中可以看到，这些家庭的背景差距非常大，儿童残疾的类型也不同，相似的方面是，他们的残疾程度比较严重，都需要大量的照料和支持。在这些儿童的生活中，母亲都是照顾儿童和支撑家庭的核心，母亲承担了照料残疾儿童的主要负担。

二　照料负担

照料包括一系列维持儿童生存健康的活动，如穿衣、吃饭、洗浴、清理、看护、购物和活动等。任何家庭和儿童都需要照料，但是，残疾儿童家庭的照料负担更重，因为强度更高、时间更长，并且不像正常的儿童，家长的照料负担可以随着孩子的成长而逐渐减少。家长对残疾儿童的照料可能要持续一生。在访谈中，绝大多数的家长认为残疾对家庭的影响主要是由照料问题引发的。照料工作主要由家庭中的女性成员承担，特别是妈妈。养育残疾儿童的照料负担也主要加在母亲身上。

小艳的舅妈说："孩子的父亲在孩子一岁多的时候就去世了，照看孩子的重担就落在妈妈的身上了。那个时候，孩子的奶奶还在，负担了一部分照料工作，使母亲可以出去打工，补贴家用。"有时候，还需要其他亲属的帮助，"孩子需要照顾，她妈妈什么都干不了，她妈妈要是病了就是奶奶照顾，但是奶奶老了身子不好，所以就成了舅舅和舅妈的负担"。奶奶去世后，照看孩子的重担全部落在母亲身上。

对残疾儿童的照料和一般的家庭照料的不同之处在于，有些残疾儿童需要高强度和长时间的照料。小杰的舅妈说："这孩子不能自己洗漱，鞋子、袜子都得别人帮忙穿（调查员刚见这个孩子的时候，孩子脸上脏脏的，她母亲立刻给他洗脸），如果没有人给他提裤子，他就会把屎拉在裤子上，很多时候会直接尿在裤子上。吃饭更是困难，有一段时间（6岁的时候）孩子从早上一起来就哭，喂饭的时候也哭，吃一口饭哭一阵，大概是孩子哪里疼，他也说不出来，看得我们很心酸。这个孩子因为之前一直不能走路（7岁前），多半时间就是在地上爬，几天爬烂一身衣服，废得很。一天中1/3的时间得花在他身上，他跑出去我们还得去找，路上来往有车怕他出事故。"

另外一个孩子的母亲这样形容自己的照料负担："他生活完全无法自理，所以每天大概得时时刻刻有人陪他，他也不愿意一个人待着，不然总是哭闹。一天大概得10个小时吧……一天的大部分时间都放在他身上，做点什么都提心吊胆的，总担心他出什么事情，怕他摔着碰着……孩子基本上没有离开过父母，不会做饭，不能一个人外出。基本上一个白天的时间我的心都在孩子的身上……孩子一直要有人看着，甚至在晚上，我也必须和他睡在一起，因为孩子肌肉萎缩以后就是皮包骨，睡觉时间稍长就会觉得硌得慌，但是他自己不能翻身，只能叫妈妈。"

由于残疾儿童生活不能自理，母亲对儿童的照料的场合不仅仅局限于家中，而是随着儿童转移。当儿童求学或求医的时候，母亲对儿童的照料就会扩展到家庭之外，如学校或求医的路上、医院、学校。

母亲带昕昕外出治病的时候，都是母亲一个人带着孩子。昕昕的母亲说："两个人去负担不起，来回车票都那么贵……回来的时候，我背着他，还提了四个包。当时还没有直达的火车，还要到郑州转车，郑州火车站那么大，我背着小孩，提着包，还推着行李箱，就这么走，别人都望着我。"

由于昕昕有特殊情况，他在学校也不能正常学习。昕昕早上会喝很多水，上午上了两节课后，就要去上厕所。他本来可以一个人扶着墙走，可是课间的时候，学校走廊里到处都是学生，互相追打推挤，一个不小心，他就会跌倒，老师和同学也很少帮忙。母亲不得已，只好自己每天往学校跑一趟，送他上厕所。这样下来，母亲每天要往学校跑四五趟，非常辛苦。

访谈材料显示，在照料压力之下，在将孩子送进学校接受教育的家长中，有一些家长是把学校当做托管场所，而不是教育场所。对他们来说，孩子进入学校便能减轻家中的照料负担。这也从侧面反映了残疾儿童家庭对照料服务的需求。同时，为了减轻学校的负担，校方经常要求母亲到学校帮助照料。

调查发现，照料负担是残疾儿童家庭经济压力和精神压力的最主要来源。首先，照料束缚了家庭的劳动力，使家庭收入减少，减小了改善已恶化的家庭经济状况的机会。有研究者分析，残疾儿童家庭经济状况不佳的主要原因并不是最早发现残疾后求医问药导致的，而是由对残疾儿童进行持续照料或康复治疗导致的。接受康复训练的残疾儿童并不多，因此，我们认为照料问题是残疾儿童家庭经济压力的主要根源。其次，长时间的照料可能使照料者缺少社会交往的机会，也可能造成残疾儿童家庭在社会融合方面的障碍。高强度的和长时间的照料则容易导致照料者心理情绪方面的问题。这些问题在我们调查过的母亲身上都出现了。

三　经济负担

所有调查过的残疾儿童的母亲，都有经济压力，必须设法挣钱，维持生活，并且为自己残疾的孩子支付额外的医疗、康复和教育费用。经济负担是残疾儿童母亲必须面对的一个沉重的压力。在有残疾儿童的家庭中，父亲因为儿童残疾和母亲离婚，拒绝赡养家庭的情况很多。这使很多母亲必须既照料儿童，又独立赡养家庭。

中国的女性劳动力市场参与率非常高，70%的妇女都参加工作，她们的收入是家庭收入的重要组成部分。残疾儿童的母亲因为要承担繁重的照料工作，可以选择的工作机会大大减少。减少了女性的工作收入，也就是减少了家庭的收入。单亲的、丈夫不赡养家庭的、残疾的残疾儿童母亲，经济负担就更加沉重。

残疾儿童的母亲必须承受的经济负担表现在：①母亲因为有照料负担，不能外出工作，必须面对巨大的经济压力。②母亲既工作又照料残疾儿童，承担双重的负担。这种情况影响女性本身在职场的发展。③由于残疾儿童额外的医疗、康复和入学的需要，家庭往往需要举债。借钱和还债也是母亲重要的经济负担。

在第一种情况下，母亲不能有正常的工作，又必须获得一定的收入，只能从事一些时间上比较灵活，但收入和稳定性差一些的工作。

单亲家庭残疾儿童小艳的父亲早逝，母亲说："我现在要照顾孩子，所以不能工作，经济压力很大，我带着她就不能正常地上下班……为了这个娃娃我啥事情都做不了，我没有办法去找个打工的活儿，我得照顾着这个孩子，她把我套得死死的。"

母女两人都是农村户口，没有什么文化，不能享受低保。因为不能就业，小艳的母亲只能在自己的家里开小卖部，挣点钱。但是，因为没有多少资本，又要照顾孩子，连开门的时间都不能保证，小卖部随时都有倒闭的可能。调查员发现"这个小卖部其实没有什么货物，可能是资金不能周转，也有可能是母亲每次提货不能花太长时间，总之，这个小卖部是相当的不景气"。被问及经济状况，母亲一脸愁容道："这个小卖部挣不上啥钱，只够交电费和房费，一毛钱都剩不了，我这里面也没啥东西，孩子还得照顾，又不方便去进货。常常就东借西借地过日子，不好过。"又说："这几个月的房租我还没有交上呢，房主天天问我要呢，说交不上的话就搬出去。"

母亲面临的经济压力，也会影响孩子。在母亲艰难的时候，小艳常常说："我出去要钱吧！"她觉得她能做的只有上街乞讨了。

在第二种情况下，为了筹措生活费、儿童教育和医疗费用，母亲可能被迫选择不适合自己的职业。如一名盲童的母亲说："孩子做了一次大手术，使我们欠了朋友一些钱，我只能辞去薪水不多的教师的职业，改行去做保险推销。"这种选择从某种程度上来讲也是被动的，而且保险这份工作比教师要累。

残疾儿童倩倩的父母离婚了，父亲没有给母女俩一分钱。母亲原来在深圳有份不错的工作，为了给倩倩治病，她辞掉了工作。母亲带着倩倩到全国各地治病，花完了全部积蓄。回到家乡之后，由于自己没有经济收入，没有住处，一直住在姐姐家，姐夫对此也很不满，姐姐、姐夫经常为此吵架。倩倩的母亲不得已，为了解决经济问题，就匆匆找了一个庄稼汉嫁了。调查时，母亲凭着以前学过的一点会计知识，在县城里给别人打工、当会计，每个月只有三四百元的收入。倩倩的继父是个农民，平时在乡下种田，地里不忙的时候才回到县城的家中，和妻子孩子一起过。

在第三种情况下，除了生活负担，残疾儿童家庭必须承担额外的、往往是巨额的医疗和康复费用。儿童接受教育的费用，在很多情况下，是由母亲负责筹措的。举债和还债，往往历时多年，成为母亲沉重的经济负担。

安琪的母亲说，孩子刚做手术时，花的钱就是"10 万元、20 万元"，都是她四处借的，7 年时间过去了，"现在我们跟外面借的钱基本上都还完了"。可以看到这个家庭经济上面临的压力。昕昕的母亲对自己承担的经济负担这样说："有这样一个小孩，有钱都会变没钱。"其他残疾儿童的母亲，都有举债的经历。小星的母亲也是一边照顾小星，一边努力工作挣钱养家还债。

国家的经济支持，可以有效缓解残疾儿童母亲的经济负担。与残疾儿童家庭有关的、国家提供的收入补贴项目，主要是"低保"。低保的覆盖面有限，只限于最贫困的家庭，保障程度也非常有限。在调查的几个地区中，北京的残疾儿童家庭经济状况稍微好一些，国家对残疾儿童家庭的帮助也多一些。其他地区，社会保障制度对残疾儿童家庭的支持也在加强。不过，总体来说，中国的残疾儿童家庭，能够得到国家补贴的比较少，家庭必须自己设法解决几乎所有的经济问题，贫困率比没有残疾儿童的家庭高得多。这些经济负担，最终一般都落到母亲身上。

在北京，政府对残疾儿童及其家庭的保障措施比较完善。安琪接受几乎免费的特殊教育，母亲在偿还完为安琪治病所借的债务之后，家庭经济情况比较稳定，安琪可以过上衣食无忧的生活，母亲也可以尽量为女儿提供一个不低于其他正常儿童的生活水平。倩倩的母亲在得到低保救助之后，经济负担减轻了许多。但是，在社会保障措施缺失的情况下，残疾儿童母亲承担的经济负担就非常沉重，尤其是在父亲不能赡养家庭的情况下，经济负担有时会把母亲和儿童逼到绝境。例如，倩倩的母亲说，她们现在住的地方，连几十瓦的灯泡都用不起，也交不起电费，只能用一个十几瓦的灯泡，天色很晚了才开；还有像小艳那样被迫想要上街乞讨的情况。

四　儿童发展负担

由于残疾儿童的特殊情况，他们对医疗康复服务的需求更多，在获得教育方面的困难更大，未来更渺茫。为了孩子的未来，母亲必须在这些方面承担起更多的责任，付出更多的努力。我们把这称为"儿童发展负担"。

在中国大部分地区，脑瘫儿童很难得到需要的康复治疗。为了孩子的未来，残疾儿童倩倩的母亲，除了带着孩子到处求医问药，还承担起康复师的责任。

离婚后，母亲就一个人带着倩倩到全国各地去治病，听说哪里有名医能够治疗脑瘫，就带倩倩去哪里，北京、上海、山西等各处都跑遍了。花光了十几万元的积蓄以及从别人那里借的钱之后，母亲就带倩倩回到家中。当时赣县还没有康复治疗服务，母亲就在家里独自帮倩倩进行康复训练。

对脑瘫患者来说，最开始的训练就是走路。小时候，倩倩连坐都坐不稳。为了让倩倩站起来并学会走路，母亲要长时间双手扶着倩倩，扶得手臂都酸痛了，经常是两人一起"砰砰"倒在地上。"他经常摔跤，摔得一身脏，我洗衣服都累死了"，母亲这样说，"每天不上班的时候，就扶着她走。她要是跌倒了，我都不去扶她，也不让别人扶，就叫她自己站起来，这也是一种锻炼。后来她走出了第一步，以后再走就容易很多了"。母亲对倩倩日复一日的训练，使倩倩已经能够借助拐杖，扶着墙壁自己慢慢走路了，生活也基本上可以自理了。

倩倩上学困难，母亲还必须承担起教师的责任，教倩倩说话写字。母亲说："那时候我就把自己当做小孩一样，声音、表情、动作各方面，像儿童节目里的老师那样，教她发音、说话，练儿歌……以前教她写字，她写的字很大，都控制不了，我就抓着她的手教她写，现在写的字漂亮多了"。

小星的情况与此类似。小星出生后，母亲生活的重心便是小星，大部分时间都投在对小星的康复治疗上。在小星五岁之前，母亲和小星的大部分时间都花在医院，先后到外地做了唇裂和腭裂的修复手术。腭裂补好了，吃饭不成问题，身体才渐渐好转。由于小星的生活不能自理，母亲必须时常把小星带在身边，并尽量和小星交流，让小星有所进步。母亲手把手教了小星好多天，才教会小星写几个汉字，如"人"和"大"。

残疾儿童的母亲还必须关注孩子的心理健康，避免儿童因为受到歧视而造成心理问题。盲童安琪的母亲，用非常开放的理念教育孩子，随安琪的兴趣去发展，发现安琪对文学有兴趣，就在周末和每晚睡觉以前和安琪相互编故事玩，训练安琪的想象力和表述能力，还经常给安琪买盲文图书，尽可能地丰富安琪的生活。母亲通过言传身教，教育安琪对待生活要乐观。她告诉安琪："我的女儿很优秀，我觉得她就是生活的强者而绝对不是废人，我为她骄傲。"

残疾儿童母亲的发展负担，还反映在对第二个孩子的培养上，倩倩、安琪、小星和昕昕的母亲，为了孩子的未来考虑，都生育了第二个孩子，希望在父母去世之后，残疾的孩子还有亲人可以依靠。安琪的妈妈说："我想把我的儿子培养得特别好，让他姐（安琪）以后有个依靠。"昕昕的妈妈说，她生第二个儿子也是"因为昕昕太孤单了"，"小孩子小时候可以一起玩……以后都长大了，我们又不在了，两兄弟还可以互相支持，起码昕昕不是孤单单地一个人活在世上"。

残疾儿童母亲面临的发展压力特别大，很重要的一个原因是社会给残疾儿童提供的发展服务非常有限。即使是这些儿童应该享受的服务，如随班就读的教育服务，往往也需要母亲经过斗争和努力才可以得到。倩倩、昕昕、小星、小艳在上学的问题上都几经波折。这增加了母亲的额外负担，包括经济上的额外负担和为孩子上学奔走的精神压力。在北京，政府对残疾儿童的教育措施得力，安琪可以在盲校得到很好的照料和教育，母亲的精力也可以集中在怎样让孩子更加健康地成长上。

五　精神负担

残疾儿童母亲的另外一个重要的负担，是精神负担。没有照料过残疾儿童的人，很难想象残疾儿童母亲在精神上承受着多么大的压力。我们只能用这些母亲自己的话，来描述她们的精神负担。

在抚养倩倩长大的过程中，母亲承受了很多精神压力。比起经济压力，精神负担对母亲的影响更大。倩倩的母亲说："以前，晚上经常流眼泪，眼泪都止不住，就好像一块石头压在心上，喘不过气来……我也不敢去想她（倩倩）以后会怎样，想了我自己脑袋都会爆炸，自己都会出事。"

"我像死过几回的人一样，有的时候真的承受不了。晚上也睡不着觉，很辛苦，就去街上买安眠药，那时候就想，要是吃了药，再也不醒来就好了。真的有过这样的想法。"

调查员问母亲，是否想过和别人说说，把自己的心理压力释放出来。母亲说，她不敢和别人说，她觉得，有的事情没必要说，即使说了，生活也不见得会有什么改善。在北京治病时，母亲有一次跌倒了，腿肿了，疼得受不了，不敢在其他人面前哭，只能一个人躲在厕所里不停地流泪。

不过，母亲也承认，把这些压力说出来之后，确实会好一点。要是熟人问起她的情况，她也会倾诉一些，但是别人要是不问起，她也不会主动去说。

安琪的母亲说："从安琪病了以后，我就没有一天自己（可以自由支配）的时间，比如这一年我除了因为颈椎病休息了半天，就再没休息过。我自己的时间全牺牲在孩子身上了。"安琪得病以后，母亲将用于自己的花销减少到极点。原先有些时间可以同孩子一起分享的，比如逛商场，是很有乐趣的，而现在则要随时随地照顾女儿，母亲精神上的压力比以前大很多。

调查员记录：从母亲的口中，我隐约知道，母亲把所有外界的压力都承担了下来，包括家庭压力、别人不好的态度、歧视等。不把内心的苦闷和怨气转移到孩子身上，尽自己最大的努力为孩子提供他所需要的爱和教育。这样做无疑对孩子是好的，但母亲自己的精神负担和心理压力已经快要接近崩溃的边缘了。

母亲的压力，通过各种渠道被儿童感知。根据调查员的记录，谈话期间，昕昕的母亲一直诉说自己压力很大，要照顾两个孩子，还要想办法上班。她说，当带小孩带得烦了、累了，赶上孩子不听话，也会打骂孩子。母亲对待孩子的态度是矛盾的，一方面是爱心和责任心，时刻提醒自己不能放弃孩子，另一方面又被各种琐事压得喘不过气来。在这种压力下，她的生存格外艰辛。

母亲在抚育残疾儿童时经历的精神压力，目前还处于社会政策和公民社会关注的视野之外。但是，随着残疾儿童家庭服务的改善和社会工作者的帮助，在这个方面对母亲们的支持，终会提上学术研究和政策制定的议事日程。

六　社会参与负担

残疾儿童母亲承担的社会负担，表现在各个方面。首先，残疾儿童的母亲需要为儿童的生存权、发展权和参与权斗争，这种持续不断的斗争可以成为母亲持久的负担。其次，她们必须承担遭受社会歧视的压力。残疾儿童和他们的母亲，都可能成为被歧视的对象。最后，面对有形和无形的社会排斥，残疾儿童的母亲会自觉或不自觉地退出社会交往。

社会负担之一：为了孩子的权益斗争

残疾儿童在生活中受到的各种歧视，母亲都感同身受。调查发现，几乎所有的残疾儿童母亲，都为自己孩子的权益进行过斗争。这包括家庭内的斗争，社会上的斗争，甚至与应该为残疾儿童提供服务的部门，如学校、政府部门和残联的斗争。这是残疾儿童的母亲所承受的社会负担中最沉重的一部分。有时候，母亲成功了，孩子表面上得到了根据他们的合法权益本应无条件享受的服务，但更多的时候，母亲可能失败了。如果没有母亲持续不断地抗争，残疾儿童的处境可能会更加困难。

昕昕母亲的努力代表了所有母亲的努力：在发现了孩子的病情之后，母亲首先要和家里人斗争，坚持给孩子治病。"要不是我坚持，他们早就放弃了"，母亲如是说。孩子稍大点时，她就去和外在的阻力斗争，以便让孩子有机会上学。

昕昕本来有法定的受教育的权利，但是学校拒绝接受他。母亲没办法，只好通过在教育局的熟人，找到学校校长，对昕昕进行考核。考核通过后，学校才把他招收进去。可是，学校在招收的同时，提出了很多苛刻的附加条件：要求家长写一份保证书，保证孩子今后在学校发生的任何问题，学校一概不承担责任，昕昕不能像其他孩子一样参加考核，等等。这些条件都很不公平，可是母亲为了让孩子上学，只能接受。母亲说："我同意了。我就是想让他读点书，接受一点教育，学一点基本的生活常识、社会常识……有些事情，光在家里是学不来的，比如人际交往什么的。这也是为他以后打算。"进了学校之后，开始上课，昕昕遭到了新的不公平待遇：他的眼睛不好，看不清黑板。但是，老师说他坐到前面不老实，还不时摔倒，会影响其他同学，坚持把他安排到教室的最后一排，离黑板最远。母亲几次要求老师把他调到教室前排，都没有如愿。

其他残疾儿童的母亲都有类似的遭遇。除了小星的母亲，小星的家里人都把小星当成负担。小星是在妈妈的一再努力下才可以享受到医疗、教育的权利的。

在北京的安琪，由于政府对残疾儿童的教育措施得力，安琪的母亲对盲校的教育很满意。但是，在社会上，为了安琪的安全和隐私权，母亲必须以一己之力对邻居进行法律诉讼。邻居在离安琪卧室五米之外的地方盖了一所楼房，从楼房的窗户往外看，可以一览无余地看到安琪的卧室。邻居以安琪是盲女为理由，三次拒绝了法院要求封窗的判决。母亲面对威胁和恐吓毫不畏惧，最后把邻居告上了有强制执行权的高级法院，准备坚持到底。母亲说："我不能让安琪生活得没有安全感，我一定要坚持到底。"

社会负担之二：歧视的压力

几乎所有的残疾儿童母亲都有受到歧视的经历。调查员记录道："小星的爷爷奶奶及父亲一家的亲戚都十分歧视小星……还把小星的出生归结为小星母亲的过错，认为他们家娶了这样一个女人是倒了八辈子的霉。"

倩倩的母亲告诉调查员，她再婚后和倩倩的继父回乡下老家，被亲戚取笑说："你怎么生了一个不会走路的女儿？你一个城里人怎么嫁到乡下来了？"她回答说："老天爷让我的女儿不会走路，这样我才知道谁是好人、谁是坏人。"倩倩的母亲爱憎分明，"那些真正心肠好的人，才是我的朋友，我心里会记得他们……连残疾人都欺负的人，简直不是人"。

坚强的母亲为了孩子的生存努力地和社会歧视作斗争，这种负担对她们来说是非常沉重的。调查员记录道："有一回小星的母亲因为不堪小姑的当面辱骂，伤心地在房间里哭，三天没有吃饭，小星也陪着母亲哭了三天没有吃饭，母亲坐在床铺上没有起来，小星就抱着她哭。"

社会负担之三：社交圈子缩小

作为残疾儿童的母亲，她们的社会交往的圈子大大受到限制。

倩倩的母亲感叹道："说起朋友，真正有困难的时候，才知道谁是朋友。"她说，以前读书时的同学和要好的朋友，很多现在都不和她来往了，连"来家里坐坐"这样的客套话都不说了，就是怕她去家里，惹上麻烦，尤其怕向她们借钱。

一个盲童的母亲说："像孩子现在的情况，除非是关系特别好的朋友，否则我一般不带她到朋友家里去，也不怎么让朋友到我家来……我把她带到朋友家，如果遇到外人，那等于是让人家知道了孩子失明的事情，事实上是给人家增加负担……人家势必会在心里想如何安慰我之类的，我觉得完全没必要让别人为难，所以我不愿意让别人知道这件事情，也就不怎么带孩子去串门。这个或多或少还是让我和一些朋友疏远了吧。"

虽然在亲人和熟人之间的社交圈子缩小了，但有些残疾儿童的母亲也会遇到理解和尊重她们、支持她们的人士。她们把这些理解她们的人当做自己真正的朋友。

七　本章小结

在本章写到结论部分时，笔者的心情已经非常沉重。残疾儿童的母亲是一个伟大的社会群体，是为了柔弱无助的"他者"——残疾的孩子，无条件牺牲自己的典范。但是，她们的付出和努力却没有得到社会应有的尊重和承认。不仅如此，由于政策缺位或者社会歧视和冷漠，她们承担着额外的、与儿童残疾没有必然联系的其他负担。一个调查员这样记录她的感受：残疾儿童的母亲遭受了来自四面八方的压力，几乎是全面的压力。而这些压力，只能自己去承受，慢慢消化。那些一时无法化解的压力和情绪，母亲可能会找邻里或者亲人去倾诉，当然更多的时候只有自己默默忍受，她说："孩子是自己的，能怎么办？"

本章利用社会残疾模式，分析了残疾儿童母亲的多重负担，试图用一种更加理论化的方式，对残疾儿童母亲身受的这种全面的、无所不在的负担进行概括。

这些负担包括照料负担、经济负担、发展负担、精神负担和社会参与负担。在这些负担中，照料负担直接和儿童残疾的状态相关。但是，这些母亲的经验非常清楚地说明，残疾儿童母亲面临的五重负担，绝大多数和儿童残疾的事实本身没有直接关系。多重负担主要来自社会对残疾儿童家庭的冷漠及排斥，来自国家支持的缺位，以及来自直接为残疾儿童家庭服务的机构对残疾儿童及其家庭不负责任的态度。在国家支持到位、服务机构认真负责的地区，残疾儿童母亲的压力就会小很多。如果在这些方面能够改进，如果对残疾儿童家庭的支持政策较完善，残疾儿童的母亲承受的压力就会减轻很多。整个社会的福祉也会增加。

从常态化理论的角度看，残疾儿童的母亲和其他母亲一样，都是全心全意地爱自己的孩子，并且为孩子提供各个方面的照料、支持和保护。不一样的是，她们在养育孩子的过程中，遇到了额外的困难，需要政府和社会为她们提供更多的支持。我们分析的五重负担，正是这些母亲需要获得各种支持的方面。

第十章 社会组织在支持未成年残疾人参与权利实现中的功能分析

在本章中，笔者试图通过对一名聋哑未成年人的生活经历和生活环境的考察，对非正式社会组织和正式社会组织在实现未成年残疾人参与权中的功能进行分析。文章发现，聋哑未成年人在社会参与方面的困难，不完全是由他自身的听语障碍造成的，也由主流社会没有为残疾人提供有效参与的条件和环境所造成。聋哑人的非正式社会组织在聋哑未成年人参与权的实现方面，发挥着重要的作用，功能包括交流工具的学习、同类人员的聚集、交流和互助以及利益表达等。

一 前言

（一）研究背景

在中国残疾儿童中，57万人有不同程度的听力语言困难（陈新民、陈亚安，2008）。听力语言是人类最重要的交往工具之一。在听力语言困难的情况下，这些儿童的参与权是否能够实现？在实现参与权的过程中，有什么困难？残疾人组织在这个过程中发挥了什么作用？目前对这个问题的研究还比较少。在本章中，作者试图通过对一个聋哑未成年人的生活经历以及与他成长有关的非正式社会组织和正式社会组织的研究，回答这些问题。

（二）研究方法

这项研究主要利用文献研究和定性研究的方法，通过对残疾儿童和残疾人家庭的生活环境进行半结构性观察，以及对当事人的深度访问，了解残疾儿童的成长经历，并进行分析。深度访问的选样通过"滚雪球"的方法，即先对一两个家庭进行访问，再通过他们，找到更多的残疾人和家庭。

由于沟通困难，调查员之一要通过一位懂手语的非残疾人帮助，才能对残疾人进行访谈。在一个小饭店吃饭时，调查员偶然发现这位黄先生正和阿斌夫妇等残疾人一起吃饭并用手语聊天，同时也开口与店主说话。于是，笔者和他取得联系，请他做笔者的翻译。在得到同意的情况下，笔者与这些残疾人进行了交谈和深度访问。

从社会参与的框架出发，首先，调查员选择了患有听力语言残疾（以下简称听语残疾）的儿童、家庭及其参与的社会组织作为重点调查对象。对听语残疾的儿童来说，最重要的是他们的参与工具，在其他方面，他们和正常人是一样的。如果听力语言受影响，那么儿童与家长、其他儿童以及社会之间就缺少了可以沟通的工具，他们的社会参与就会受到很大影响。对听语残疾的儿童进行研究，可以最直接地观察残疾对儿童及其家庭的社会参与的影响。其次，调查员对影响残疾人进行社会参与的几个层次的组织：家庭、学校、非正式的残疾人组织和正式的残疾人组织——残疾人联合会（以下简称残联）分别进行了深入调查。第一，调查员特别深入地考察了一名聋哑儿童——衡衡（匿名）的成长经历，以及他的父母在抚育儿童成长中的各种体验，试图从他和他的家庭生活经验中，全面、深入地了解社会参与对聋哑儿童和聋哑人及其家庭生活各个方面的重要意义，这些家庭、儿童和聋哑人进行社会参与的努力程度和策略，经历到的困难以及得到的社会支持。第二，调查员还对残疾人的非正式社会组织和正式社会组织——残联进行了调查。调查中，调查员多次访问了这名聋哑儿童的家庭和一个聋哑人非正式群体的发展历史与功能。同时，调查员之一还到聋哑人经常活动的所在地，一间理发店，进行了观察、交谈和深度访问。除此之外，调查员还多次访问了当地残联，并对残疾人正式社会组织和非正式社会组织之间的关系进行了考察。

这项研究的主要发现是，聋哑未成年人在成长的过程中，在参与权的实现方面，由于没有得到必要的福利服务，遇到极大的困难。但是，聋哑人的非正式组织，在他参与权的实现中，发挥了非常大的作用。

（三）研究地点

此次调研地横峰县位于江西省东北部，临近浙江省、福建省和安徽省。距省会南昌市 210 公里，距上海市 624 公里，交通便利。全县总面积 655 平方公里，现辖 6 个乡、2 个镇、1 个办事处，总人口 21.23 万，其中农业人口 17.2 万，非农业人口 4.03 万。按照该县门户网站上的数字，横峰县现有贫困人口 10120 人，低收入人口 23000 人，自 2001 年起被列为国家扶贫重点县。2006 年该县统计局对农村住户进行了抽样调查，结果显示农村住户人均纯收入为 2598 元，对比当年全国平均水平 3587 元，该县属于偏低水平。

按照"第二次全国残疾人口抽样调查"江西省的残疾人口比例 6.39% 计算（CPDF，2007），全县残疾人口为 13571 人，其中听力语言障碍的残疾人占 46.57%（待调查）。

（四）研究对象和目的

本章的研究对象是听语残疾儿童。研究的重点是正式社会组织和非正式社会组织在实现聋哑儿童社会参与权利方面的功能和作用。本章选取了家庭、学校、非正式组织（社团）和残联作为研究的对象。

本章描述了一个有听语障碍的男孩的成长经历。因为社会参与的需要、对象和方式都与儿童的年龄有关，我们把这个男孩的成长经历分成两个阶段：童年阶段（15 岁以前）和向成年过渡的阶段（15 岁以后）。在这两个阶段中，与他成长有关的社会组织是：在童年，两个最重要的组织是家庭（非正式社会组织）和学校（正式社会组织）；当他年龄稍长（16 岁）以后，家庭不再能够满足他社会交往的需要，他逐渐进入了一个新的社会组织，一个残疾人自己的非正式社会组织，和这个组织有密切关系的，是残疾人的正式社会组织——残联。当然。这两个阶段不是截然分开的，儿童参与这些组织的活动也有长时间的重合。

研究目的：揭示残疾儿童和他们的家庭在儿童成长中主要的需要、面临的困难和他们应对的策略，使政府和公民社会理解这些儿童及其家庭的需要和困难，从而为改善这些儿童的成长条件作出贡献。

（五）研究假说

研究现状：目前，对听语残疾儿童的社会参与的需要和社会组织在满足他们这种需要中的作用的研究尚不多见。另外，媒体广泛传播的一个信息是：中国有一个由听语残疾人组成的强有力的犯罪团伙。这使人们对听语残疾人自己的非正式社会组织存在偏见。本章的主要假说是：由于交流手段的特殊性，在家庭之外，听语残疾儿童对人际交往和社会参与的需要，很大一部分需要通过参与听语残疾人自己的组织来实现。因此，正式社会组织和非正式社会组织，在实现听语残疾儿童社会参与权利中，都发挥着不可替代的、重要的、积极的作用。

本章发现，由于听语残疾儿童的性质，他们基本不缺乏独立生活和工作的能力。残疾儿童缺乏的，是使用主流社会的语言与社会其他成员交流的技巧。这种交流技巧的缺乏，不仅影响他们和外界的沟通，也影响他们和家庭成员之间的交流，影响其他儿童权利的实现。受过训练的听语残疾儿童，能使用特殊的语言（如手语）和其他聋哑人交流。笔者认为，与其他社会成员相比，他们只是使用另外一种语言的人群。他们的情况，和没有听力语言残疾的人使用另外一种语言同别人交流（如不会说英语的人进入英语社会，或者不会汉语的维吾尔族儿童进入汉族地区）是非常相似的。笔者有过移民经历，因此有着极为类似的体验。因此，研究聋哑儿童社会参与的状况、工具、渠道和困难，可以更有效地帮助这些儿童。对聋哑人组织的恐惧和偏见，可以最明显地反映出主流社会可能存在的社会排斥和包容意识的缺失。帮助聋哑儿童和聋哑人组织发展和建立与主流社会有效的沟通工具和渠道，可以大大增加社会的包容度，也可以改善聋哑儿童和聋哑人的生活质量。

（六）理论框架

聋哑儿童参与权利的实现，需要一定的条件。通过观察，本章假定，工具（语言）、类聚、交流（互助）以及表达，是残疾人社会参与的四个必要的条件。在残疾人的社会参与过程中，家庭、学校、非正式的群体组织（社团）和正式的残疾人组织——残联，是四个不同层次的社会参与组织。它们在满足残疾人社会参与的需要方面，具有不同的功能，在教育、提供类聚机会、提供交流空间和利益的凝聚和表达方面，也发挥着不同的作用。

这四个组织，在促进残疾人社会参与方面，主要功能包括：第一，通过教育提供交流的工具。工具指交往主体之间交流信息的方式，如语言（包括身体语言）、文字、礼仪等。语言和参与技巧的学习就是掌握交流工具的过程。不同层次、不同人群之间的交往，使用的语言不同，因此，教育是组织的一个重要的功能。第二，类聚。人们在社会参与的过程中，需要发现交往的对象。一般人和交往对象的交流，是基于一定的关系的，如亲缘的、地缘的关系等。家庭是亲缘组织，把有血缘关系的人联系在一起。在儿童的生命早期，以血缘关系为基础的家庭成员之间的关爱、照料和保护，是成长的必要条件，也是家庭内参与的必要条件。但是，当儿童成长到一定的阶段，家庭成员之间的交流和参与已经不够了，他需要与更加广阔的外部世界交往，所有的儿童都一样。不过，由于和主流社会使用的语言不同，在听力语言残疾儿童的家庭，由于父母和儿童之间、儿童和兄弟姐妹和亲属之间，都缺少共同的语言，交流困难，因此儿童的参与需要不能得到满足。他们需要和更多的人交往。这些人必须是和他有共同需要（至少是部分的）、使用共同的语言（至少是可以沟通的语言）。残疾人的正式社会组织和非正式社会组织，对残疾人的社会参与来说，为他们提供了和有共同需要、使用共同语言的人群交往的可能，笔者把这称为"类聚"。类聚的同时，为聋哑儿童的社会参与提供了互动空间。空间一般指参与发生的场所，这些场所是由参与的主体之间的关系构成的，需要有物质的空间作为基础，物质的空间可以是会议室和广场，也可以是互联网等。但是，只有物质的基础，不一定能够构成社会参与的空间。只有参与的主体通过某种方式，发生了某种互动，才能形成参与需要的空间。第三，交流和互助。在所有的这些社会组织中，交流和互助都是重要的方面。儿童在家里，可以与家长交流和互助。儿童在长大并离开家庭以后，都会进入新的社会参与空间，这些空间包括大学、企业、政府和其他各种各样的社会组织。但是，对听语残疾的儿童来说，由于他们和主流社会使用的语言不同，可以进入的新的社会参与空间，与其他儿童相比，要小得多。没有这些组织，他们的社会参与需要就不能实现。而这个时候，残疾人的非正式组织，由于聚集了使用共同语言的残疾人，为满足儿童参与的需要，提供了重要的空间。这些组织首先是友情群体，为语言和参与需要相似的人，提供了交流的空间，满足了他们的需要。第四，利益凝聚和表达。残疾人聚集在一起的时候，不仅能够满足感情交流和互助的需要，也逐渐成为共同利益凝聚的场合。当正式的残疾人组织在政府中有一席之地的时候，残疾人的组织即为利益凝聚提供了空间，也为利益表达提供了政治参与的渠道。

二 童年：正式社会组织和非正式社会组织的功能分析

我们的分析，从聋哑男孩衡衡的成长经历开始。

（一）非正式社会组织：家庭

衡衡，1990 年 10 月出生，患有听语残疾。衡衡家一共五口人，父亲是木匠，初中学历，读了两年高中，但没有毕业。母亲没有什么文化，一直在家，没有工作。衡衡还有一个姐姐和一个哥哥，都是初中毕业后就外出打工，姐姐在浙江，哥哥在广东。家里的经济来源主要靠父亲和大姐的工作支持。由于负担较重，一家人 20 多年来一直住在 40 平方米左右的平房里。

残疾儿童成长的环境首先是家庭。我们对残疾儿童成长的家庭进行了详细的调查。就衡衡的个案而言，父母对他关爱有加，不仅对他进行照料，而且在他的成长过程中，帮助他掌握能够与主流社会进行正常交流的语言工具，并为此进行了长期不懈的努力。

1. 功能一：教育

衡衡被发现患有听语残疾是在 3 岁左右。家人后来回想，应该是他在 1 岁左右发高烧导致了他听力残疾。从发现衡衡的听力出现障碍后，家人就一直积极寻求治疗。在中国，儿童的医疗费几乎全部由家庭负担。对衡衡这样的低收入家庭，医疗费负担之重可想而知。不过，为了治好衡衡的听力语言残疾，家里前后多次去南昌和上海的医院检查和治疗，一共花了 2 万 ~ 3 万元人民币。在得知衡衡一只耳朵还剩 30% 的听力后，家里又花了 3000 多元为衡衡配备了进口的助听器。在医疗和康复的过程中，衡衡父母没有得到过任何优惠和帮助，全部费用都由家庭负担。

听力语言残疾耽误了衡衡的教育。10 岁的时候，父母把他送到了口碑不错的景德镇特教学校，希望他能在学校的帮助下，恢复语言功能。这个学校教学质量和师资力量都不错，衡衡在那里学习，进步很快。在衡衡 13 岁时，他父亲得知横峰县附近有一所特教学校，这个学校是新建的，校舍比较新，并且离家近，不需要缴纳借读费，学费也低，花费能减少一半。衡衡和父亲都比较满意，一致同意转学。但是，转学不久衡衡的父亲就发现，新的特教学校由于师资力量有限，没有开设语训班，衡衡的文化课水平也没有得到提高。此外，这个学校由于办学力量有限，无法提供六年级的教学，衡衡念完五年级就必须另外选择学校。

在这样的条件下，一方面，衡衡的父亲尽其所能，对衡衡的教育进行投入，希望帮助孩子掌握和主流社会交往的工具；另一方面，则是力不从心，让孩子开口说话的期望，最终未能如愿。不过，衡衡还是得到了一定的手语训练，具有和其他聋哑人交流的能力。

2. 功能二：类聚

在衡衡的家庭里，父母和哥哥姐姐都不是聋哑人，都不会手语。家庭在满足衡衡与使用共同语言的人群建立关系方面，发挥的"类聚"功能有限。

3. 功能三：交流和互助

在衡衡生活的早期，和父母的交流通过身体语言就可以满足，但是，衡衡的发展很快超出了这个阶段。由于缺失更高级的交流工具，衡衡和父母之间的交流发生了困难。所有的儿童在成长的一定阶段，都会与家长产生交流困难的问题。这表明家庭在儿童成长的过程中，逐渐不能满足儿童成长和新的社会参与的需要，儿童需要进入新的发展空间。

但是，对听语残疾儿童的家庭来说，与家长交流的困难来得比正常的儿童家庭早得多。在衡衡的家庭中，由于父母和哥哥姐姐都是健康人，他们都不会手语，而且衡衡的语言能力并没有通过特教学校得到很好的恢复，家人只能通过纸笔跟他交流。这就意味着，直到十多岁，在衡衡受到教育会认字写字之前，家人跟他是没有办法交流的。这也意味着，在衡衡入学之后，除了节假日能和家人见面以外，他和家人是无法交流的。同时，这还意味着，衡衡的母亲，由于没有文化不能写字，即使衡衡学会了写字，也无法和衡衡进行交流。而且，在调查中笔者发现，即便学会了写字，衡衡和家人的交流也是比较困难的——聋哑人使用的语言和语法与主流社会有一定的差距。由于衡衡无法理解非聋哑人使用的复杂的词语和长句，所以他与家人只能对一些简单的问题进行交流。

交流的困难，使家庭对儿童的其他保护功能也不能很好地实现。衡衡的父亲曾举过一个例子说明他的无助。2007 年元旦，衡衡的学校有三天假期。衡衡通过生活老师打电话告诉父亲他会回家并且当天晚上就能到家，而衡衡的父母一直等到晚上 12 点多也没有见到他。由于从学校回到家需要转一次车，父亲猜想衡衡可能没有赶上那趟火车。当时正是寒冬，衡衡身上没有多余的钱，如果没有赶上车，他不知道会在哪里挨冻。怀着这样的担心，衡衡的父母忐忑不安地过了一晚。第二天下午 4 点多衡衡终于回到家中，但是很不高兴，也不肯吃晚饭。由于担心了一个晚上，加上衡衡固执得不肯吃饭，父亲有点发火，就比了个手势让衡衡不吃饭就出去。哪里知道，衡衡看到手势后真的抬腿就走。父亲一看着急了，拉着衡衡的衣服不让他走。两个人就这样僵持在大马路上有半个多小时。衡衡的父亲告诉笔者，当时他特别想哭，不知道怎么表达自己，不知道怎么让孩子明白他心里想说的话。直到半个多小时过去后，两个人都平静下来，衡衡的父亲才比画着告诉衡衡让他回家，有什么事情回家写下来。回家后，父亲才知道，衡衡已经有两个月没有上课了。老师不管他，他十分委屈。衡衡的父亲还很无助地告诉笔者，他始终不知道没有赶上火车的那天晚上，衡衡是如何度过的。

还有一次，衡衡突然离家出走，家人接到过两个无声的电话，估计是衡衡打来的。但由于无法沟通，所以没有办法和他联系。他们求助于警察，也没有得到及时的帮助。

那是 2006 年 7 月中旬的一天，衡衡的父亲中午回家发现衡衡不在家，以为他出门玩了，也没有太在意。吃完午饭后，他到卧室准备睡午觉，却发现床上有一张纸条，上面写着："爸爸妈妈，我在家好烦！我想找工作赚钱，你们放心，我会回家的。"看完纸条，衡衡的父母都吓坏了，他们马上到处寻找，却没有得到衡衡的消息。此后，衡衡的父母每天都在担惊受怕中度过，简直是度日如年，担心衡衡遇到犯罪分子。衡衡离家大概 20 多天后，在浙江打工的姐姐接到了一个陌生的电话，电话通了以后却没有人说话，过了一会，同样的号码又打来电话，她觉得很蹊跷，就赶紧跟老家的父亲联系，怕是衡衡给她打的电话。衡衡的父亲结合新闻报道一想，赶紧去横峰县公安局报了案。由于电话号码是湖北的，需要湖北当地公安局进行协查，所以这次报案迟迟没有结果。正当衡衡父母心灰意冷，甚至已经绝望的时候，衡衡却提着大包小包突然出现在家门口。他带回了打工赚来的 1000 元，还给父亲买了一条香烟，给家人买了一袋水果。衡衡后来告诉父亲，他是和同县的一个中年人一起外出打工的，那个人也有听语残疾，他们在浙江卖工艺品，一个月赚 800 元。

其后，他先后又外出了 3 次，直到 2007 年 6 月左右，衡衡突然主动提出想要回学校念书。衡衡的父亲告诉笔者，他曾问过原因，可是衡衡没有说。

除了和父母交流有困难之外，衡衡和兄弟姐妹也存在交流障碍。由于衡衡的情况特殊，在他进入特教学校学习前，他无法和别人交流，因此没有朋友。衡衡的哥哥说，那时的衡衡和哥哥姐姐在一起也是做一些简单的游戏，他很乖，有时很内向，喜欢一个人独处。

在和作者交谈的过程中，衡衡的父亲一直在表达他的忧虑。他认为自己和儿子不能很好地交流，很多时候他无法知道儿子的想法，而且衡衡的固执，让他无法用自己的经验指导孩子。衡衡已经到了成年的年纪，虽然衡衡的父亲很希望他能完成初中阶段的学习，但是衡衡已经不愿意再回学校。衡衡的父亲认为，尽管家庭并不富裕，但他们已经为孩子提供了他们所能提供的最好的条件，在现在这个阶段，像他这样的残疾儿童的父母最需要的是政府能对衡衡这样的孩子进行帮助，培养他们的职业技能，并安排他们在国营的福利企业工作，做一些安全并且稳定的工作。

4. 功能四：利益凝聚和表达

在家中，年龄幼小的衡衡的利益是由父母来代表和表达的。父母为他选择医疗和康复手段，选择学校。这些选择，主要是在市场机制的条件下进行的，基本上没有通过政治手段。家长主要的表达手段还是"用脚投票"，即在市场上选择家长认为最好的教育和康复服务。从上面看到的选择学校的实践看，在政府的支持下，对聋哑儿童的特殊教育事业正在逐渐发展，家长有一定的选择余地。不过，由于信息不充分，家长的选择受到一定的限制。

由家长代表残疾儿童的利益，有几个问题：第一，一般来说，在儿童教育以及残疾儿童教育大量依靠家庭资源的条件下，家长会将家庭作为一个利益整体来考虑问题，并从家庭利益最大化的角度进行选择。很多家长可能会选择较多地向非残疾儿童进行较多投入的方法（访问，2008）。残疾儿童的需要在家庭内部可能受到忽视。不过，在衡衡的家庭里，父母选择的是给衡衡最多的投入。第二，在进行选择的时候，在家长不是残疾人的情况下，家长会从非残疾人的角度来考虑残疾儿童的需要，残疾儿童的利益可能被忽视，或者不能很好地被表达。例如，在衡衡的教育中，家长最强调的是对衡衡与非残疾人交流的语言能力的培养。这也是一般的聋哑儿童家长的要求。但是，根据联合国儿童基金会（UNICEF）专家的意见，忽视手语教育，会使聋哑儿童其他方面能力的发展受到很大的限制，最好的教育应该是双语双文化的教育（访问儿基会专家，2008）。对衡衡来说，他首先需要的也是手语教育。第三，衡衡的家长对衡衡的利益和要求的了解，受到衡衡表达能力的限制。例如，衡衡在学校受到忽视之后，由于无法表达，家长无从得知，也无法代表衡衡表达他的要求。

（二）学校

1. 功能一：教育

学校在残疾儿童成长的过程中发挥着极其重要的作用。衡衡学到了基本的手语，具有了读和写的能力。但是，衡衡在学校受到的教育，也有一定的缺陷，就是没有全力以赴地帮助儿童掌握和非聋哑人沟通的工具。

衡衡的父亲告诉笔者，一般针对聋儿的特殊教育应该分为语训班和手语班两种。前者是针对有一些听力的孩子，除了教他们手语外，还帮助他们恢复语言能力，以达到他们能和正常人进行语言交流的目的。后者是针对完全没有听力的孩子，主要以教手语为主。特教学校并没有把这两种不同需求的孩子区别开来，除了语训课以外，他们所有的课都被安排在一起。衡衡的父亲认为，这样的安排无意中降低了那些尚有听力的孩子们学习发音的积极性。因为学校中完全没有听力的孩子占大多数，孩子们想要交往，最方便的工具还是手语。于是，像衡衡这样的孩子便会放弃使用语言进行交流，而尽量使用方便的手语。

后来，由于经济困难和信息短缺，衡衡到新成立的特教学校学习，那里的办学质量和教学管理并不好。这个学校甚至没有开设语训班。因此，转学以后，衡衡就很少开口说话了，而文化课的学习也没有什么进步。

文化课的学习培养了衡衡使用计算机的能力。计算机是新的交流语言和沟通渠道。衡衡还告诉笔者，他还喜欢上网，他有自己的 QQ 号，会在网上聊天。

2. 功能二：类聚

学校有类聚功能：由于特教学校的学生主要是有听语困难的孩子，进入特教学校以后，衡衡遇到了和他一样有听语残疾的孩子，并且学会了新的交往手段，于是他的朋友多了起来。

除了学生之间建立关系之外，访问资料和其他来源的资料表明，社会上的非正式的聋哑人组织，甚至一些黑社会组织，也到特教学校招募聋哑儿童作为组织成员（访问，2008）。这说明，特教学校的类聚功能十分明显。

3. 功能三：交流和互助

学校内，衡衡可以和同学、老师交流，这些关系一直延续到他离开学校。衡衡离开特教学校以后，假期经常独自到以前的同学家串门，他的朋友也会来家里找他玩。在这种情况下，只有使用共同语言的听力语言残疾人，才能为衡衡提供新的交流对象。他们的组织，无论是正式的还是非正式的，都为衡衡提供了新的参与空间。

衡衡的经验还表明，在新的电子技术时代，听力语言残疾儿童有了利用互联网的能力以后，他们的社会交往空间将会大大拓展。

4. 功能四：凝聚和表达

调查资料没有反映学校在残疾儿童的利益凝聚和表达功能方面的作用。其中一个原因是：主要的访问对象是家长，没有对学校的教师进行访问。这是这项研究的一个局限性。

三　少年时期：正式社会组织和非正式社会组织的功能分析

随着年龄的增加，衡衡对社会参与的要求日益增加。衡衡在家里沉默寡言，同时又频频外出，反映出单纯与家庭成员之间的交流已经不能满足他的需要了。除了在学校里的朋友，衡衡还在生活中结识了新认识的聋哑人朋友。

15 岁的时候，衡衡结识了一个年长的听语残疾人，姓应，40 多岁，是县城的手工业者，靠做秤养活自己。衡衡家人不知道衡衡和他是如何结识的。但根据对县残联主任的访问，这些患有听力障碍的人一般都是偶然认识的，一旦发现彼此有同样的遭遇，便很自然地成为朋友（访问，2008）。

在横峰县，有一个聋哑人的非正式社会组织。和其他残疾人的交往多了，衡衡就很自然地成为其中的一个成员。

（一）聋哑人的非正式社会组织

在家庭之外，衡衡找到了阿斌理发店，即当地聋哑人的非正式社会组织，在那里衡衡结识了新的交往对象。理发店成立于 2007 年，店主阿斌是一名本地 32 岁的听力障碍人士，他的妻子也患有听语障碍。在这个理发店成立前，当地的聋哑人已经形成了一个小团体。理发店成立后，他们便把理发店当做活动的场所，每天晚上聚集在理发店内，聊天、打扑克、打麻将。他们十分团结，有人碰到麻烦，大家通常会一起解决（访问县残联主任，2008）。

1. 组织的形成

这个非正式社会组织最早是由县城里三对残疾人夫妇组成的。他们家庭环境良好，都受过正规的特殊教育。成年后，家里支持他们学了手艺，自主经营。由于他们有固定的店面，和社会各界人士接触较多，所以被人熟知。由于年龄相似，有听力障碍的残疾人不多，出于交往的需求，他们很自然地走到了一起，成为好朋友（访问县残联，2008）。随着县城里聋哑人越来越多，这 6 名残疾人所认识的朋友也越来越多。经过滚雪球式的发展，这个组织越来越大，其中还包括非残疾人（访问县残联，2008）。

笔者了解到，除了聋哑人组织，横峰县还有一个肢残人组织，有 40 多个成员。残联需要这些组织帮助其与残疾人沟通。残联"碰到下达通知，或者开展活动时"，会主动和这个组织联系，请他们帮忙传达通知或组织人员参加活动（访问县残联，2008）。为此，残联会邀请非正式社会组织的核心人物参加县残疾人代表大会，这个代表的身份会强化残联和非政府组织之间的合作。

2. 组织的成员

经常来理发店的残疾人有十多个，他们平均年龄在 30 岁以上，只有两个未成年人。这些残疾人中，有 7 人在南昌、景德镇和浙江等地接受过正规的特殊教育。其他人则没有上过学，不识字。在 7 个受过教育的人中，只有老应和 40 多岁做洗车生意的老徐念完了初中，其他都是小学毕业（访问，2008）。这些聋哑人大多有稳定的工作和收入。这个组织中有 7 名为个体户，主要是在县城开店，业务有理发、钉秤和洗车；其他的人基本都在福利企业工作，但是收入比较低。老应和老徐是这个组织中的核心人物，威信比较高。

3. 组织的功能分析

（1）教育。由于聋哑人受教育的水平参差不齐，这个组织自发地在成员之间传授知识。老应是在浙江金华的一所特教学校受的教育，由于他年龄较大，就读的学校也较好，了解和掌握的知识比较丰富。他曾经组织聚会与成员聊天，教几个没有受过教育的残疾人正规的手语，就连上过正规特教学校的衡衡，也由他纠正了很多错误。

担任翻译的黄先生，从前也只会一些简单的手语，也是在和这些残疾人的交往中，经人指点和慢慢学习，才达到今天的手语水平。

（2）类聚。通过调查者简单的观察，以及结合残联谢主任的介绍，笔者发现这个组织最重要的作用是为聋哑人提供了一个相互认识和交往的公共空间，以满足残疾人基本的社会参与需要。由于生理特点，聋哑人和非聋哑人进行交流非常困难。社会交往是包括残疾人在内的所有人的共同需要，因此，组织成员都需要和处境相似的聋哑人相识，类聚是组织成员的共同需要。

（3）交流和互助。社会交往是这个组织最基本的功能。以衡衡的个案为例：衡衡的父亲说，从认识组织成员老应以后，衡衡通过他，又认识了很多聋哑人。从那以后，衡衡变得开朗了。以前总是待在家里看电视，现在却是一有机会就去理发店找朋友，经常深夜才回家。理发店经常聚集着整个县的聋哑人。衡衡对调查者说，他喜欢去那里，因为大家在一起讨论新闻、讲故事，而他喜欢听故事。

为了和访问者交谈，衡衡的父亲把衡衡从理发店里找回来，才过了半个小时，衡衡就急着离开，回到了理发店。衡衡愿意和聋哑人朋友在一起，是因为只有在这个群体里，衡衡才能充分地理解别人、表达自己，满足他在社会参与方面的最基本的需求。

此外，理发店的另外一个基本功能是互助。组织成员都很团结，一旦有人遇到麻烦，他们都会帮忙，共同解决问题（访问邻居、残联谢主任，2008）。此外，县医院的一名医生说，聋哑人去看病时，也有很多人陪同。一般会有一个能写字的人负责和医生交流，其他的人帮忙照顾病人、交钱、拿药，个个都很热心。这些聋哑人每次就医都给医生留下很深的印象，医生认为"健全人之间的友情远远比不上他们之间的友情"（访问，2008）。

聋哑人之间的互助还包括发现工作机会互相介绍等。衡衡每次离家外出工作，都跟着老应或其他残疾人一起，以便互相帮助和扶持。

（4）利益凝聚和表达。聋哑人组织的另外一个功能是共同利益的凝聚和表达。残联谢主任说，没有组织的残疾人如果有事需要找残联，大多是只身前往，最多叫上一两个亲戚陪伴。而聋哑人却不同，他们通常是集体行动。有一次，一名聋哑人要申请低保待遇，找残联咨询，一下子来了七八个人，残联的"办公室都快挤不下了"（访问县残联，2008）。

（二）残疾人的正式组织：县残联

残疾人的正式社会组织是残联。残联的主要职能是"代表、服务、管理"职能，即代表残疾人共同利益，维护残疾人合法权益；开展各项业务和活动，直接为残疾人服务；承担政府委托的部分行政职能，发展和管理残疾人事业（中国残联，2008）。

与残疾人的非正式社会组织不同，由于是国务院正式批准成立的组织，残联拥有来自公共财政的稳定的资金来源和参与决策的渠道，并可以代政府管理残疾人事务，包括主管残疾人的非政府组织（中国残联，2008）。这些资源都是非正式社会组织所缺少的。但是，残联需要残疾人的非正式社会组织作为纽带，集中凝聚残疾人的利益。没有非正式社会组织，残联的利益代表功能很难充分发挥。调查发现，残联和残疾人的非正式社会组织之间，存在着互相支持和补充的作用。

一方面，横峰县聋哑人的非正式社会组织独立于残联。它是自发形成的，形成以后，运行和活动都没有接受过残联的帮助。另一方面，两个组织之间存在合作关系。从衡衡参加的非正式社会组织的角度看，不通过残联，聋哑人不可能在正式的政治舞台上表达自己的意见；通过残联，聋哑人可以进入正式的利益表达渠道，甚至可以影响决策。从残联的角度看，它依靠非正式社会组织和残疾人建立联系，并通过非正式社会组织开展对残疾人的工作；若没有这个组织的存在，残联就不能很好地和残疾人建立联系，它的利益代表功能会大打折扣。

（三）残疾人正式社会组织和非正式社会组织之间的关系

由于横峰县残联的工作人员中没有听语障碍的残疾人，因此，残联一旦需要和残疾人沟通或者需要通知某些事项时，就会请这个组织中的核心人物——老应和老徐提供帮助。对残联谢主任的访问发现，考虑到老应和老徐文化水平较高，能与健全人进行纸笔沟通，并且在听语障碍残疾人中有较高的威望，残联曾推选他们为县残代会与市残代会的代表。从这点看，残联不但默许了这个非正式社会组织的存在，并且，在某种程度上，残联通过给予这个非正式社会组织的核心人物一个相对官方的身份，强化了他们之间的合作。这说明残联在一定程度上对这个组织的依赖。

另外，从组织的形成原因上看，这个组织对于残联的功能是一个补充。作为具有官方正式身份的残联，本应该主动为残疾人提供交流的平台，帮助残疾人，但残联在这方面的功能是缺位的。残疾人自行组成的这个组织，可以看做对政府缺位的补充。

不过，残联对非正式社会组织的支持，有一定限度，即不允许非正式组织向正式社会组织转换。以上面提到的肢残人组织为例，虽然残联需要通过这个组织与残疾人联系，但是，残联并不支持这个组织向正式的组织转换。2004年，这个肢残人组织想申请注册一个非政府组织，请求残联的支持，被残联拒绝了。

四　本章小结

从上面的分析，可以得到三个结论。

第一，从衡衡参加非正式社会组织活动前后的表现说明，他在社会参与方面的困难，不完全是由他自身的听语障碍所造成的，也是由主流社会没有为残疾人提供有效参与的条件和环境所造成的。他找到了残疾人自己的组织之后，外在的障碍少了，他与社会的交流就没有问题了。因此，为了实现残疾儿童的参与权利，我们的社会还有很多工作要做，包括在儿童发展的早期，及早进行康复训练，使儿童具有更多的和社会交流的能力，也包括为残疾人提供更多的社交渠道和机会。

第二，在横峰县，衡衡参加的这个非正式社会组织虽然仍处于非正式的阶段，但在一定程度上表明，残疾人的公民社会组织正在形成，并且逐步发展。这些组织是残疾人为了满足自己的参与需要而自发创建的。它们在实现残疾人参与权利方面，发挥着重要的、不可替代的功能。它们的缺点在于缺少正式的利益表达渠道。

第三，残疾人的正式社会组织，虽然拥有官方的身份及稳定的经济和组织资源，但是，就在残疾人中的影响力和代表性来说，与非正式组织尚有距离。不过，正式社会组织和非正式社会组织的合作，有利于双方完成组织使命，更好地为残疾人服务。在横峰县，这种合作已经产生了。

结论：政府主导下的社会共识

本书对残疾儿童权利实现的各个方面的研究表明，中国的残疾儿童福利制度在最近十年发展非常迅速。各个方面的制度建设正在逐步推进。发达国家经过数十年时间形成的残疾人权利和包容性理念被引进中国，和中国政府"以人为本""和谐社会"等执政理念结合，直接影响了决策过程。虽然正式的制度安排还存在不少缺口，在中国经济高速发展和国家福利制度迅速推进的大环境下，这些制度缺口会被逐渐弥补。中国正在出现一个全面的、对残疾儿童及其家庭提供支持和服务的福利制度。

但是，理念和政策的迅速转变，需要有强有力的社会共识做基础，需要全社会的参与和支持。改变社会上长期形成的、对残疾儿童及其家庭的排斥和歧视，比政策转变需要更多的时间。本项研究发现，残疾儿童权利保护需要在政府的主导下，建立和推进社会共识，在各个方面，为残疾儿童的健康发展，创造更加宽容、和谐的社会环境。在这个方面，常态化可以提供非常重要的理论前提。

未来的残疾儿童福利制度的建设，需要在下述几个方面作出重要努力。第一，制度建设，在制度尚不完善的方面，推动政策制定和制度建设。第二，政策的落实和实践经验的积累。在基本制度已经建立的方面，需要推动政策的落实和好的实践经验的推广。第三，建立社会共识，推动社会包容，为残疾儿童的成长和残疾人的社会存在，创造一个宽容和谐的社会环境。

本书第三章对残疾儿童生命权的保护现状的分析说明，一方面，我国对残疾儿童生命权的保护缺少有效的制度安排，完全依赖于父母的偏好和决定，对父母的支持也很有限。另一方面，当父母放弃残疾儿童生命的时候，社会上有不少人，对残疾人的生活有很深的误解，会以残疾儿童成长困境为理由，对放弃残疾儿童生命的行为表示理解。因此，在残疾儿童生命权保护方面，制度建设和社会共识的建立同样重要。

本书对残疾儿童家庭经济状况的考察表明，残疾儿童家庭落入贫困状态的可能性更高。现在，政府已经采取了不少措施，试图解决这个问题。在这个方面，政策的执行和落实是解决问题的关键方面。

从儿童发展权实现的角度看，在医疗保障和教育方面，中国正在走向普惠制福利。在医疗保障方面，制度建设正在大踏步向前推进。本书反映的残疾儿童家庭面临的医疗保障问题，正在逐步获得解决。假以时日，残疾儿童家庭面对的困境会大大减少。在教育方面，我国制度建设先行的特点非常明显。在义务教育阶段，残疾儿童随班就读的实践开始很早，比免费的义务教育普及还早。这个领域下一步的主要努力方向应该是建立社会共识，与国家、公民社会和家庭共同努力。

中国基础教育的主导原则具有非常明显的精英教育的特点。这个特点是通过层层考试和筛选来实现的。应试教育是这个原则的制度化。政府教育投入的不平等（向城市倾斜，向高等教育倾斜以及向少数精英学校倾斜）是这个教育原则的体现。教育公平的社会舆论对精英筛选过程（考试）的公平性的关注，远远超过对儿童正常发展本身的关注。家长和学校关注的往往不是儿童正常成长的过程，而是在应试教育评价体系阶梯上所处的相对位置。

在这样的教育主导原则下，中国普通教育的制度安排非常不利于"非精英"学生的发展，更不用说残疾儿童的发展了。即使是非残疾学生，也有很大的可能被边缘化（如果根据考试成绩排名，至少有49%的学生属于"差生"）。在这种背景下，得力于过去30多年的对外开放和强有力的残疾人权利运动，中国的残疾儿童教育体制，直接跳过了西方国家的多个发展阶段，直接接受了"正常化"的教育理念，在特殊教育的资源和发展均极为不足的情况下，在全国普及了"随班就读"的教育实践。这件事对中国精英教育本身的影响，不亚于"随班就读"对残疾儿童发展权实现的影响。

　　受到残疾人运动的影响，中国对残疾儿童的教育制度在过去十年中发生了重大变化。但是，由于社会共识尚未建立，在随班就读的学校，残疾儿童不能得到有效的支持，同时，在平等和包容方面针对非残疾儿童的教育机制也没有建立起来。残疾儿童在普通学校随班就读，可能会受到来自各个方面的歧视，甚至暴力对待。社会态度的改变不是政府发一个文件就可以在一夜之间改变的，还需要国家、公民社会和家庭的共同努力。

参考文献

1. 横峰县统计局:《2007年横峰县经济社会发展回眸》,江西,2008。

2. 横峰县统计局:《横峰县统计年鉴》,非正式出版物,2007。

3. 横峰县志编纂委员会:《横峰县志》,浙江人民出版社,1992。

4. 艾尔·巴比:《社会研究方法(第十版)》,华夏出版社,2005。

5. 蔡礼彬、宋军令:《试论先秦残疾人的待遇》,《文史杂志》2003年第2期。

6. 陈光华、张扬等:《我国大陆随班就读态度研究综述》,《中国特殊教育》2006年第12期。

7. 陈建东、廖常勇、邹高禄:《对城镇最低生活保障制度主要问题的思考》,《经济社会体制比较》2009年第4期。

8. 陈新民、陈亚安:《中国残疾儿童现状分析及对策研究》,华夏出版社,2008。

9. 陈耀红:《残障儿童家庭康复需求的调查报告》,《中国特殊教育》2007年第9期。

10. 陈怡琴:《对家庭中儿童权利保护的调查与思考》,《雁北师范学院学报》2003年第4期。

11. 陈云英:《2004中国特殊儿童教育权利报告》,人民出版社,2005。

12. 陈云英、华国栋:《特殊儿童的随班就读试验》,教育科学出版社,1998。

13. 陈钟林、吴伟东:《情境、资源与交流:生态系统视角下的弱势青少年研究》,《中国青年研究》2007年第5期。

14. 陈钟林:《残疾儿童家庭调查与对策分析》,南开大学出版社,2006。

15. 陈钟林：《国家和地方针对残疾儿童保护、养育、管理的规定和制度汇编》，南开大学出版社，2006。

16. 程福财：《弱势青少年研究：一个批判性述评》，《青年研究》2006 年第 6 期。

17. 戴安娜·M. 迪尼托：《社会福利：政治与公共政策》（第五版），中国人民大学出版社，2007。

18. 邓猛、朱志勇：《随班就读与融合教育：中西方特殊教育模式的比较 》，《华中师范大学学报（人文社会科学版)》2007 年第 4 期。

19. 邓朴方：《在残疾儿童康复工作座谈会上的发言》，http：//www. cdpf. org. cn/2008old/kangf/content/2006 – 09/22/content_ 75626. htm。

20. 第二次全国残疾人抽样调查办公室、北京大学人口研究所：《第二次全国残疾人抽样调查数据分析报告 》，华夏出版社，2008。

21. 第二次全国残疾人抽样调查办公室：《第二次全国残疾人抽样调查主要数据手册》，华夏出版社，2007。

22. 段九如：《天津无肛女婴被放弃治疗续 家长赴京带其出院》，http：// news. enorth. com. cn/system/2010/02/13/004497533. shtml。

23. 方洁、华柄春等：《建立残疾儿童社区康复网络 》，《临床儿科杂志》2006 年第 8 期。

24. 高安市残联：《2008 年高安市残联工作阶段总结》，高安内部资料，2009。

25. 高洪贵：《儿童的主要需求与成长环境》，《当代青年研究》2006 年第 3 期。

26. 郭东旭、杨高凡：《宋代残疾人法初探》，《史学月刊》2003 年第 8 期。

27. 郭平、程建鹏、尚晓援：《中国城乡老年人健康状况与卫生服务利用的差异》，《市场与人口分析》2005 年第 1 期。

28. 郭志巧：《社会工作反歧视视角在流动儿童心理健康中的运用》，《江南大学学报（人文社会科学版)》2007 年第 1 期。

29. 国家统计局、城市社会经济调查司：《中国城市（镇）生活与价格年鉴（2006 年)》，中国统计出版社，2007。

30. 国家统计局、第二次全国残疾人抽样调查领导小组：《第二次全国残疾人抽样调查主要数据公报（第二号)》，《中国残疾人》2007 年第 6 期。

31. 何彩平、马晓琴、曾凡林：《儿童虐待与忽视中的情感伤害》，《南京特教学院学报》2006 年第 2 期。

32. 何金铭：《横峰县政府工作报告》，2008。

33. 何炎芬：《虐待与儿童心理发展》，《社会心理科学》2006 年第 5 期。

34. 横峰县统计局：《2007 年横峰县经济社会发展回眸》，2008。

35. 横峰县统计局：《横峰县统计年鉴》，2007。

36. 横峰县志编纂委员会：《横峰县志》，浙江人民出版社，1992。

37. 胡庆芳：《美国实现全体儿童教育友谊的纲领与实践》，《比较教育研究》2000 年第 3 期。

38. 华国栋：《残疾儿童随班就读现状及发展趋势》，《教育研究》第 24 卷第 2 期。

39. 华国栋：《特殊教育师资培养问题研究》，华夏出版社，2001。

40. 华国栋：《特殊需要儿童的随班就读》，辽宁师范大学出版社，2002。

41. 黄家亮：《论社会歧视的社会心理根源及其消除方式：社会心理学视野下的社会歧视》，《思想战线》2005 年第 5 期第 31 卷。

42. 黄梅萍：《社会资本理论视角下农村残疾人的生活保障体系的建构：以湘西吉村残疾人研究为个案》，《长沙民政职业技术学院学报》2007 年第 2 期。

43. 江西省统计局、江西省第二次全国残疾人抽样调查领导小组：《2006 年第二次全国残疾人抽样调查江西省主要数据公报》，http：//www.jxdpf. gov. cn/view. aspx？ newsno = 00000346。

44. 教育部：《2009 特殊教育基本情况》，http：//www. moe. edu. cn/publicfiles/business/html. files/moe/s4964/201012/113459. html。

45. 赖素莹：《农村孤儿生活状况和需求调查研究——以湖北省黄陂、安陆农村孤儿调查为例》，《青年探索》2006 年第 6 期。

46. 李海燕、尚晓援、程建鹏：《北京市孤残儿童被遗弃的原因分析》，《北京社会科学》2004 年第 4 期。

47. 李迎生、厉才茂等：《残疾人社会保障理论与实践研究》，华夏出版社，2008。

48. 李迎生：《弱势儿童的社会保护：社会政策的视角》，《西北师范大学学报（社会科学版）》2006 年第 3 期。

49. 李玉凤、潘建平等：《陕西省 3～6 岁城区儿童忽视影响因素的调查分析》，《中国全科医学》2005 年第 5 期。

50. 李泽慧：《加强教师教学能力研究，提高随班就读教学质量：近二十年来我国随班就读教师研究的综述》，《南京特教学院学报》2006 年第 4 期。

51. 梁爱民、武英华等：《北京市 0～6 岁儿童智力低下的现患率调查》，《中国实用儿科杂志》2006 年第 11 期。

52. 梁祖彬：《家庭服务与儿童福利》，《民政论坛》2001 年第 3 期。

53. 廖洪波：《82 例聋儿家长对康复认知与需求的调查分析》，《中国听力语言康复科学杂志》2005 年第 5 期。

54. 刘继同：《人类需要理论与社会福利制度运行机制研究》，《中国福建省委党校学报》2004 年第 8 期。

55. 卢德平：《中国残疾青少年特殊教育问题评估报告》，《中国青年政治学院学报》2004 年第 5 期。

56. 卢德平：《中国弱势儿童群体：问题与对策》，社会科学文献出版社，2007。

57. 卢亦鲁：《残疾儿童家长的认识误区》，《健康博览》2007 年第 1 期。

58. 陆士桢、常晶晶：《简论儿童福利和儿童福利政策》，《中国青年政治学院学报》2003 年第 1 期。

59. 陆士桢、宣飞霞：《关于中国社会城市青少年弱势群体问题的研究》，《青年研究》2002 年第 7 期。

60. 陆士桢：《中国儿童社会福利需求探析》，《中国青年政治学院学报》2001 年第 6 期。

61. 陆士桢：《2007 简论儿童福利和儿童福利政策——儿童福利行政》，http：//blog. china. com. cn/lushizhen/art/83896. html。

62. 陆士桢：《2010 中国儿童福利发展研究》，http：//society. people. com. cn/GB/11099770. html。

63. 陆士桢：《1997 简论中国儿童福利》，http：//www. china001. com/show_hdr. php？xname = PPDDMV0&dname = J9OLB41&xpos = 47。

64. 吕军、陈刚等：《医学康复对实现残疾人康复服务的影响》，《医学与哲学（人文社会医学版）》2007 年第 7 期。

65. 吕军、陈刚等：《组织网络对实现残疾人康复服务的影响》，《医学与哲学（人文社会医学版）》2007 年第 7 期。

66. 吕诺 ：《我国小学学龄儿童入学率达到 98.65%》，http：//www. edu. cn/tong_ ji_ 278/20060323/t20060323_ 95574. shtml。

67. 吕卫华：《青少年弱势群体受精神虐待现象探析》，《河北青年管理干部学院学报》2003 年第 1 期。

68. 马洪路：《中国残疾人社会福利》，中国社会出版社，2002。

69. 马洪路主编《中国残疾人社会福利》，中国社会出版社，2002。

70. 马韵：《儿童虐待：一个不容忽视的全球问题》，《青年研究》2003 年第 4 期。

71. 猫扑：《关于天津无肛宝宝的讨论》，http：//dzh. mop. com/default. jsp? url = http：//dzh. mop. com/topic/readSub_ 10931212_ 0_ 0. html。

72. 孟万金、刘在花、刘玉娟：《采取有力措施，促进残疾儿童教育权利：六论残疾儿童教育公平》，《中国特殊教育》2007 年第 4 期。

73. 孟万金、刘在花、刘玉娟：《残疾儿童教育不公平现象的原因分析：五论残疾儿童教育公平》，《中国特殊教育》2007 年第 3 期。

74. 孟万金、刘在花、刘玉娟：《建立健全教育质量保障体系，促进残疾儿童教育过程公平：七论残疾儿童教育公平》，《中国特殊教育》2007 年第 5 期。

75. 孟万金、刘在花、刘玉娟：《让更多残疾儿童接受教育 ：三论残疾儿童教育公平》，《中国特殊教育》2007 年第 1 期。

76. 民政部：《社会服务发展统计报告（2010）》，http：//www. mca. gov. cn/article/zwgk/mzyw/201106/20110600161364. shtml。

77. 民政部：《社会服务发展统计报告（2011）》，http：//www. mca. gov. cn/article/zwgk/mzyw/201106/20110600161364. shtml。

78. 牟阳春、韩进等：《中国教育统计年鉴》，人民教育出版社，1987。

79. 南开大学"预防遗弃婴儿基线调查"课题组：《弃婴现象的公众舆论调查分析报告》，南开大学，2006。

80. 牛玉柏、刘泽文、田宝：《家长对残疾儿童随班就读的态度量表编制》，

《中国康复理论与实践》2005 年第 2 期。

81. 潘建平、李玉凤：《儿童忽视的预防和干预》，《中国全科医学》2007 年第 3 期。

82. 潘建平、杨子尼等：《中国部分城市 3～6 岁儿童忽视状况及影响因素分析》，《中华流行病学杂志》2005 年第 4 期。

83. 潘建平：《儿童忽视的分类和表现以及预防工作进展》，《中国全科医学》2002 年第 3 期。

84. 秦鸿雁、周琼：《聋哑人犯罪一为盗窃二为抢夺》，http：//news. sina. com. cn/c/l/2008－02－13/052314927752. shtml。

85. 秦鸿雁、周琼：《深圳聋哑人犯罪群体调查：不同国籍者协同作案》，http：//news. sina. com. cn/c/l/2008－02－13/052314927711. shtml。

86. 邱卓英、李建军：《国际社会有关残疾与康复的理念与发展战略的研究》，《中国康复理论与实践》2007 年第 2 期。

87. 国家人口计生委发展规划司：《人口和计划生育统计公报——2006 年全国人口和计划生育抽样调查主要数据公报（2007 年第 2 号）》，http：//www. cpirc. org. cn/tjsj/tjsj_ gb_ detail. asp？id＝9447（出生婴儿性别比居高不下。1996～2005 年出生婴儿的性别比达 127）。

88. 塞弗林·沃纳、坦卡德·小詹姆斯：《传播理论——起源、方法与应用》，华夏出版社，2006。

89. 尚晓援：《残疾儿童生命权保护的个案研究》，《山东社会科学》2011 年第 3 期。

90. 尚晓援：《中国弱势儿童群体保护制度》，社会科学文献出版社，2008。

91. 尚晓援：《中国孤儿状况研究》，社会科学文献出版社，2008。

92. 尚晓援：《公民社会组织与国家之间关系——来自三家非政府儿童救助组织的启示》，《青年研究》2007 年第 8 期。

93. 尚晓援：《走近黎明之家》，《改革内参》2005 年第 12 期。

94. 尚晓援：《中国社会安全网的现状及政策选择》，《战略与管理》2001 年 11 月第 6 期；《中国社会科学文摘》2002 年第 3 期转载。

95. 尚晓援：《"社会福利"与"社会保障"再认识》，《中国社会科学》2001 年第 3 期。

96. 尚晓援：《从国家福利到多元福利——南京市和兰州市社会福利服务的案例研究》，《清华大学学报（哲学社会科学版）》2001年第4期第16卷。

97. 尚晓援、王小林：《中国儿童福利前沿（2011）》，社会科学文献出版社，2011。

98. 尚晓援、虞婕等：《中国自闭症儿童家庭需求研究》，民政部（工作报告），2011。

99. 尚晓援，李敬：《用户参与与民间儿童福利服务机构的公信力》，《学习与实践》2011年第3期。

100. 尚晓援、王小林、陶传进：《中国儿童福利前沿问题》，社会科学文献出版社，2010。

101. 尚晓援、陶传进：《中国儿童福利制度的权利基础及其限度》，《清华大学学报》2009年第2期。

102. 尚晓援、程建鹏：《中国孤儿状况分析》，《青年研究》2006年第10期。

103. 尚晓援、伍晓明：《中国农村孤儿保护体制的个案研究》，《中国青年研究》2006年第12期。

104. 尚晓援、刘浪：《解析东亚福利模式之谜——父系扩展家庭在儿童保护中的作用》，《青少年犯罪问题》2006年第5期。

105. 尚晓援、吴文贤：《对我国流浪儿童教育问题的探讨》，《青少年犯罪问题》2006年第1期。

106. 尚晓援、伍晓明、董彭滔：《"黎明之家"的生存发展之路》，《NPO纵横》2006年第5期。

107. 尚晓援、李振刚：《儿童的抚育成本：安徽省阜南县农村抚育成本研究》，《青年研究》2005年第9期。

108. 尚晓援、伍晓明、李海燕：《社会政策、社会性别和中国的儿童遗弃问题》，《青年研究》2005年第4期。

109. 尚晓援、伍晓明、万婷婷：《从传统到现代：从大同经验看中国孤残儿童福利的制度选择》，《青年研究》2004年第7期。

110. 尚晓援、伍晓明、杨洋：《南昌市儿童保护制度的演变》，《青年研究》2004年第11期。

111. 尚晓援、李海燕、伍晓明：《中国孤残儿童保护模式分析》，《社会福利》2003 年第 10 期。

112. 孙钢:《隔离制特殊教育和一体化特殊教育的比较研究》,《中国特殊教育》1999 年第 1 期。

113. 孙军玲、季成叶等:《智残儿童康复现状及家庭社会经济因素对其的影响》,《中国临床康复》2006 年第 8 期。

114. 孙喜斌、贺鹭等:《北京市 0～6 岁听力残疾儿童康复需求分析》,《中国听力语言康复科学杂志》2005 年第 2 期。

115. 孙莹:《我国特殊困难儿童的福利需求分析及其应有的干预策略》,《青年研究》2004 年第 1 期。

116. 孙莹:《建立我国特殊困难儿童社会支持系统的基本策略:培育和发展社区和非营利组织》,《青年研究》2004 年第 9 期。

117. 孙正娟:《专业家庭社会工作:未来家庭的需求》,《湖北社会科学》2003 年第 4 期。

118. 覃贻花:《"小希望"事件渐平息 无肛宝宝母亲不想被打扰》,http://news. enorth. com. cn/system/2010/02/11/004494951. shtml。

119. 谭间心:《多重残疾实力障碍儿童行为治疗的个案分析》,《教育导刊》2006 年第 3 期。

120. 《天津无肛女婴事件始末》,http://laiba. tianya. cn/laiba/CommMsgs? cmm = 43194&tid = 2718017910248651052。

121. 《持续关注无肛宝宝》,http://laiba. tianya. cn/laiba/CommMsgs? cmm = 876&tid = 2717672208334590140。

122. 万书玉:《社区残疾人群心理健康与社会支持状况调查》,《中国南京市委党校南京市行政学院学报》2007 年第 1 期。

123. 王宁:《代表性还是典型性:个案的属性与个案研究方法的逻辑基础》,《社会学研究》2002 年第 5 期。

124. 王宁:《个案研究的代表性问题与抽样逻辑》,《甘肃社会科学》2007 年第 5 期。

125. 王萍萍:《中国贫困标准与国际贫困标准的比较》,《中国国情国力》2006 年第 9 期。

126. 王晓玫:《特殊儿童受虐待发生的原因及对策》,《社会福利》2002 年第 12 期。

127. 王瑛琳、吕素芬、卢家荣：《118 例脑瘫患儿家长的心态调查及护理》，《护理学杂志》2002 年第 10 期。

128. 王玥：《北京模式的孤残儿童家庭寄养研究》，中国社会科学院研究生院硕士学位论文，2005。

129. 王洙、杨希洁、张冲：《残疾儿童随班就读质量影响因素的调查》，《中国特殊教育》2006 年第 5 期。

130. 王贵松：《我国优生法制的合宪性调整》，《法商研究》2011 年第 2 期。

131. 韦小满、袁文得、刘全礼：《北京香港两地普小教师对有特殊教育需要学生随班就读态度的比较研究》，《北京师范大学学报（人文社会科学版)》2001 年第 1 期。

132. 卫生部、中国残联：《中国提高出生人口素质、减少出生缺陷和残疾行动计划（2002～2010)》，2002。

133. 席会萍、史会荣等：《脑瘫患儿家长的心理分析及护理观察》，《现代护理》2006 年第 5 期。

134. 向秀英、邓云龙：《儿童心理虐待及其不良影响》，《中国教育学刊》2007 年第 2 期。

135. 肖非：《中国的随班就读：历史，现状，展望》，《中国特殊教育》2005 年第 3 期。

136. 肖敏：《和谐社会语境中的家庭暴力问题研究：以虐待儿童行为为视角》，《青少年保护》2007 年第 3 期。

137. 谢佳闻、尚晓援：《社会组织在支持未成年残疾人参与权利实现中的功能分析》，《青年研究》2011 年第 1 期。

138. 徐跃斌：《儿童福利服务的概念与实践》，《民政论坛》2001 年第 4 期。

139. 杨生勇、冯晓平：《中国儿童福利研究综述》，《中国青年研究》2006 年第 6 期。

140. 杨世昌、张亚林：《国外儿童虐待的研究进展》，《实用儿科临床杂志》2002 年第 17 期。

141. 杨文彦：《平均每 30 秒就有一名缺陷儿出生 出生缺陷能预防吗?》，http：//health. people. com. cn/GB/12703109. html。

142. 杨雄、程福财：《政府扶助与社会支持——以闸北区为例：上海弱势青少年生存状况》，《青年研究》2002 年第 9 期。

143. 杨雄、贺荟中、陈建军：《上海地区儿童权利家庭保护影响因素分析》，《当代青年研究》2007 年第 8 期。

144. 杨雄：《弱势青少年生存状况与社会支持》，《社会科学》2004 年第 5 期。

145. 杨子尼：《儿童虐待与忽视问题的国际研究进展》，《国外医学妇幼保健分册》2003 年第 3 期。

146. 杨子尼：《儿童虐待与忽视研究的相关问题》，《国外医学妇幼保健分册》2003 年第 4 期。

147. 易波、汤福球：《关于儿童受虐待现状与对策的研究》，《科教创新》2007 年第 14 期。

148. 于丽琴：《学校教育看不见的灾难的研究：心灵虐待》，《中国科教创新导刊》2007 年第 456 期。

149. 岳玉阁、卢清：《流动幼儿中同伴关系不良的原因及对策研究》，《学前教育研究》2008 年第 6 期。

150. 曾凡林：《上海市成年智障人士家庭需求调查》，《中国特殊教育》2006 年第 9 期。

151. 张福娟、王庆：《国外残疾儿童虐待研究与预防》，《青少年犯罪问题》2009 年第 2 期。

152. 张国珍：《时代需要新特教——浅谈我市特殊教育的现状与发展》，未出版。

153. 张秀兰、徐跃斌：《发展型社会政策及其对我们的启示》，《中国社会政策》，北京师范大学出版社，2006。

154. 张秀兰、徐跃斌：《建构中国的发展型家庭政策》，《中国社会科学》2003 年第 6 期。

155. 中共高安市市委：《走进高安》，高安政府网，http：//www. gaoan. gov. cn/gazf/ldzc. html。

156. 中共横峰县委、横峰县人民政府：《横峰县县情》，http：//www. hfzc. com. cn。

157. 中国残疾人联合会：《中国残疾人事业"十二五"发展纲要》，http：//

www. cdpf. org. cn/index/2011 - 06/09/content_ 30340867_ 3. htm。

158. 中国残疾人联合会：《第二次全国残疾人抽样调查数据统计分析报告》，残疾人口与发展国际论坛，2007 年 12 月 10 ~ 12 日。

159. 中国残疾人联合会：《中国残疾人事业"十二五"发展纲要》，http：//www. cdpf. org. cn/index/2011 - 06/09/content_ 30340867_ 3. htm。

160. 中国经济网 ：《2012 十年医改破解世界性难题 形成中国特色医保体系》，http：//news. 163. com/12/0813/08/88PBCGFJ00014JB5. html。

161. 周国平：《妞妞：一个父亲的札记》，广西师范大学出版社，2000。

162. 朱婷婷：《从儿童躯体虐待角度：看中国传统教养方式对儿童心理发展的影响》，《内蒙古师范大学学报（教育科学版）》2005 年第 4 期。

163. 朱自永：《横峰县 2007 年国民经济和社会发展计划执行情况及 2008 年计划（草案）的报告》，2008。

164. 国务院残疾人工作委员会：《中国残疾人事业"十二五"发展纲要》，2011 年 5 月 16 日。

165. Ann P T. , Jean Ann S. , Rud T. & Mary Jane B. , et al. , "Family Supports and Services in Early Intervention：A Bold Vision", *Journal of Early Intervention*, 2007 (29).

166. Banks, M. E. , "Disability in the Family：A Life Span Perspective", *Cultural Diversity & Ethnic Minority Psychology*, 2003, 9 (4).

167. Bao-Er, *China's Neo-Traditional Rights of the Child*；Sydney, Lulu. com, 2006.

168. Bell, M. , Franklin, A. , Greco, V. & Mitchell, W. , "Working with Children with Learning Disabilities and/or Who Communicate Non-verbally：Research Experiences and Their Implications for Social Work Education, Increased Participation and Social Inclusion", *Social Work Education*, 2009, 28 (3).

169. Beresford, B. , "On the Road to Nowhere? Young Disabled People and Transition", *Child：Care, Health & Development*, 2004, 30 (6).

170. Brandon, D. , Ncube, M. , "Botswana's Agriculture Teachers' Attitudes Towards Inclusion of Students with Physical Disabilities in Mainstream

Classes", *Negro Educational Review*, 2006, 57 (3/4).

171. Brett, J. , "The Experience of Disability from the Perspective of Parents of Children with Profound Impairment: Is It Time for an Alternative Model of Disability?", *Disability and Society*, 2002, 17 (7).

172. Brigit Mirfin-Veitch, Ann Bray & Marilyn Watson. , " 'We're Just that Sort of Family' Intergenerational Relationships in Families Including Children with Disabilities". *Family Relations*, 1997 (46).

173. Bureau of Development and Planning, China Population Planning Committee 2007 *A Report of Population and Birth Planning-Data from 2006 National Population and Birth Planning Sampling Survey*, No. 2, 2007, http://www. cpirc. org. cn/tjsj/tjsj_ gb _ detail. asp? id = 9447, access date: 19/1/2008.

174. Carol E. Westby (2007), "Child Maltreatment: A Global Issue". *Language, Speech, and Hearing Services in Schools*, 38.

175. CDPF: 2007 Data Report on the Status of Disabled Children in China, Beijing: UNICEF.

176. Chan, C. K. , Ngok, K. L. , & Phillips, D. 2008, *Social Policy in China: Development and Wellbeing*, The Policy Press, University of Bristol.

177. Chen, L. , Wehmeyer, M. L. , & Zhang, D. , "Parent and Teacher Engagement in Fostering the Self-determination of Students with Disabilities: A Comparison Between the United States and the People's Republic of China", *Remedial and Special Education*, 2005, 26 (1).

178. China Disabled Persons Federation (CDPF), 1990, Law of the People's Republic of China on the Protection of Disabled Persons 1990, available at www. cdpf. org. cn/english/info_ 01. htm (accessed 12 December, 2005).

179. Clarke, H. 2006, *Preventing Social Exclusion of Disabled Children and Their Families: Literature Review*, Paper Produced for the National Evaluation of the Children's Fund, Institute of Applied Social Studies University of Birmingham, Research Report RR782.

180. Connors, C. , & Stalker, K. , " Children's Experiences of Disability:

Pointers to a Social Model of Childhood Disability", *Disability & Society*, 2007, 22 (1).

181. Darling, R. B. , *Families Against Society: a Study of Reactions to Children with Birth Defects*, London: Sage, 1979.

182. Darling, R. B. , "Toward a Model of Changing Disability Identities: A Proposed Typology and Research Agenda", *Disability and Society* 18, No. 7, 2003.

183. David Howe , "Disabled Children, Maltreatment and Attachment", *British Journal of Social Work*, 2006 (36).

184. Deng, M. , Farnsworth, E. , Poon-McBrayer, K. F. , "The Development of Special Education in China", *Remedial and Special Education*, 2001, 22 (5).

185. Deng, M. , Holdsworth, J. C. , " From Unconscious to Conscious Inclusion: Meeting Special Education Needs in West China", *Disability and Society*, 2007, 22 (5).

186. Donald B. B. , Mary Beth B. & Kathy H. , et al, "Recommended Outcomes for Families of Young Children with Disabilities", *Journal of Early Intervention*, 2006 (28).

187. Dowling, M. , & Dolan, L. , "Families with Children with Disabilities: Inequalities and the Social Model", *Disability & Society*, 2001, 16 (1).

188. Dowling, M. , & Dolan, L. , "Families with Children with Disabilities: Inequalities and the Social Model", *Disability and Society 16*, No. 1, 2001.

189. Downing, J. , Peckham-Hardin, K. , "Supporting Inclusive Education for Students with Severe Disabilities in Rural Areas", *Rural Special Education Quarterly*, 2007, 26 (2).

190. Elaine Bass Jenks, "Explaining Disability: Parents' Stories of Raising Children with Visual Impairments in a Sighted World", *Journal of Contemporary Ethnography*, 2005 (34).

191. Ellsworth, N. J. , & Zhang, C. , "Progress and Challenges in China's Special Education Development", *Remedial and Special Education*, 2007,

28 (1).

192. Elwan, A. , "Poverty and Disability: A Survey of the Iiterature", Paper Prepared for the World Development Report (WDR) 2000/2001, SP Discussion Paper, No. 9932, 1999.

193. Emerson, E. , "Poverty and Children with Intellectual Disabilities in the Worlds Richer Countries", *Journal of Intellectual and Developmental Disability*, 2004, 29 (4).

194. Eric Emerson, "Poverty and children with Intellectual Disabilities in the Worlds Richer Countries", *Journal of Intellectual and Developmental Disability*, 2004 (29).

195. Filler, J. , Wu, Y. , "Facilitating Family Involvement and Support for Inclusive Education", *The School Community Journal*, 2008, 18 (2).

196. Fisher, X. Shang & M. Blaxland, "Review Article Human Rights Based Social Policies-Challenges for China", *Social Policy and Society*, 2011, 10 (01).

197. Fisher, K. , & Li, J. , "Chinese Disability Independent Living Policy", *Disability and Society*, 2008, 23 (2).

198. Fisher, K. , X. Shang & Megan Blaxland, "Introduction: Moving towards Human Rights Based Social Policies in China", *Social Policy and Society*, 2011, 10 (1).

199. Hampton, N. Z. , "An Evolving Rehabilitation Service Delivery System in the People's Republic of China", *Journal of Rehabilitation*, 2001, 67 (3).

200. Hanvey, L. , *Children with Disabilities and Their Families in Canada*, Discussion Paper Presented at the National Children's Alliance for the First National Roundtable on Children with Disabilities, November, 2002.

201. Harry Hendrick. , *Child welfare: England: 1872 – 1989*, London and New York: Routledge, 1994.

202. Hernandez, V. T. , "Making Good on the Promise of International Law: the Convention on the Rights of Persons with Disability and Inclusive Education

in China and India", *Pacific Rim Law and Policy Journal*, 2008, 17 (2).

203. Holroyd, E., "Chinese Cultural Influences on Parental Caregiving Obligations Toward Children with Disabilities", *Qualitative Health Research*, 2003, 13 (4).

204. Jeni Harden., "Uncharted Waters: The Experience of Parents of Young People With Mental Health Problems", *Qualitative Health Research*, 2005 (2).

205. Jenks, E. B., "Explaining Disability: Parents Stories of Raising Children with Visual Impairments in a Sighted World", *Journal of Contemporary Ethnography*, 2005, 34 (2).

206. Johnson, K., Huang, B., & Wang, L., "Infant Abandonment and Adoption in China", *Population and Development Review*, 1998, 24 (3).

207. Jonathan K. Appel & Dohee Kim-Appel, "Child Maltreatment and Domestic Violence: Human Services Issues", *Journal of Health and Human Services Administration*, 2006, 29 (1/2).

208. Judith Ennew & Dominique Pierre Plateau, "How to Research the Physical and Emotional Punishment of Children", *International Save the Children Alliance*, 2004.

209. Karr, V., "International Perspectives of Persons with Disabilities on Human Rights, Self-determination and Quality of Life", Unpublished Ph. D Thesis, Columbia University, UMI Number: 3343513, 2009.

210. Katz, I. X., Shang & Yahua Zhang, "Missing Elements of a Child Protection System in China: the Case of LX", *Social Policy and Society*, 2011, 10 (1).

211. Kelly, S. E., "A Different Light: Examining Impairment Through Parent Narratives of Childhood Disability", *Journal of Contemporary Ethnography*, 2005 (34).

212. Mary Daly & Jane Lewis, "The Concept of Social Care and Analysis of Contemporary Welfare States", *British Journal of Sociology*, 2000, 51 (2).

213. Mary Jane Brotherson., "The Role of Families in Accountability". *Journal of Early Intervention*, 2001 (24).

214. McCabe, H. , "Parent Advocacy in the Face of Adversity: Autism and Families in the Peoples Republic of China", *Focus on Autism and Other Developmental Disabilities*, 2007, 22 (1).

215. McCabe, H. , "Two Decades of Serving Children with Autism in the People's Republic of China: Achievements and Challenges of a State-run Mental Health Center", *Disability and Society*, 2008, 23 (3).

216. Meekosha, H. , "Drifting down the Gulf Stream: Navigating the Cultures of Disability Studies", *Disability and Society*, 2004, 19 (7).

217. Mégret, F. , "The Disabilities Convention: Human Rights of Persons with Disabilities or Disability Rights?", *Human Rights Quarterly*, 2008 (30).

218. Morris, J. , *Don't Leave Us out: Involving Disabled Children and Young People with Communication Impairments*, York, UK: Joseph Rowntree Foundation, 1998b.

219. Oliver, M. , *Understanding disability: from Theory to Practice*, Basingstoke, UK: Macmillan, 1996.

220. Pearson, V. , Wong, Y. C. & Pierini, J. , "The Structure and Content of Social Inclusion: Voices of Young Adults with Learning Difficulties in Guangzhou", *Disability & Society*, 2002, 17 (4).

221. Petersen C. , "Population Policy and Eugenic Theory: Implications of China's Ratification of the United Nations Convention on the Rights of Persons with Disabilities", *China: An International Journal*, 2010 , 8 (1).

222. Planning and Evaluation Department, Japan International Cooperation Agency (PED, JICA) 2002, *Country Profile on Disabilities*, *People's Republic of China*.

223. Rabiee, P. , Sloper, P. & Beresford B. , "Doing Research with Children and Young People Who do not Use Speech to Communicate", *Children and Society*, 2005, 19 (5).

224. Rebecca Oosterhoorn & Andrew Kendrick, "No Sign of Harm: Issues of Disabled Children Communicating about Abuse" . *Child Abuse Review*, 2011 (10).

225. Richard P. , Barth, "Understanding Child Maltreatment: An Ecological and Developmental Perspective", *Social Work*, 2007, 52 (1).

226. Ryan, S. , & Runswick-Cole, K. , "Repositioning mothers: Mothers, Disabled Children and Disability Studies", *Disability & Society* 23, No. 3, 2008.

227. Sen, A. , Capability & Well-being. in Martha C. Nussbaum and Sen, Amartya K. (eds), *The Quality of Life*, Oxford: Clarendon Press, 1993.

228. Shakespeare, Tom, *Disability Rights and Wrongs*, Hoboken: Routledge, 2006. http: //unsw. eblib. com. wwwproxy0. library. unsw. edu. au/patron/ FullRecord. aspx? p = 356014 (accessed August 07, 2012).

229. Shang, X. & Ryan, "Some Useful Sources on Chinese Social Policy", *Social Policy and Society*, 2011, 10 (1).

230. Shang, X. , Morris Saldov & Karen R. Fisher, "Informal Kinship Care of Orphans in Rural China", *Social Policy and Society*, 2011, 10 (1).

231. Shang, X. & Wu, X. , "Care Regime in China", *Journal of Comparative Social Welfare*, 2011, 27 (2) .

232. Shang, X. , Fisher, K. R. & Xie J. W. , "Discrimination Against Children with Disability in China", *International Journal of Social Welfare*, Vol. 2011 (20).

233. Shang, X. , Wu, X. M. & Wu, Y. , "Welfare Provision to Vulnerable Children: the Missing Role of the State", *The China Quarterly*, 2005 (18).

234. Shang, X. Y. & Wu, X. M. , "Protecting Children under Financial Constraints: the Case of Datong", *Journal of Social Policy*, 2003 (32).

235. Shang, X. Y. & Wu, X. M. , "Changing Approaches of Social Protection: Social Assistance Reform in Urban China", *Social Policy and Society*, 2004 (3).

236. Shang, X. Y. , "Bridging the Gap Between Planned and Market Economies: Employment Policies for People with Disabilities in two Chinese Cities", *Disability & Society*, 2000, 15 (1).

237. Sharon Lesar Judge. "Parental Coping Strategies and Strengths in Families of Young Children with Disabilities". *Family Relations*, 1998 (47).

238. Social Exclusion Unit (SEU), "Preventing Social Exclusion", *Report by the Social Exclusion Unit to the UK Cabinet Office*, March 2001, London.

239. State Council, China, China's Second Periodic Report on CRC Implementation, http://www.ohchr.org/english/bodies/crc/docs/Advance Versions/CRC.C.RESP.89 (I) _ C.pdf.

240. Stein, M. A. (2007), "Disability Human Rights", *California Law Review*, 2005 (95).

241. Stephanie C. Romney, Alan J. Litrownik, Rae R. Newton & Anna Lau. "The Relationship Between Child Disability and Living Arrangement in Child Welfare". *Child Welfare*, 2006, 85 (6).

242. Susan E. Kelly, "A Different Light: Examining Impairment through Parent Narratives of Childhood Disability", *Journal of Contemporary Ethnography*, 2005 (34).

243. Tanya Barron & Penny Amerena, *Disability and Inclusive Development*. London: Leonard Cheshire International, 2007.

244. Thomas, C., *Female forms: Experiencing and Understanding Disability*. Buckingham: Open University Press, 1999.

245. Turnbull, H. R., "Today's Policy Contexts for Special Education and Students with Specific Learning Disabilities", *Learning Disability Quarterly*, 2009, 32 (1).

246. UN Enable, *United NationsConvention on the Rights of Persons with a Disability*, http://www.un.org/esa/socdev/enable/rights/convtexte.htm, 2006.

247. UNICEF, 2006, The State of the World's Children 2006: Excluded and Invisible, http://www.unicef.org/sowc06/index.php.

248. United Nations Children's Fund (UNICEF), 1990, United Nations Convention on the Rights of the Child, http://www.ohchr.org/english/law/crc.htm.

249. Wang, X. , Shang, X. & Xu, L. , "Subjective Well-being Poverty of the Elderly Population in China", *Social Policy and Administration*, 2011, 45 (6).

250. Watson, S. & Griffiths, D. , *Challenges to the Human Rights of People with Intellectual Disabilities*, London: Jessica Kingsley Publishers, 2009.

251. Wayne Parsons, *Public Policy: Introduction to the Theory and Practice of Policy Analysis*, Aldershot, UK and Brookfield, US: Edward Elgar, 1995.

252. Willi Horner-Johnson & Charles E. Drum, "Prevalence of Maltreatment of People with Intellectual Disabilities: A Review of Recently Published Research", *Mental Retardation and Developmental Disabilities Research Reviews*, 2006 (12).

致　谢

　　本书的写作，基于澳大利亚新南威尔士大学、儿童乐益会（中国）和北京师范大学社会发展与公共政策学院的合作。本书的研究，得到了澳大利亚研究署（Australian Research Council）、儿童乐益会（中国）（Right To Play, China）、澳大利亚新南威尔士大学（University of New South Wales）、摩根大通基金会（JPMorgan Chase Foundation）、戴蒙基金会（Dimon Foundation）和北京师范大学的资金和实物支持，特此致谢。

图书在版编目（CIP）数据

中国残疾儿童家庭经验研究/尚晓援著 . —北京：社会科学文献出版社，
2013.1
（国际减贫与发展丛书）
ISBN 978 - 7 - 5097 - 3958 - 7

Ⅰ.①中⋯　Ⅱ.①尚⋯　Ⅲ.①残疾人 - 儿童 - 家庭生活 - 研究 - 中国
Ⅳ.①D669.69

中国版本图书馆 CIP 数据核字（2012）第 260384 号

·**国际减贫与发展丛书**·
中国残疾儿童家庭经验研究

著　　者／尚晓援

出 版 人／谢寿光
出 版 者／社会科学文献出版社
地　　址／北京市西城区北三环中路甲 29 号院 3 号楼华龙大厦
邮政编码／100029

责任部门／财经与管理图书事业部（010）59367226　　责任编辑／林　尧　许秀江
电子信箱／caijingbu@ ssap. cn　　　　　　　　　　　责任校对／李海雄
项目统筹／恽　薇　　　　　　　　　　　　　　　　　责任印制／岳　阳
经　　销／社会科学文献出版社市场营销中心（010）59367081　 59367089
读者服务／读者服务中心（010）59367028

印　　装／北京鹏润伟业印刷有限公司
开　　本／787mm×1092mm　1/16　　　　　　　　印　　张／14. 25
版　　次／2013 年 1 月第 1 版　　　　　　　　　　字　　数／232 千字
印　　次／2013 年 1 月第 1 次印刷
书　　号／ISBN 978 - 7 - 5097 - 3958 - 7
定　　价／45. 00 元